中国西瓜甜瓜产业经济

（2018—2020）

王晓君　毛世平　吴敬学　等著

中国农业科学技术出版社

图书在版编目(CIP)数据

中国西瓜甜瓜产业经济.2018—2020/王晓君等著.--北京：中国农业科学技术出版社，2022.8
ISBN 978-7-5116-5871-5

Ⅰ.①中… Ⅱ.①王… Ⅲ.①西瓜-瓜果园艺-产业发展-研究报告-中国-2018-2020②甜瓜-瓜果园艺-产业发展-研究报告-中国-2018-2020 Ⅳ.①F326.13

中国版本图书馆 CIP 数据核字（2022）第 154139 号

责任编辑　徐定娜
责任校对　李向荣
责任印制　姜义伟　王思文

出 版 者	中国农业科学技术出版社
	北京市中关村南大街 12 号　　邮编：100081
电　　话	（010）82109707（编辑室）　　（010）82109702（发行部）
	（010）82109709（读者服务部）
网　　址	https://castp.caas.cn
经 销 者	各地新华书店
印 刷 者	北京建宏印刷有限公司
开　　本	185 mm×260 mm　1/16
印　　张	15.25
字　　数	377 千字
版　　次	2022 年 8 月第 1 版　2022 年 8 月第 1 次印刷
定　　价	60.00 元

◀━━━ 版权所有·翻印必究 ▶━━━

本书是业内专家2018—2020年西瓜甜瓜产业研究成果的汇集，得到"国家西甜瓜现代农业产业技术体系建设专项经费"的资助，特此感谢！

《中国西瓜甜瓜产业经济（2018—2020）》
著作人员

王晓君　毛世平　吴敬学　孙立新　张　琳

杨艳涛　王志丹　林青宁　何龙娟　张　扬

杨　念　周衍平　刘国勇　孙玉竹　杨玉莹

目 录

专题一 中国西瓜甜瓜产业发展 ……………………………………………… (1)
  报告一 中国西瓜甜瓜产业发展及科技支撑 ………………………………… (1)
  报告二 2019年西瓜甜瓜产业发展趋势与政策建议 ……………………… (6)
  报告三 2020年西瓜甜瓜产业发展趋势与政策建议 ……………………… (10)
  报告四 2021年西瓜甜瓜产业发展趋势与政策建议 ……………………… (20)
  报告五 新冠肺炎疫情对中国西瓜甜瓜产业的影响 ……………………… (28)
  报告六 西瓜甜瓜全要素生产率测算分析（2016—2020） ……………… (36)

专题二 中国西瓜甜瓜市场分析 ……………………………………………… (46)
  报告一 2018年中国西瓜甜瓜市场分析报告 …………………………… (46)
  报告二 2019年中国西瓜甜瓜市场分析报告 …………………………… (57)
  报告三 2020年中国西瓜甜瓜市场分析报告 …………………………… (70)
  报告四 2020年中国西瓜甜瓜价格预测分析报告 ……………………… (81)
  报告五 基于门限GARCH模型的中国甜瓜市场价格波动 ……………… (88)
  报告六 中国西瓜价格波动分析与预警研究 ……………………………… (94)

专题三 中国西瓜甜瓜生产者行为分析 …………………………………… (102)
  报告一 农户露地西瓜甜瓜绿色防控技术采纳行为分析 ………………… (102)
  报告二 生产方式、农业社会化服务与合作社加入意愿
        ——来自新疆维吾尔自治区吐哈盆地哈密瓜种植户的考察 ………… (111)

专题四 世界西瓜甜瓜产业发展 …………………………………………… (117)
  报告一 世界西瓜甜瓜产业发展和贸易 …………………………………… (117)
  报告二 世界西瓜甜瓜产业竞争力分析 …………………………………… (123)
  报告三 中日韩甜瓜产业发展比较分析与提升对策 ……………………… (133)

· 1 ·

专题五　中国西瓜甜瓜主产省（区）调研报告 ……………………………………（139）
  报告一　河南省西瓜甜瓜产业经济发展调研报告（2019—2020）　………（139）
  报告二　河北省西瓜甜瓜产业经济发展调研报告（2020）　………………（155）
  报告三　山东省西瓜甜瓜产业经济发展调研报告（2020）　………………（165）
  报告四　新疆维吾尔自治区西瓜甜瓜产业经济发展调研报告（2020）　………（195）

专题一 中国西瓜甜瓜产业发展

报告一 中国西瓜甜瓜产业发展及科技支撑

孙立新 王晓君 毛世平 吴敬学

1 中国西瓜甜瓜生产发展情况

1961—2018年,中国西瓜种植面积从804.24万亩(1亩≈666.67平方米,1公顷=15亩,全书同)增长到2 264.50万亩,增长了1.82倍。单产从814.29千克/亩增长到2 783.15千克/亩,增长了2.42倍。总产量从654.89万吨增长到6 302.46万吨,增长了8.62倍。1961—2018年,西瓜种植面积整体呈增长趋势,1961—1985年种植面积基本稳定略有增减,1985—2002年种植面积大幅增加,2002年后西瓜种植面积持续下降;1961—2018年西瓜单产呈增长趋势,1961—1996年单产呈缓慢增加态势,1996年后单产大幅提高,呈波动式变化特征,2006年后开始稳步增长;1961—2018年西瓜总产量呈增长趋势,1996年其与种植面积变化趋势一致,1996年后由于单产大幅提高,总产快速增长,到2006年后与单产变化趋势基本一致,呈稳步增长。2003年以来,西瓜种植面积减少了18.50%,单产增长了32.50%,总产量增长了8.00%,单产提高对总产增加的贡献率达到330.10%(图1)。

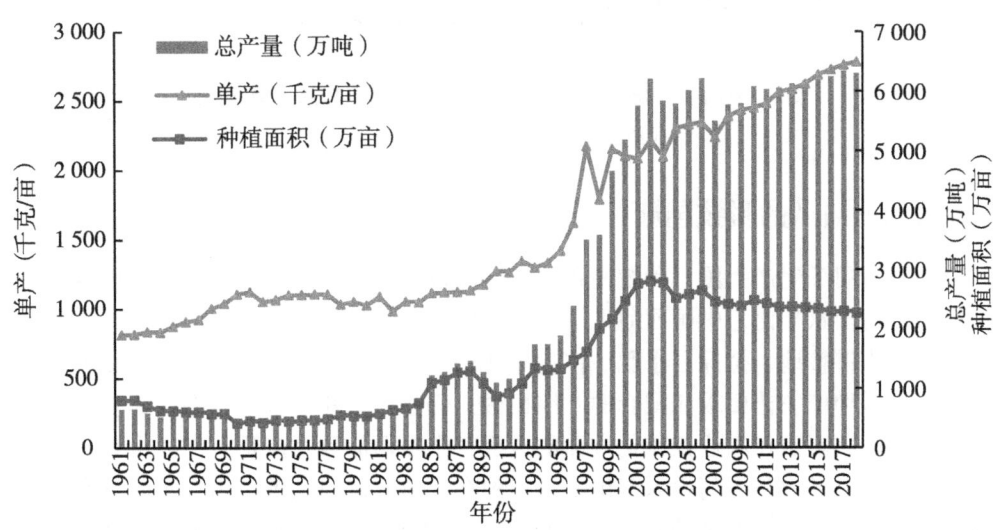

图1 1961—2018年中国西瓜单产、种植面积和总产量情况
(数据来源:联合国粮农组织)

1961—2018 年,中国甜瓜种植面积从 321.14 万亩增长到 538.44 万亩,增长了 67.67%。单产从 715.13 千克/亩增长到 2 375.05 千克/亩,增长了 2.32 倍。总产从 229.66 万吨增长到 1 278.82 万吨,增长了 4.57 倍。1961—2018 年甜瓜种植面积总体呈增长趋势并逐渐趋于稳定,1961—1970 年种植面积逐渐减少达到最低值,随后到 1984 年其呈稳定增长状态,1984—1997 年甜瓜种植面积表现为明显的正弦波动,1997 年后种植面积快速增长并在 2003 年后基本达到稳定;甜瓜单产总体呈增长趋势,在 1997 年出现明显的拐点;甜瓜总产整体表现为增长趋势,在 2003 年之前与种植面积变化趋势基本一致,在 1997 年后由于种植面积基本稳定而单产持续增加,总产量变化趋势与单产一致呈增长状态。2003 年以来,甜瓜种植面积减少了 1.30%,单产增长了 54.70%,总产量增长了 52.70%,单产提高对总产量增加的贡献率达 102.40%(图 2)。

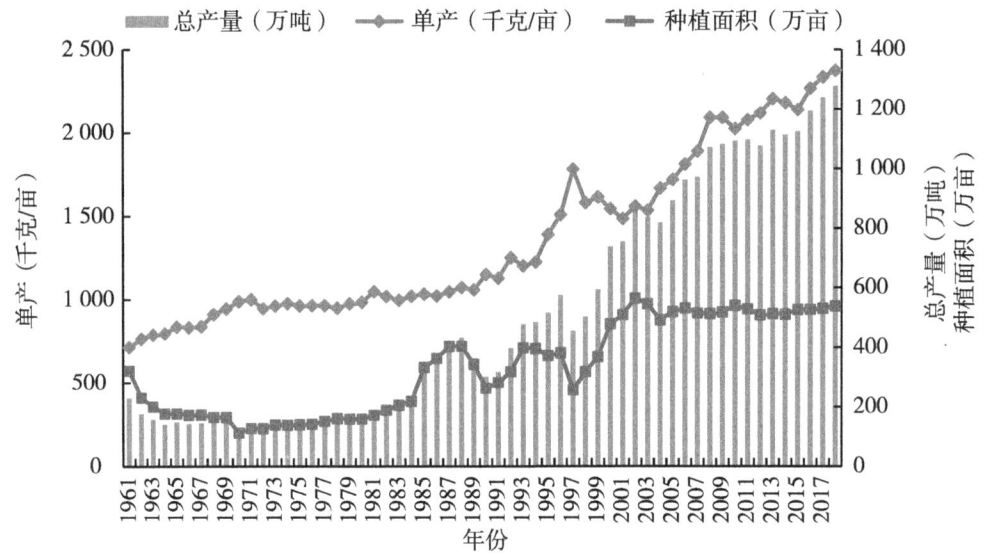

图 2　1961—2018 年中国甜瓜单产、种植面积和总产量情况
(数据来源:联合国粮农组织)

2　中国西瓜甜瓜的科技创新

　　中国是西甜瓜生产大国,种植面积及产量均位列世界第一位,单产处于世界较高水平。但与发达国家相比,中国西甜瓜综合机械化率水平较低,仅为 20%~30%,机械装备的应用仅为耕整地、植保、水肥一体化等通用型机械,而起垄、播种、移栽等环节因缺乏与西甜瓜种植农艺要求相配套的专用机械,仍主要依赖于人工,在国际上落后于欧美等发达地区和国家在农业机械化方面的进程,中国西甜瓜生产仍有潜力可挖。中国西甜瓜生产的最大潜力是提高投入产出率,关键在于通过绿色高效栽培技术研发和模式集成等,提高产品质量,增加收益,促进西甜瓜产业规模化、标准化种植、塑造品牌形象,提升西甜瓜产业生产水平,同时研发提高西甜瓜抗逆抗病等抵御病虫害能力措施,促进西甜瓜产业安全、健康发展。

2.1 针对提高土地产出率，提升耕作质量，促进优良品种选育是关键

针对提高土地产出率，科技攻关重点在于耕作技术的提升和适合轻简化栽培品种的研发。技术要点在于改进旋耕机械适应性技术，研发适用于不同种植模式的西甜瓜耕作需求的耕整地机械装备，使作业后的耕层深度、起垄高度、土壤疏松度等耕作质量可满足西甜瓜种植，综合运用多种育种手段，如全基因组选择育种技术、DH 群体构建技术等新型技术选育适宜轻简化栽培、商品性好、抗逆性强、耐储运的多个优异基因聚合西甜瓜新品种。

2.2 针对提高劳动生产率，提升智能化水平是关键

针对提高劳动生产率，科技攻关重点在于提升农机的智能化水准，技术要点在于信息技术、互联网技术及控制技术的攻关及运用，实现无人驾驶、远程控制、在线监控，提升标准化作业水平。

2.3 针对提高投入产出率，减施增效是关键

针对提高投入产出率，科技攻关重点在于研究化肥农药精准施用、简易农艺管理技术等节本增效技术及提高西甜瓜抗病抗逆等抵御病虫害能力措施。研究精准水肥一体化技术，形成"科学指导+先进设备"的节水灌溉技术。减肥减药技术，技术要点在于形成"预—消—替—诱—杀"一体的西瓜减肥减药综合防控体系。轻简化栽培技术，针对大型机械进行筛选，同时研发小型轻便小工具，简易农艺管理技术等达到减少人工投入的目的。同时开展提高西甜瓜抗病抗逆等抵御病虫害能力措施。力争"十四五"期间，露地西瓜区试单产由 3 400 千克/亩提高到 4 000 千克/亩；设施西瓜区试单产由 3 000 千克/亩提高到 3 300 千克/亩；厚皮甜瓜区试单产由 2 600 千克/亩提高到 3 100 千克/亩。

3 强化科技支撑西瓜甜瓜生产政策建议

未来为进一步推进中国西甜瓜产业的快速发展，建议从加大科研资金投入、加大优质品种推广力度、加强简约化栽培技术研究与推广应用、重视采后处理加工技术研发、推进西甜瓜规模化种植、加大质量安全体系建设等方面促进我国西甜瓜生产高质量发展。

3.1 加大科研资金投入，促进产业协同创新

通过国家政策支持和龙头企业资金投入，建立稳定长效的西甜瓜科研经费投入机制，以农业科研院所、高校、企业等各类创新主体协同创新体制为载体，持续开展以西甜瓜绿色生产为重点的科技研发工作，完善西甜瓜农业绿色科技创新成果评价和转化机制。开展西甜瓜产业竞争力提升科技行动，结合脱贫攻坚，乡村振兴等总体要求，推广特色产业+金融+科技等政策支持，在大别山区、皖北贫困地区、美丽乡村建设示范点等重点打造西甜瓜产业提升样板示范点。

3.2 强化优质品种选育的市场化导向，加大优质品种推广力度

西甜瓜品种选育要与市场多元化需求与品质相结合的基础上，更应将复合抗病虫性、抗逆性、资源高效利用和可持续发展列为育种选种的重要目标。综合运用多种育种手段，如全基因组选择育种技术、DH群体构建技术等新型技术选育适宜当地种植、商品性好、抗逆性强、耐储运的多个优异基因聚合西甜瓜新品种。根据不同地区栽培形式和特点，大力引进当地适宜品种或进行专用品种的培育研究，搞好试验示范工作，在此基础上，进一步加强推广应用，在不同生态区和种植模式下推广适宜品种。

3.3 加强简约化栽培技术研究与推广应用

建立以高效、设施化、绿色为目标的西瓜甜瓜规范栽培技术体系，重点是设施栽培技术、无公害病虫害防治技术和平衡营养施肥技术等，加快简约化技术、减肥减药技术、肥水一体化技术、资源高效利用技术等在产业中应用和推广，促进产业健康绿色发展。要加强配套标准规范栽培技术培训和指导工作，制定不同区域、不同栽培模式西甜瓜标准化生产技术规程，构建工厂化育苗网点网络，完善西甜瓜优质化配套栽培技术和商品品质优化技术。针对不同品种、不同市场的要求，通过提出生产管理的量化指标，明确各种条件下的种植要求和栽培技术，规范农药化肥使用和灌溉，统一指导西甜瓜采摘，保障绿色安全生产。

3.4 重视采后处理加工技术研发，提高西甜瓜附加值

开展西甜瓜采后商品化处理和流通关键技术的研究与示范，西甜瓜饮品加工共性关键技术与装备研发；同时进行加工副产物高值化及深加工技术研究；研究并推广适应城市消费者需求的环保、绿色、精包装及运输技术；完善产后加工标准化的建立，包括长途运输以及简易保鲜技术的研发。

3.5 推进西甜瓜规模化种植，提高机械化生产水平

通过西甜瓜种植适度规模化、设施结构大型化，为西甜瓜机械化生产提供必要条件；针对西甜瓜机械化生产薄弱环节、薄弱地区的机械化难题，攻克农机农艺融合关键技术，研发经济适用的机械化装备，为西甜瓜生产提供有效的工程技术装备支撑；通过将西甜瓜机械产品纳入农机购置补贴，加快其推广应用；建立基于西甜瓜典型区域特点与品种特性的农机农艺融合标准化栽培模式，实现栽培模式标准化、农艺要求轻简化、田间作业机械化，由整地垄形规范化、系列化开始，为不同作业环节机械化装备的衔接配套提供保障。

3.6 加大质量安全体系建设，推动绿色品牌创建

建立西甜瓜产业绿色生产标准体系，积极研究制订与国际惯例接轨的西甜瓜商品标准，提升西甜瓜绿色食品、有机农产品和地理标志农产品等认证的公信力和权威性；完

善西甜瓜绿色农产品检测体系，建立覆盖西瓜甜瓜生产和流通环节的全程质量追溯体系；尽快建立西甜瓜市场信息网络和产销服务体系，发挥广大专业人员和经营者及农民的积极性，进行市场调查分析，及时调整品种和生产布局，创建名优和特色品牌，开拓和培育市场，有效衔接产销。

报告二 2019年西瓜甜瓜产业发展趋势与政策建议

张 琳 吴敬学

1 国内西甜瓜生产与市场概况

1.1 西甜瓜生产情况及主要特点

1.1.1 西甜瓜播种面积和产量稳中有增

根据《中国农业统计资料：2016》公布的数字，2016年全国西瓜播种面积189.08万公顷，总产量7 940.0万吨，每公顷产量41.99吨，比上年播种面积增加3.01万公顷，总产量增加226.0万吨，增幅2.93%，每公顷产量提高0.53吨。全国甜瓜播种面积48.19万公顷，总产量1 635万吨，每公顷产量33.93吨，比上年播种面积增加2.1万公顷，总产量增加107.9万吨，增幅为7.07%，每公顷产量增加0.8吨。

1.1.2 西甜瓜优势产区集中度进一步提高

全国3/4的西瓜来自华东和中南两大产区，2016年华东六省一市的西瓜播种面积为63.47万公顷，产量2 716万吨，分别占全国的35.57%和34.21%；中南六省的西瓜播种面积为66.79万公顷，产量为2 894万吨，分别占全国的35.32%和36.45%；河南省2016年西瓜产量第一且增幅最大，比上年增长9.61%。甜瓜以华东、中南、西北三大产区为主，2016年华东六省一市的甜瓜播种面积为12.53万公顷，产量441万吨，分别占全国的26.00%和26.97%；中南六省甜瓜播种面积为11.6万公顷，产量为359万吨，分别占全国的24.07%和21.96%；西北地区甜瓜播种面积扩大到12.65万公顷，产量增长到435万吨；2016年新疆①甜瓜产量第一，河南产量增幅最大，增幅达到27.46%。

1.1.3 西甜瓜品种结构不断优化，优新品种推广应用不断深化

各科研单位选育出大量的优良新品种，西甜瓜品种结构得到不断优化，一是高糖度、耐裂、挂果期长等优质品种逐渐代替传统品种，正向中熟、含糖量高、大红瓤色、硬脆质地、耐裂的椭圆形西瓜过渡；二是有籽西瓜的面积呈逐步上升趋势，无籽西瓜面积总体下降，大果型西瓜种植面积逐步变少，中小型瓜种植面积增大；三是露地栽培逐年减少，以中早熟品种为主，主要栽培品种仍以京欣1号、京欣2号等京欣系列、甜王系列、久甜二号和早佳8424为主。从甜瓜来看，全国甜瓜种植面积一直稳步上升，并

---

① 新疆维吾尔自治区、宁夏回族自治区、内蒙古自治区、广西壮族自治区、西藏自治区，简称新疆、宁夏、内蒙古、广西、西藏，全书同。

呈现明显的区域特色。东北地区以薄皮甜瓜为主要类型，以日光温室和塑料大棚等设施生产为主要栽培模式。山东、河南地区作为甜瓜大产区，种植总面积逐年上升，但露地栽培面积逐年减少，设施栽培的薄皮甜瓜面积增加显著。

1.1.4 西甜瓜品牌建设水平不断提高

随着西甜瓜产业集约化、规模化程度的不断提升，突出品牌建设和发展是提高西甜瓜产业效益的重要抓手。以新型业态与外来资本参与的优质西瓜甜瓜品牌化销售模式成为产业升级的一股力量，带动全国西甜瓜产业向"优质优价"方向转型。以北京西甜瓜"老宋瓜王"品牌建设为例，"老宋瓜王"是北京老宋瓜王科技发展有限公司打造的核心品牌，被列为国家地理标识保护产品。2014年开始该公司转变单纯依赖专卖店经营的发展模式，转向发展西甜瓜电子商务。"老宋瓜王"改变传统线下经营模式，着力打造企业微商城，采取线上线下并行发展，并与京东、阿里巴巴等电商平台合作。目前，"老宋瓜王"已经建成散装产品专供商超、简装产品对接电商、精装产品供应大客户的多维销售体系。为解决西甜瓜难储存、几乎没有深加工产品的问题，2016年又成立了"老宋瓜王西瓜研究院"，与国外行业专家合作，研制出精酿西瓜啤酒，并已经实现了市场转化，获得了消费者的认可。通过转型发展，"老宋瓜王"不仅牢牢抓住西甜瓜种植的传统市场，并且通过加快一二三产业融合发展，打造了包括生产销售、研发示范、技术推广、合作经营、休闲观光、科普教育等多维发展道路。

1.2 2018年西甜瓜市场及贸易概况

1.2.1 西甜瓜总体价格水平和消费量均低于2017年同期

根据农业农村部（2018年3月，农业部更名为农业农村部，下同）信息中心数据测算，2018年1—11月全国西瓜加权平均价格为3.07元/千克，比2017年同期加权平均价格水平（3.09元/千克）下降了0.65%；2018年甜瓜1—11月加权平均价格为4.87元/千克，比2017年同期加权平均价格水平（5.98元/千克）下降。西甜瓜市场交易量存在着明显的季节性，7—8月西瓜交易量最大，5—8月为甜瓜交易量的高峰段，2018年1—11月西瓜交易量为181.94万吨，比2017年同期减少24.9%；2018年1—11月交易量9.8万吨，比2017年同期减少14.1%。

1.2.2 西瓜进出口增加，甜瓜出口减少

根据农业农村部信息中心数据测算，2018年中国西瓜出口数量（金额）和进口数量（金额）同去年同期比均有所增加，2018年1—10月出口数量4.26万吨，比2017年同期（3.97万吨）增加7.30%，出口金额3 662.71万美元，比2017年同期（2 959万美元）增加23.78%；进口数量19.29万吨，比2017年同期（16.42万吨）增加17.48%，进口金额3 903.4万美元，比2017年同期（2 747万美元）增加42.10%。2018年甜瓜出口数量/金额均比2017年有所减少，2018年1—10月出口数量4.50万吨，比2017年同期（为5.90万吨）减少23.73%，出口金额7 041.33万美元，比2017年同期（9 307.6万美元）减少24.35%；2014—2018年以来，甜瓜进口数量极少，几乎为零。

2 2018年国内西甜瓜产业发展问题

2.1 生产成本不断攀升,种植效益下降

随着绿色生产和环保意识的提升,原材料、能源价格的上涨推动了农药成本增加,环境生态成本逐步显现,加剧了化肥、农药等农资价格的上涨导致西甜瓜生产成本持续上升。据山东省调研数据显示,2018年西甜瓜种植成本与2017年相比略有增加。2018年山东省平均每亩西瓜种植总成本为3 937.07元,与2017年的调查结果3 933.86元相比,增加0.08%;2018年山东省平均每亩甜瓜种植总成本为4 585.73元,与2017年的调查结果4 585.46元相比,上升0.01%。受西瓜价格下降影响,西瓜种植收益降低。暴雨、冰雹等自然灾害对甜瓜生长影响较大,甜瓜单产下降严重,加上种植成本增长,虽然价格有所上扬但上涨幅度有限,最终导致甜瓜每亩利润略有下降。

2.2 价格季节性波动大,市场风险较高

由于西甜瓜销售具有明显的季节性,不同水果品种间替代性强,因此西甜瓜消费价格弹性大,销售价格季节性波动频繁且幅度大,导致西甜瓜生产风险较大。同时生产成本增加和质量提升也推动西甜瓜成本进一步上涨,但销售价格在2018年有所下降,成本和销售价格两极分化更加严重,进一步加剧了西甜瓜生产的市场风险。

2.3 西甜瓜品种抗逆能力和耐贮运性较差

多数品种以丰产为主要目标,抗病性较为单一,缺乏抗多种病害的多基因聚合品种。同时,耐低温弱光、耐热、耐盐的品种缺乏,栽培过程中受气候环境条件影响较大,在春季栽培常出现畸形瓜和不易坐瓜等情况。亟须选育抗病耐逆性强的西瓜甜瓜品种,如兼抗枯萎病、炭疽病、耐裂果的西瓜品种,兼抗白粉病、蔓枯病的甜瓜品种,兼抗枯萎病、黄瓜绿斑驳花叶病毒病的砧木品种。同时多数品种的耐贮运和抗挤压能力相对较差,影响了运输半径,限制了市场的销售区域。同时,造成上市时间短、上市过于集中,丰产不丰收现象时有发生。

3 2019年国内西甜瓜产业发展趋势

3.1 西甜瓜生产规模相对稳定,种植结构进一步优化

全国西甜瓜种植面积和产量保持较为稳定的增长态势。但从体系实际调查与产区反馈的信息来看,近两年西瓜生产面积趋于稳定,但呈现出下降趋势,预计2019年西瓜播种面积呈现稳中有降的趋势;而甜瓜生产面积增长趋势明显,预计2019年甜瓜播种面积呈现稳中有升的趋势发展;从栽培方式来看,露地栽培的比例将进一步下降,设施栽培的比例将进一步上升。

3.2 西甜瓜市场供需基本平衡,消费结构不断升级

2019年国内西甜瓜市场供需将保持基本平衡,进出口贸易量仍将在1%以内,国际

市场变化对国内西甜瓜市场影响不大，国内西甜瓜市场价格仍将继续保持季节性波动，后期波动将趋于平稳，整体价格与上年同期水平持平或略低；从长期来看，我国西甜瓜产业未来总体发展势头良好，随着居民消费结构升级，对西甜瓜消费越来越注重新颖、多样、营养、安全、健康，无公害西甜瓜、有机西甜瓜、保健型西甜瓜等安全优质西甜瓜需求不断增强，未来满足新增需求主要通过提高单产和减少损耗来实现。

3.3 西甜瓜产业未来发展思路和方向

3.3.1 提高西甜瓜生产技术水平，以绿色、高质量为未来发展方向

西甜瓜生产体系构建将深入实施绿色发展的总体思路，以生态农业为基础，以资源环境承载能力为基准，以绿色科技创新技术为支撑，以提高西甜瓜质量安全、生产效益和竞争力为目标，以降低农业投入品用量和提高农业资源利用效率为手段，逐步推动西甜瓜产业形成"空间布局科学化、资源利用高效化、产地环境友好化、产品销售品牌化"的产业发展总体格局。

3.3.2 以规模化经营为依托，继续推进西甜瓜与其他产业的融合发展

在环境、气候、设施、人力等生产要素最具优势的国内外主产区，布局四季生产、周年供应的西甜瓜生产县域产区，以产销一体化的企业或者农民合作组织等适度规模生产组织为产业龙头，以产销直接对接或者最少环节对接方式来组织生产与营销，以不同层次的消费需求决定生产的品种类型、生产设施及营销模式，集成推广一批抗病虫害品种与简约化清洁化的生产技术，建立中低档与精品瓜互为补充、相得益彰的全国西甜瓜产业生产与经营方式。同时，西甜瓜生产、加工、销售各环节与休闲观光、电子商务等新兴业态进行深度融合，加快实现产业优质优价、功能拓展和价值增值。

4 2019 年国内西甜瓜产业发展建议

4.1 加大科研资金投入，加强产业内协同创新

通过国家政策支持和龙头企业资金投入，建立稳定长效的西甜瓜科研经费投入机制，以农业科研院所、高校、企业等各类创新主体协同创新体制为载体，以产学研、育繁推一体化为基础，持续开展以西甜瓜绿色生产为重点的科技研发工作，提升西甜瓜产业科技水平；完善西甜瓜农业绿色科技创新成果评价和转化机制，加快成熟适用绿色技术、绿色品种的示范、推广和应用。

4.2 继续推进西甜瓜绿色品牌化经营，提升产业竞争力

加大绿色优良西甜瓜品种推广工作，以优良品种为基础，通过"公司+合作社+基地""合作社+公司"等经营模式，通过建立西甜瓜产业绿色生产标准体系，构建西甜瓜品牌准入标准，充分利用电子商务、连锁经营、农超对接等现代销售手段，不断发展订单农业，拓宽西甜瓜绿色农产品销售渠道，加强品牌建设和宣传工作。以品牌发展为依托，加强一二三产业融合，发展包括生产销售、研发示范、技术推广、合作经营、休闲观光、科普教育等多维发展道路，提升西甜瓜产业竞争力。

报告三 2020年西瓜甜瓜产业发展趋势与政策建议

张 琳 吴敬学

1 国内西甜瓜生产与市场概况

1.1 2019年西甜瓜生产情况及主要特点

1.1.1 西甜瓜播种面积和产量保持稳中有增

根据全国各西甜瓜试验站的数据统计，2019年全国西瓜播种面积152.88万公顷，总产量6 475.40万吨，每公顷产量42.36吨，与上年基本持平。全国甜瓜播种面积35.46万公顷，总产量1 317.34万吨，每公顷产量37.15吨，比上年增长较为显著。近年来在供给侧结构性调整背景下，全国西甜瓜种植面积保持较为明显的增长态势，西、甜瓜单产水平、总产量亦保持增长态势。

1.1.2 西甜瓜优势产区集中度进一步提高

全国3/4的西瓜来自华东和中南产区两大产区，全国3/4的西瓜产量来自这两个产区。华东六省一市、中南六省的西瓜播种面积及产量分别占到全国的34%~36%、35%~37%。河南、山东、安徽、河北和江苏5个省的西瓜产量约占全国总产量的55%，超过全国总产量的一半。河南省是中国西瓜生产第一大省，产量约占全国的1/5。甜瓜以华东、中南、西北三大产区为主，华东六省一市、中南六省的甜瓜播种面积及产量分别占到全国的26%~27%、22%~24%。西北地区的甜瓜产业发展迅速，1996—2019年，播种面积从1.8万公顷扩大到12.65万公顷，产量占全国总产量的比重从9%增长到27%。新疆甜瓜生产居全国第一，产量约占全国总产量的18%。

1.1.3 西甜瓜品种结构不断优化

各科研单位选育出大量的优良新品种，西甜瓜品种结构得到不断优化，一是高糖度、耐裂、挂果期长等优质品种逐渐代替传统品种，正向中熟、含糖量高、大红瓤色、硬脆质地、耐裂的椭圆形西瓜过渡；二是有籽西瓜的面积呈逐步上升趋势，无籽西瓜面积总体下降，大果型西瓜种植面积逐步变少，中小型瓜种植面积增大；三是露地栽培逐年减少，以中早熟品种为主，主要栽培品种仍以京欣1号、京欣2号等京欣系列、甜王系列、久甜二号和早佳8424为主。从甜瓜来看，全国甜瓜种植面积一直稳步上升，并呈现明显区域特色。东北地区以薄皮甜瓜为主要类型，山东、河南、河北等甜瓜大产区，设施栽培的薄皮甜瓜面积增加显著。

1.1.4 西甜瓜栽培模式及关键技术进一步提升

露地西甜瓜由以家庭为单位的精耕细作式的小面积栽培向种植专业户大规模的简约化栽培转变，由西甜瓜单一作物栽培向多种作物间、套作栽培转变，各地结合当地气候特点开发出一系列简约化、省时省工的露地栽培模式，具有代表的地区有湖北、湖南、河南、辽宁等地；设施西甜瓜栽培模式在早春精品西甜瓜生产中的应用进一步扩大，尤其在厚皮甜瓜和长季节栽培西瓜及少部分小果型西瓜生产中应用比例较高，具有代表的地区有江苏、浙江、上海等地。主产区推广使用集约化育苗、多膜覆盖、蜜蜂授粉、膜下滴灌、黄蓝板诱杀、病虫草害综合防控等节本高效生产关键技术，农户高垄定植，增施有机肥，减少化肥施用的意识逐步增强。

1.1.5 西甜瓜机械化生产得到一定应用

目前我国西甜瓜综合机械化水平总体较低，西甜瓜生产中大面积推广应用的主要为耕整地、植保、水肥一体化等通用型机械，育苗上主要使用的是育苗土配制机、播种机、自动化喷水机等，生产上主要是翻地施肥机、开沟机、起垄铺管覆膜一体机、电动喷药机，部分高档园区配有放风仪、温湿度自动调节装置、小型运输车等机械设备。耕整地、种植、田间管理等环节缺乏与西甜瓜种植农艺要求相配套的专用机械，整枝、授粉、采收等多个作业环节仍然依赖于人工。

1.1.6 电子商务等新业态极大推动了西甜瓜物流发展

目前我国西甜瓜销售仍以鲜果为主，随着互联网、电子商务等新业态新技术出现，进一步推动了园艺产品生产与供销方式变革，西甜瓜初步形成了散装产品专供商超、简装产品对接电商、精装产品供应大客户、线上线下并行发展的多维物流体系。一是散装运输销售，在地头经过简单的分级直接装车外运。二是气调袋或泡沫网+硬纸箱托底包装，在地头经过简单的分拣，包装后直运外地销售。三是部分礼品西瓜和采摘园区采用礼盒分级包装销售。四是一些大型的连锁超市如家乐福、乐购、沃尔玛、大润发等销售西甜瓜鲜切品。五是随着互联网经济逐渐兴起，微信、京东、阿里巴巴等电商平台以及配套的包装、速递业务极大推动了优质西甜瓜贮藏保鲜、冷链运输的发展。

1.1.7 西甜瓜优势产区品质和品牌意识逐渐加强

西甜瓜优势主产区通过引进优质品种、改善土壤、倒茬轮作、蜜蜂授粉、病虫草害综合防控、严禁生瓜上市等途径，西甜瓜产品品质整体有所上升。2019年，进入农业农村部全国名特优新农产品名录的西甜瓜产品数量为13个，占产品总数的5.28%，其中进入名录的西甜瓜产区包括浙江、河南、广东、重庆、宁夏、内蒙古、陕西7省（区、市）。各地更加注重品牌建设情况，优质品牌不断增多，产品优质优价机制逐渐形成，全国命名的西甜瓜之乡、地理标志产品以及名优产区超过30个，主营西甜瓜的合作社和品牌企业在整个瓜菜产业中居首，西甜瓜生产大县（2 000公顷以上）合计播种面积约占全国西甜瓜总播种面积的60%以上。

1.2 2019年西甜瓜市场及贸易概况

1.2.1 西甜瓜平均价格水平高于2018年同期

根据农业农村部信息中心数据测算，2019年1—11月全国西瓜批发市场价格与2018年同期相比有所上涨，从加权价格看，2019年1—11月加权价格为3.25元/千克，而2018年同期加权价格为3.02元/千克。2019年1—11月全国甜瓜批发市场价格与2018年同期相比有所上涨，从加权价格看，2019年1—11月加权价格为5.37元/千克，而 2018 年同期加权价格为 4.87 元/千克。

1.2.2 西瓜交易量高于 2018 年同期，甜瓜交易量有所下降

根据农业农村部信息中心数据测算，2019 年 1—11 月全国西瓜批发市场交易量为 192.29 万吨，比 2018 年同期增加 5.69%。2019 年 1—11 月全国甜瓜批发市场交易量为 8.7 吨，比 2018 年同期减少 11.2%。西甜瓜交易量也呈现明显的季节性变化，2019 年 7—8 月西瓜交易量最大，5—8 月为甜瓜交易量的高峰段。

1.2.3 西甜瓜价格变化呈现季节性波动并与交易量反向变化

根据农业农村部信息中心数据，从全年价格变化看，呈现两头高中间低的季节性波动。1—4 月西甜瓜供应主要来自一些地区的反季节品种，价格偏高；5—9 月属于西甜瓜大量上市时期，价格处于低位，而且 7—9 月价格保持低位稳定；10 月随着天气转凉，供应量减少，价格开始升高。2019 年西瓜全年价格最高点在 4 月（4.94 元/千克），最低点在 9 月（2.08 元/千克），最低价与最高价差 2.86 元/千克。甜瓜全年价格最高点在 4 月（9.64 元/千克），最低点在 9 月（3.47 元/千克），最低价与最高价差 6.17 元/千克，甜瓜季节性价差总体呈减小趋势，反映出市场供应向均衡发展。

1.2.4 西甜瓜进出口贸易比 2018 年同期有所增加

根据农业农村部信息中心提供的数据，2019 年中国西瓜出口数量与 2018 年同期比基本持平、进口数量与 2018 年同期比增加。2019 年 1—10 月出口数量 4.20 万吨，比 2018 年同期（4.26 万吨）基本持平；出口金额 3 666.95 万美元，与 2018 年同期（3 662.71 万美元）基本持平。2019 年 1—10 月进口数量 24.75 吨，比 2018 年同期（19.29 万吨）增加 28.3%；进口金额 3 894.36 万美元，与 2018 年同期（3 903.41 万美元）基本持平。2019 年中国甜瓜进口和出口数量与去年同期比均有所增加。2019 年 1—10 月出口数量 6.79 吨，比 2018 年同期（4.50 万吨）增加 50.09%；出口金额 11 029 万美元，比 2018 年同期（7 041 万美元）增加 56.6%。2014—2018 年以来，甜瓜进口数量极少，2019 年 1—10 月甜瓜进口数量 140 吨，比 2018 年同期有所增加。

2 2019 年国内西甜瓜产业发展问题

2.1 产业发展总体问题

2.1.1 气候与灾害问题

根据试验站提供的材料，2019 年全国西甜瓜主产区存在的主要自然灾害是早春低温寡日照、夏季暴雨及洪水、局部地区干旱等。年初 2—3 月的低温弱光气候对南方设施西甜瓜生产产生了严重影响，夏季暴雨、台风等气候对东南沿海部分产区露地西甜瓜正常上市造成不利影响。此外，西北地区出现的旱情制约了对本年度该区域内露地西瓜生产。

2.1.2 市场与价格问题

2019 年全国西甜瓜主产区总体效益高于往年，部分产区瓜农年收入提升 20%~30%，设施西甜瓜栽培效益进一步提升，露地栽培效益与往年基本持平。西甜瓜集中上市、瓜贱伤农的现象依然普遍存在。

2.1.3 生产成本问题

根据全国各试验站统计，2019年西甜瓜生产成本上升明显。农资成本、劳动力成本、土地租金三方面成为成本上涨的主要原因。有机肥原料上涨压力普遍较大，季节性雇工难即将成为制约产业发展的重要因素，部分产区用工高峰期雇工日工资超过300元/人。土地租金上涨在江浙、海南等产区成为制约产业发展的突出矛盾。

2.1.4 产品质量与品牌问题

近年来形成部分有影响力的西甜瓜品牌，但总体缺乏具有区域性和规模影响力的品牌，品牌多但知名品牌少的现状短期内难以改变，商标侵权、山寨情况频发。西甜瓜产品销售组织不健全，生产组织普遍缺乏自有销售渠道，等待瓜商上门收购成为主要销售模式，压价情况普遍，效益不佳。"农超对接""社区水果店"等新型流通业态占比很小，销售存在环节多、链条长、流通成本高，农户利益被挤压。产品质量追溯系统有待进一步加强，只有极少数高端品牌具备了一瓜一码的消费者追溯系统，"互联网+西甜瓜"的模式有待推广。

2.1.5 标准化生产、规模化生产、绿色化发展、组织化经营等问题

种植规模普遍较小，标准化生产落实不到位，标准的实施存在滞后性，许多产区标准制成了"一纸空文"。西甜瓜生产质量追溯体系建设滞后，西甜瓜生产有记录、信息可查询、流向可跟踪、质量可追溯、责任可追究等标准化生产方面仍有很大潜力待挖掘。急需大力培育新型经营主体和职业瓜农，加快发展新型社会化服务组织。

2.2 遗传育种方面问题

一是随着劳动力成本成为产业发展的主要瓶颈，迫切需要适宜轻简化栽培的西甜瓜品种。二是主要产区主栽品种近10年仍然没有明显改变，瓜农栽培品种老化、同质化现象普遍。三是主要西甜瓜育种单位以采用常规育种技术为主，分子辅助育种技术相对落后，育种年限长。四是优质、抗病、适合设施栽培的品种仍然比较少。抗病、抗虫砧木育种亟待加强。

2.3 栽培与土肥方面问题

一是工厂化育苗发展迅速，但常规育苗仍占比较大，育苗技术手段不高、接穗和砧木种子来源不规范，装备有待完善，健康种苗占比不高。二是虽然对生物有机肥的认识有明显提高，但受肥料施用机械不配套问题限制，有机肥的推广速度受限。充分腐熟或经无害化处理比例较低，商品有机肥和生物菌肥应用比例不高。

2.4 病虫草害防控方面问题

一是对化学农药的依赖性依然较高，忽略了对综合防治，瓜农普遍缺乏病虫害识别、综合防治技术知识，农药的滥用和环境的污染现象依旧普遍。二是病虫害防治方面缺少系统的综合防治技术和绿色高效的农药产品，一些新型的喷药机械，植保无人机操作员数量不足。三是种传病害如细菌性果腐病、病毒病等发生依旧严重。

2.5 采后处理加工与综合利用方面问题

一是西瓜甜瓜以鲜食为主，缺少高附加值产品，仅在果酒、果醋、果脯方面有少数利用。二是运输过程中多采用简易纸箱和纤维袋包装，运输过程中损耗较大，缺少冷链环节。

2.6 机械化生产方面问题

一是除了大型园区和种植大户便于开展机械化生产，其余散户由于种植面积小，或种植地块分散以及机械化成本高等问题难以开展机械化生产。二是南方中小棚设施需要的中小型农业机械十分缺乏，与西甜瓜设施种植农艺要求相配套中小型深耕深翻机、精整地机、起垄铺管铺膜复式作业机等专用机械研发滞后。三是农户购用机具较分散，缺少有组织的协同生产和有组织的社会化服务，组织化程度低，机具的使用效率和效益不高。

3 2020年国内西甜瓜产业发展趋势

3.1 产业发展总体趋势

3.1.1 2020年西甜瓜生产规模稳中有增，种植结构进一步优化

由于2019年全国西甜瓜市场价格整体向好，而大宗蔬菜产品价格比较低迷，受国家供给侧结构性改革等政策性因素和种植比较收益等市场性因素的双重影响，预计2020年西甜瓜播种面积和产量将呈现稳中有升的趋势。从栽培方式来看，露地栽培面积的比例将进一步下降，设施栽培面积的比例将进一步上升。

3.1.2 2020年西甜瓜市场供需基本平衡，消费结构不断升级

2020年国内西甜瓜市场供需将保持基本平衡，进出口贸易量仍将在1%以内，国际市场变化对国内西甜瓜市场影响不大。国内西甜瓜市场价格仍将继续保持季节性波动，后期波动将趋于平稳，整体价格与2019年同期水平持平或略有上升，优质优价机制逐渐形成；从长期来看，我国西甜瓜产业未来总体发展势头良好，随着居民消费结构升级，对西甜瓜消费越来越注重新颖、多样、营养、安全、健康，无公害西甜瓜、有机西甜瓜、保健型西甜瓜等安全优质西甜瓜需求不断增强，价格与普通西甜瓜的差距也会更加扩大，未来满足新增需求主要通过提高单产和减少损耗来实现。

3.2 西甜瓜产业未来发展思路和方向

3.2.1 全球农产品大生产与大流通格局基本形成，将进一步促进最佳生产要素配置向优势产区聚集

缅甸、老挝、越南等"一带一路"沿线国家的园艺产品生产与供销方式变革，催生与分化了我国秋冬季、冬春季和早春西甜瓜原有的生产格局；海南大棚以及云南、四川攀枝花、新疆吐鲁番的早春小拱棚和露地生产，均直接影响内地大棚西甜瓜的生产效益；冷凉地区8—9月供应成为弥补高品质甜瓜周年供应的一个重要途径，有可能成为

新的产业亮点；各主产区需要进一步明确在全国西甜瓜周年生产与供应格局中的产业优势与竞争位置。

3.2.2 进一步提升西甜瓜质量安全水平，实现产业绿色、高质量发展

以绿色防控技术、健全农产品安全追溯体系等提升西甜瓜安全质量的一系列手段，将成为产业竞争力提升的必然选择。西甜瓜生产体系构建将深入实施绿色发展的总体思路，以生态农业为基础，以资源环境承载能力为基准，以绿色科技创新技术为支撑，以提高西甜瓜质量安全、生产效益和竞争力为目标，以降低农业投入品用量和提高农业资源利用效率为手段，逐步推动西甜瓜产业形成"空间布局科学化、资源利用高效化、产地环境友好化、产品销售品牌化"的产业发展总体格局。以良种与种苗等农资为载体实行农资订制服务，并引领产品结构调整、实现优质优价，将成为全行业争相发力的突破口。

3.2.3 "互联网+""旅游+"等新业态出现，加快推动西甜瓜生产经营模式向链条一体化、业态融合化方向发展

按照市场需求"逆向"打通瓜菜全产业链的经营理念已经全面实施，以产销一体化的农业企业或者农民合作组织等新型经营主体为龙头，组织规模化的西甜瓜生产基地与供应链成为产业发展的必然。特色精品西甜瓜产品越来越受终端消费者喜爱，由此带动全产业链一体化运营已形成一定规模，并影响大众产品的生产经营模式变革。随着"互联网+"、外来资本和新兴企业形态的进入与融合，西甜瓜生产、加工、销售各环节与休闲观光、电子商务等新兴业态进行深度融合，加快实现产业优质优价、功能拓展和价值增值。

3.3 遗传育种方面趋势

新品种选育将朝着优质多抗，以及适合轻简化栽培的方向发展，分子标记辅助选择和接种鉴定相结合的聚合育种等现代育种方法应用将越来越普遍。根据消费者需求变化，西甜瓜育种将向优质化、特色化、中小果型、专业型的方向发展。

3.4 栽培与土肥方面趋势

轻简化栽培尤其是机械化的应用将是西甜瓜栽培的发展趋势，化肥的用量逐步下降，农家肥特别是生物有机肥的用量逐渐增加，精准施肥，减施化肥、增施有机肥和微生物菌肥将是土肥方面的发展方向。

3.5 病虫草害防控方面趋势

病虫害防治采用物理、农业、生物等方式代替化学防治，防治措施趋于合理，向绿色、有机方向发展。随着生产向农业企业、合作社、家庭农场和种植大户集中，病虫害防控的专业队伍统一防治也会有所增加。

3.6 采后处理加工与综合利用方面趋势

西甜瓜的采后处理和初加工将是长期的发展趋势。冷链物流体系作为一种新型的智能化、规范化、安全化、可追溯性的系统，因为能提高百姓餐桌安全性的作用越来越受到重视。

3.7 机械化生产方面趋势

由于适宜劳动力减少，西甜瓜生产将呈现人工作业向机械化作业、单项机械化作业向复式机械化作业、通用型机械向专业化机械发展的趋势。除现有的使用比例较大的耕整地环节外，设施栽培的肥水一体化技术、露地栽培的中耕施肥机械、机械化喷药等将会快速增加，机械化移栽技术难度较大，但会是未来的发展方向。

4 2020年国内西甜瓜产业发展建议

4.1 政策建议

4.1.1 加大科研资金投入，促进产业协同创新

通过国家政策支持和龙头企业资金投入，建立稳定长效的西甜瓜科研经费投入机制，以农业科研院所、高校、企业等各类创新主体协同创新体制为载体，持续开展以西甜瓜绿色生产为重点的科技研发工作，完善西甜瓜农业绿色科技创新成果评价和转化机制。开展西甜瓜产业竞争力，提升科技行动，结合脱贫攻坚，乡村振兴等总体要求，推广特色产业+金融+科技等政策支持，在大别山区、皖北贫困地区、美丽乡村建设示范点等重点打造西甜瓜产业提升样板示范点。

4.1.2 加强产销衔接，推动产业化经营和融合发展

培育新型经营主体，推进规模化经营和标准化生产，从政策、资金等方面大力扶持西甜瓜生产、加工、流通企业，加强农业企业和农户的利益连接机制，扶持和鼓励以家庭农场为单元的规模化生产经营，推动骨干种植大户以农业合作社的形式联合，共同抵御市场风险。推动产业融合发展，将西甜瓜种植（第一产业）、西甜瓜产品精深加工（第二产业）和以西甜瓜为主导的城郊型观光采摘旅游（第三产业）融合发展，增加西甜瓜产品的附加值，提高产业效益和影响力。

4.1.3 加强基础设施建设，提高产业抗风险能力

加大西甜瓜主产区农田改造等配套基础设施建设，提高西甜瓜生产的抗灾能力。整合农业综合开发、农田水利等项目资金，做好基地沟渠路、涵桥闸等基础设施建设，实现基地排灌设施配套、农田平整肥沃、田间道路畅通。加大西甜瓜集约化育苗设施设备等硬件的投入，强化育苗企业抗灾避灾能力，提高种苗质量。

4.1.4 加大质量安全体系建设，推动绿色品牌创建

建立西甜瓜产业绿色生产标准体系，积极研究制订与国际惯例接轨的西甜瓜商品标准，提升西甜瓜绿色食品、有机农产品和地理标志农产品等认证的公信力和权威性；完善西甜瓜绿色农产品检测体系，建立覆盖西瓜甜瓜生产和流通环节的全程质量追溯体系；尽快建立西甜瓜市场信息网络和产销服务体系，发挥广大专业人员和经营者及农民的积极性，进行市场调查分析，及时调整品种和生产布局，创建名优和特色品牌，开拓和培育市场，有效衔接产销。

4.2 遗传育种方面建议

西甜瓜品种选育要与市场多元化需求与品质相结合的基础上，更应将复合抗病虫性、抗逆性、资源高效利用和可持续发展列为育种选种的重要目标。针对性地培育具有明确高抗性的品种，根据不同地区栽培形式和特点，大力引进当地适宜品种或进行专用品种或专有品种的培育研究，搞好试验示范工作，在此基础上，进一步加强推广应用，在不同生态区和种植模式下推广适宜品种。不同地区每年应适当引进一些新品种，进行试验，做好品种储备，重点推广小型无籽西瓜、早中熟中小果型瓤质细脆西瓜、早熟大果型优质厚皮甜瓜、优质薄皮甜瓜、中晚熟优质籽瓜等系列品种的引进、试验、推广，为产业健康发展奠定物质基础。

4.3 栽培与土肥方面建议

建立以高效、设施化、绿色为目标的西瓜甜瓜规范栽培技术体系，重点是设施栽培技术、无公害病虫害防治技术和平衡营养施肥技术等，加快简约化技术、减肥减药技术、肥水一体化技术、资源高效利用技术等在产业中应用和推广，促进产业健康绿色发展。要加强配套标准规范栽培技术培训和指导工作，制定不同区域、不同栽培模式西甜瓜标准化生产技术规程，构建工厂化育苗网点货网络，完善西甜瓜优质化配套栽培技术和商品品质优化技术。针对不同品种、不同市场的要求，通过提出生产管理的量化指标，明确各种条件下的种植要求和栽培技术，规范农药化肥使用和灌溉，统一指导西甜瓜采摘，保障绿色安全生产。

4.4 病虫草害防控方面建议

西甜瓜病虫草害防控依然要遵循以预防为主、综合防治的方针。加强农药减施技术研究与推广，采用全程绿色防控技术的研究和应用，并从政策上鼓励西甜瓜病虫害防治中农业栽培管理、生态调控、生物防治等绿色环保防病技术的研发与应用，减少农药的使用量。综合利用物理防治、农业防治和生物防治等技术，进行病虫害综合治理。加强对制种的管理、控制种子的带菌情况，加强检疫。在使用化学药剂时，要科学选药，做到对症下药、及时用药、精准施药等，化学药剂应选择高效低毒的产品，在使用中要注重轮换使用和科学的施药方法，延缓抗药性发展。防治使用高毒或禁用的化学农药。严格执行农药的安全间隔期。加强防治技术的普及与培训，面向植保技术人员组织全国或省级的统一培训。

4.5 采后处理加工与综合利用方面建议

开展西甜瓜采后商品化处理和流通关键技术的研究与示范，西甜瓜饮品加工共性关键技术与装备研发；同时进行加工副产物高值化及深加工技术研究；研究并推广适应城市消费者需求的环保、绿色、精包装及运输技术。完善产后加工标准化的建立，包括长途运输以及简易保鲜技术的研发。

4.6 机械化生产方面建议

通过西甜瓜种植适度规模化、设施结构大型化，为西甜瓜机械化生产提供必要条件；针对西甜瓜机械化生产薄弱环节、薄弱地区的机械化难题，攻克农机农艺融合关键技术，研发经济适用的机械化装备，为西甜瓜生产提供有效的工程技术装备支撑；通过将西甜瓜机械产品纳入农机购置补贴，加快其推广应用；建立基于西甜瓜典型区域特点与品种特性的农机农艺融合标准化栽培模式，实现栽培模式标准化、农艺要求轻简化、田间作业机械化，由整地垄形规范化、系列化开始，为不同作业环节机械化装备的衔接配套提供保障。

5 国际西甜瓜生产与贸易概况

5.1 世界西甜瓜生产基本情况

国际西甜瓜产业发展快速，种植面积和产量持续增加。西甜瓜在世界水果生产中占有重要的地位，自21世纪以来西甜瓜产业进入快速增长阶段，其种植面积和产量持续增加。联合国粮农组织数据库数据显示，2017年西瓜收获面积为347.73万公顷，总产量由2001年的8 346.02万吨增加到2017年的11 841.35万吨，是世界上产量最高的水果。2017年世界甜瓜收获面积为122.10万公顷，总产量由2001年的2 436.00万吨增加到2017年的3 194.83万吨。

世界西甜瓜种植主要集中在亚洲，其中，中国是世界上西甜瓜生产产量最高的国家。国际西甜瓜种植主要分布在亚洲，其次为美洲和欧洲，联合国粮农组织数据库数据显示，2017年亚洲西瓜收获面积264.26万公顷，占世界总收获面积的76.00%；甜瓜收获面积为87.89万公顷，占世界总收获面积的71.98%。2017年中国西瓜和甜瓜产量分别占全世界总产量的67.13%和53.67%。

西甜瓜生产效率不断提高，单产量逐年递增，且中国单产明显高于世界平均水平。联合国粮农组织数据库数据显示，2017年世界西瓜单产为34.05吨/公顷，比2007年每公顷产量增加9.66吨，2017年中国西瓜单产为42.74吨/公顷，远高于世界平均水平。2017年世界甜瓜单产为26.17吨/公顷，比2001年每公顷产量增加6.62吨，2017年中国西瓜单产为34.97吨/公顷，远高于世界平均水平。

5.2 世界西甜瓜贸易状况

国际西甜瓜贸易量不断增加，2001—2017年西瓜年均增速保持在6%以上，甜瓜年均增速保持在2%以上。联合国粮农组织数据库数据显示，2017年国际西瓜出口总量为414.20万吨，出口总额为16.19亿美元，主要出口国家为伊朗、西班牙和墨西哥；进口总量为396.71万吨，进口总额为17.02亿美元，主要进口国为美国、伊拉克和德国。2017年国际甜瓜出口总量为239.91万吨，出口总额为16.20亿美元，主要出口国家为西班牙、危地马拉和巴西；进口总量为227.41万吨，进口总额为18.45亿美元，主要进口国家为美国、荷兰和法国。

中国是世界西甜瓜最大生产国，但西甜瓜进出口贸易量在世界的比重不大，国际市场变动对国内市场的影响不大。中国西瓜主要以进口为主，2017年中国西瓜进口量占世界进口总量的5.65%，且比重呈明显下降趋势；中国西瓜出口数量占世界总出口数量比重一直维持在1%左右，2017年比重为1.06%。中国甜瓜进出口贸易一直为净出口，2017年中国甜瓜出口数量占世界总出口数量的2.73%，进口数量占世界总进口数量的0.79%，且甜瓜进出口总体呈现出口增加、进口基本稳定的趋势。

报告四 2021年西瓜甜瓜产业发展趋势与政策建议

张 琳 吴敬学

1 国内西甜瓜生产与市场概况

1.1 2020年西甜瓜生产情况及主要特点

1.1.1 面积产量稳中有增

近年来,在供给侧结构性调整背景下,全国西瓜甜瓜种植面积、产量趋于稳定。2020年国内西甜瓜生产受新冠肺炎疫情影响,疫情前期劳动力短缺、生产性物资流通不畅对育苗和早春栽培造成一定冲击,随着后期疫情缓解而有所恢复。根据中国统计年鉴数据,2019年全国西瓜播种面积约为153.9万公顷,总产量约为6 324.1万吨,每公顷产量41.08吨,西瓜总产量比2018年增加2.8%,主要是由于单产恢复性增长。2019年全国甜瓜播种面积约为39.4万公顷,总产量约为1 355.7万吨,每公顷产量34.44吨,甜瓜总产量比2018年增加3.0%,主要来自播种面积增长。

1.1.2 优势产区进一步集中

西瓜生产布局依然是华东、中南两大地区主导,2019年华东六省一市、中南六省的西瓜产量分别占全国的32%和39%。2019年排列西瓜产量前十位的省(区)是:河南、山东、江苏、湖南、安徽、广西、湖北、新疆、河北、浙江。甜瓜生产布局以华东、中南、西北三大产区为主,2019年华东六省一市、中南六省、西北地区的甜瓜产量分别占全国的28%、24%、26%。2019年排列甜瓜产量前十位的省(区)是:新疆、山东、河南、河北、江苏、内蒙古、陕西、甘肃、浙江、黑龙江。

1.1.3 品种结构逐步优化

西甜瓜育种水平技术不断提高,西瓜育种技术达到国际领跑水平。一些优质抗病品种成为生产的主导品种,基本满足了市场多样化需求,实现了周年不断档供应。从栽培品种来看,中小果型、含糖量高、瓤色好、质地硬脆和耐裂的西瓜品种不断出现,适宜于保护地栽培的小型有籽西瓜面积不断上升,相对而言,大果型、无籽、露地栽培型品种比例有所下降;设施保护地优质厚皮甜瓜品种和优质薄皮甜瓜品种的生产面积不断扩大,呈现明显的区域特色。

1.1.4 栽培模式不断创新

立足于解决生产实际问题,凝聚各地生产管理经验,集成了基于西瓜甜瓜典型区域特点与品种特性的八大栽培模式。黄淮海西瓜以春夏茬栽培为主,其中以大棚和小棚为主的设施栽培占总面积的40%左右。长江中下游地区以夏秋茬栽培为主,以大棚和小棚为主的设施栽培占总面积的30%左右。华南冬春季设施栽培西瓜生产季节优势明显,面积仅为全国的10%左右,但效益居全国前列。黄淮海甜瓜主要生产模式为春夏茬的设施栽培,西北地区以露地厚皮甜瓜、压砂瓜栽培模式为主,东北地区主要种植模式以夏秋茬露地栽培为主。

1.1.5 关键技术取得突破和应用

现代育种技术、高产高效管理技术、土壤改良提升技术等不断创新应用,提升了西甜瓜质量,提高了机械作业效率,降低人工作业成本,提高水肥利用效率,提高西甜瓜的投入产出率。率先绘制了全球第一张西瓜全基因组序列图谱与变异图谱,建立了更为精准的西瓜抗病第二代分子标记辅助育种以及高通量的标记检测技术体系;研发并推广了多种适宜的西甜瓜专用耕整地机械,灌区甜瓜垄膜沟灌水氮耦合技术,西瓜甜瓜嫁接苗集约化生产技术,西瓜甜瓜克服连作障碍关键技术,西瓜甜瓜加工运输技术以及质量安全防控评估技术,集成以栽培抗病品种和培育无病壮苗为基础综合防治技术体系等,显著提升了增产增值潜力。

1.1.6 质量和品牌意识逐渐加强

各地坚持走质量兴农、品牌强农之路,更加注重品牌建设情况,优质品牌不断增多,产品优质优价机制逐渐形成。全国命名的西甜瓜之乡、地理标志产品以及名优产区超过30个,主营西甜瓜的合作社和品牌企业在整个瓜菜产业中居首,西甜瓜生产大县(2 000公顷以上)合计播种面积约占全国西甜瓜总播种面积的60%以上。随着互联网、电子商务等新业态新技术出现,"互联网+西甜瓜"融合发展,进一步推动了西瓜甜瓜产业链、供应链和价值链变革,西甜瓜形成了散装产品专供商超、简装产品对接电商、精装产品供应大客户、直营直销畅通、线上线下并行的多元化销售渠道,进一步放大品牌优势,实现品牌价值裂变增长。

1.2 2020年西甜瓜市场及贸易概况

1.2.1 市场价格水平高于去年同期

根据农业农村部信息中心批发市场价格监测数据库对西瓜甜瓜市场批发价的监测显示,2020年1—12月全国西瓜批发市场价格与2019年同期相比明显上涨,2020年加权价格为3.51元/吨,而2019年同期加权价格为3.31元/吨,涨幅6%。1—3月受新冠肺炎疫情影响,生产、运输和销售各环节成本均有所增加,产区产品滞销和销区价格上涨并存,价格比2019年同期明显上涨,1月同比涨幅15.8%,2月同比涨幅13.8%;4—7月随着疫情缓解,市场价格回落,低于上年同期;8—12月价格又呈上涨态势,9月同比涨幅最大,高达44.2%。与西瓜市场相似,2020年1—12月全国甜瓜批发市场价格与去年同期相比涨幅明显,2020年加权价格相比2019年加权价格涨幅7.3%。分月看,受疫情影响,2—3月涨幅最大,4—7月随着疫情缓解而回落,8—12月价格又出现上涨态势。

1.2.2 交易量受疫情影响减幅较大

根据农业农村部信息中心批发市场价格监测数据库对西瓜甜瓜市场批发价的监测显示,2020年1—12月西瓜交易量为139.6万吨,比2019年同期减少31%,2020年1—12月甜瓜交易量8.3吨,比2019年同期减少4.6%。交易量大幅减少主要是受国内外新冠肺炎疫情冲击影响，市场消费削减10%～20%，果品出现滞销。从全年西瓜甜瓜交易量波动特征来看，呈现明显的季节性变化，5—9月为西瓜甜瓜集中上市交易量的高峰段，7月为全年价格最低点。

1.2.3 西瓜进出口贸易比去年同期有所下降

根据农业农村部信息中心提供的数据，2020年中国西瓜出口数量与去年同期比略有下降，进口数量与去年同期比下降幅度较大，主要原因是受新冠肺炎疫情影响，港口、交通等运输受阻，直接影响了西瓜贸易活动。2020年1—7月西瓜出口数量2.25万吨，比2019年同期（2.26万吨）减少0.4%；出口金额1 850.87万美元，比2019年同期（1 864.98万美元）减少0.8%。2020年1—7月进口数量9.72吨，比2019年同期（24.74万吨）减少60.7%；进口金额1 630.02万美元，比2019年同期（3 892.98万美元）减少58.1%。

1.2.4 甜瓜进出口贸易比去年同期有所增加

根据农业农村部信息中心提供的数据，受"一带一路"倡议国家合作战略深入推进，2020年中国甜瓜出口、进口数量和金额均比2019年同期有所增加，2020年1—7月甜瓜出口数量4.24万吨，比2019年同期（为2.84万吨）增加49.3%；出口金额6 449万美元，比2019年同期（4 390万美元）增加46.9%。甜瓜进口数量较少，2020年1—7月甜瓜进口数量74吨，比2019年同期增加了将近10倍。

2 2020年国内西甜瓜产业面临问题

2.1 产业面临风险加大

从国际环境来看，全球政治经济环境面临的不确定不稳定因素明显增多，新冠肺炎疫情影响广泛，全球经济增长乏力，国际局势复杂多变，贸易保护主义抬头、贸易摩擦加剧，西瓜甜瓜产业生产流通和市场贸易形势也不容乐观。从国内环境来看，我国进入高质量发展阶段，人民日益增长的美好生活需要以及对"菜篮子"产品高品质、多样化的需求，对西瓜甜瓜产业提出了新要求。从自然风险来看，早春低温寡日照、夏季暴雨及洪水、局部地区干旱等灾害性气候以及病害、虫害等生物性风险对西瓜甜瓜生产冲击较大。

2.2 产业比较收益下滑

西瓜甜瓜属于劳动密集型产业，与大田作物相比，具有高投入高产出特点，近年来西瓜甜瓜生产成本上升明显，农资成本、劳动力成本、土地租金成为助推成本上涨的主要因素。随着农村空心化、老龄化等问题不断凸显，用工成本不断抬升，季节性雇工难成为制约产业发展的重要因素，部分产区用工高峰期雇工日工资超过300元/人。受石油、天然气等原料成本影响，农膜、农药、化肥等农业生产资料成本不断上升，推高了生产成本，压减了效益空间。同时，土地租金上涨在江浙、海南等产区成为制约产业发展的突出矛盾。从未来趋势来看，西瓜甜瓜作为劳动和土地密集型产品将面临价格"天花板"和成本"地板"的双重挤压和自然资源、环境保护等资源的刚性约束。

2.3 生产机械化标准化水平不高

与发达国家相比，由于我国不同地区生产条件、茬口和种植模式都有很大差异，且西瓜甜瓜在播种、育苗、栽培管理等方面对技术要求较高，我国西瓜甜瓜综合机械化率水平较低，仅为20%～30%，机械装备的应用仅为耕整地、植保、水肥一体化等通用型机械，而起垄、播种、移栽等环节因缺乏与西瓜甜瓜种植农艺要求相配套的专用机械，仍主要依赖于人工，在国际上落后于欧美等发达地区和国家在农业机械化方面的进程。与此同时，西瓜甜瓜种植还存在标准化程度不高，农机农艺不配套等问题，生产有记录、信息可查询、流向可跟踪、质量可追溯、责任可追究等标准化生产方面仍有很大潜力待挖掘。

2.4 产业链体系不健全

从组织方式来看，西瓜甜瓜种植多以小农户为基本组织单位，种植规模偏小，缺少龙头企业和专业合作社带动，存在盲目生产和集中上市等问题，制约了产业化发展进程，急需大力培育新型经营主体和职业瓜农，加快发展新型社会化服务组织。从采后处理与加工来看，西瓜甜瓜采后处理和深加工技术研究和利用相对滞后，分级、包装、加工等采后处理链条不完整，产业附加值提升不够。从品牌营销来看，各地以西瓜甜瓜为主的地标产品和绿色认证数量也不少，但总体缺乏具有区域性和规模影响力的品牌，品牌多但知名品牌少的现状短期内难以改变，产品销售组织不健全，销售存在环节多、链条长、流通成本高，农户利益被挤压。产品质量追溯系统有待进一步加强，只有极少数高端品牌具备了一瓜一码的消费者追溯系统。

3 2021年国内西甜瓜产业发展趋势

3.1 生产恢复性增长，种植结构进一步优化

2020年，西瓜甜瓜市场整体运行因新冠肺炎疫情的影响发生较大波动，预计2021年若无重大气象灾害，将逐步恢复正常生产水平，符合常年规律，西瓜甜瓜生产将保持稳中有增、供应宽松的局面。此次疫情对于露地种植影响较大，对设施生产影响较小，西瓜甜瓜设施栽培与露地栽培的比重将进一步提升。

3.2 市场供需基本平衡，消费结构不断升级

2021年国内西甜瓜市场供需将保持基本平衡，进出口贸易量仍将在1%以内，国际市场变化对国内西甜瓜市场影响不大。国内西甜瓜市场价格仍将继续保持季节性波动，整体价格与2020年同期水平持平或略有上升，优质优价机制逐渐形成；西甜瓜消费越来越注重新颖、多样、营养、安全、健康，无公害西甜瓜、有机西甜瓜、保健型西甜瓜等安全优质西甜瓜需求不断增强。

3.3 销售渠道更加畅通，产业链供应链加速转型

新冠肺炎疫情暴发将会进一步推动传统西瓜甜瓜交易方式的变革，电子商务、网

上交易、社区门店连锁、冷链配送等现代物流方式将迅速推广，如盒马鲜生、京东7Fresh、叮咚买菜等，实现生鲜瓜菜流通现代化。西瓜甜瓜冷藏保鲜、加工配送、电子结算、信息与追溯平台、质量安全检测等重点领域基础设施建设力度将进一步加大。

3.4 立足国内大循环，产业质量效益和竞争力进一步提升

西瓜甜瓜产业发展的着力点将放在国内庞大的消费市场，满足国内居民健康、营养、高品质、多元化的需求，以高质量发展为主线，以特色品种为引领，以标准化绿色化生产为核心，以融合化发展为方向，以新技术新设备为支撑，以品牌化营销为龙头，逐步推动西甜瓜产业形成"空间布局科学化、资源利用高效化、产地环境友好化、产品销售品牌化、产业链条融合化"的高质量发展格局。

3.5 遗传育种、栽培与土肥、病虫草害防控、采后处理加工与综合利用等方面趋势

新品种选育将朝着优质多抗，以及适合轻简化栽培的方向发展，分子标记辅助选择和接种鉴定相结合的聚合育种等现代育种方法应用将越来越普遍，西甜瓜育种将向优质化、特色化、中小果型、专业型的方向发展。轻简化栽培尤其是机械化的应用将是西甜瓜栽培的发展趋势，化肥用量逐步下降，农家肥特别是生物有机肥的用量逐渐增加，精准施肥，减施化肥、增施有机肥和微生物菌肥将是土肥方面的发展方向。病虫害防治采用物理、农业、生物等方式代替化学防治，防治措施趋于合理，向绿色、有机方向发展。西甜瓜采后处理和初加工将是长期的发展趋势，冷链物流体系作为一种新型的智能化、规范化、安全化、可追溯性的系统越来越受到重视。

4 2021年国内西甜瓜产业发展建议

4.1 政策建议

4.1.1 加强科技创新推动，促进产业协同创新

通过国家政策支持和龙头企业资金投入，建立稳定长效的西甜瓜科研经费投入机制，以农业科研院所、高校、企业等各类创新主体协同创新体制为载体，持续开展以西甜瓜绿色生产为重点的科技研发工作，完善西甜瓜农业绿色科技创新成果评价和转化机制。开展西甜瓜产业竞争力，提升科技行动，结合脱贫攻坚，乡村振兴等总体要求，推广特色产业+金融+科技等政策支持，在大别山区、皖北贫困地区、美丽乡村建设示范点等重点打造西甜瓜产业提升样板示范点。

4.1.2 加强产销衔接，推动产业化经营和融合发展

培育新型经营主体，推进规模化经营和标准化生产，从政策、资金等方面大力扶持西甜瓜生产、加工、流通企业，加强农业企业和农户的利益连接机制，扶持和鼓励以家庭农场为单元的规模化生产经营，推动骨干种植大户以农业合作社的形式联合，共同抵

御市场风险。推动产业融合发展，将西甜瓜种植（第一产业）、西甜瓜产品精深加工（第二产业）和以西甜瓜为主导的城郊型观光采摘旅游（第三产业）融合发展，增加西甜瓜产品的附加值，提高产业效益和影响力。

4.1.3 加强基础设施建设，提高产业抗风险能力

加强瓜田基础设施建设，引导财政资金和社会资本投入西瓜甜瓜生产基础设施建设，扩大适度规模经营，重点支持集约化育苗场、设施水电路基础设施、环境调控、病虫害防控、采后加工处理等基础设施建设。加强市场流通体系建设，支持产地初级加工，加快配套分等分级、贮藏保鲜、冷链物流等采后加工处理设施，统筹推进产地、销地批发市场建设，加强西瓜甜瓜物流网络和冷链物流体系建设，提高抵御风险能力和市场竞争力。加强生产信息监测网建设，建立多点、多区域覆盖的西瓜甜瓜生产、流通、销售一体化信息检测网络。

4.1.4 加强质量安全体系建设，推动绿色品牌创建

建立西甜瓜产业绿色生产标准体系，积极研究制订与国际惯例接轨的西甜瓜商品标准，提升西甜瓜绿色食品、有机农产品和地理标志农产品等认证的公信力和权威性；完善西甜瓜绿色农产品检测体系，建立覆盖西瓜甜瓜生产和流通环节的全程质量追溯体系；尽快建立西甜瓜市场信息网络和产销服务体系，发挥广大专业人员和经营者及农民的积极性，进行市场调查分析，及时调整品种和生产布局，创建名优和特色品牌，开拓和培育市场，有效衔接产销。

4.2 遗传育种方面建议

西甜瓜品种选育要与市场多元化需求与品质相结合的基础上，更应将复合抗病虫性、抗逆性、资源高效利用和可持续发展列为育种选种的重要目标。针对性地培育具有明确高抗性的品种，根据不同地区栽培形式和特点，大力引进当地适宜品种或进行专用品种或专有品种的培育研究，搞好试验示范工作，在此基础上，进一步加强推广应用，在不同生态区和种植模式下推广适宜品种。各不同地区每年应适当引进一些新品种，进行试验，做好品种储备，重点推广小型无籽西瓜、早中熟中小果型瓤质细脆西瓜、早熟大果型优质厚皮甜瓜、优质薄皮甜瓜、中晚熟优质籽瓜等系列品种的引进、试验、推广，为产业健康发展奠定物质基础。

4.3 栽培与土肥方面建议

建立以高效、设施化、绿色为目标的西瓜甜瓜规范栽培技术体系，重点是设施栽培技术、无公害病虫害防治技术和平衡营养施肥技术等，加快简约化技术、减肥减药技术、肥水一体化技术、资源高效利用技术等在产业中应用和推广，促进产业健康绿色发展。要加强配套标准规范栽培技术培训和指导工作，制定不同区域、不同栽培模式西甜瓜标准化生产技术规程，构建工厂化育苗网点货网络，完善西甜瓜优质化配套栽培技术和商品品质优化技术。针对不同品种、不同市场的要求，通过提出生产管理的量化指标，明确各种条件下的种植要求和栽培技术，规范农药化肥使用和灌溉，统一指导西甜瓜采摘，保障绿色安全生产。

4.4 病虫草害防控方面建议

西甜瓜病虫草害防控依然要遵循以预防为主、综合防治的方针。加强农药减施技术研究与推广，采用全程绿色防控技术的研究和应用，并从政策上鼓励西甜瓜病虫害防治中农业栽培管理、生态调控、生物防治等绿色环保防病技术的研发与应用，减少农药的使用量。综合利用物理防治、农业防治和生物防治等技术，进行病虫害综合治理。加强对制种的管理、控制种子的带菌情况，加强检疫。在使用化学药剂时，要科学选药，做到对症下药、及时用药、精准施药等，化学药剂应选择高效低毒的产品，在使用中要注重轮换使用和科学的施药方法，延缓抗药性发展。防治使用高毒或禁用的化学农药。严格执行农药的安全间隔期。加强防治技术的普及与培训，面向植保技术人员组织全国或省级的统一培训。

4.5 采后处理加工与综合利用方面建议

开展西甜瓜采后商品化处理和流通关键技术的研究与示范，西甜瓜饮品加工共性关键技术与装备研发；同时进行加工副产物高值化及深加工技术研究；研究并推广适应城市消费者需求的环保、绿色、精包装及运输技术。完善产后加工标准化的建立，包括长途运输以及简易保鲜技术的研发。

4.6 机械化生产方面建议

通过西甜瓜种植适度规模化、设施结构大型化，为西甜瓜机械化生产提供必要条件；针对西甜瓜机械化生产薄弱环节、薄弱地区的机械化难题，攻克农机农艺融合关键技术，研发经济适用的机械化装备，为西甜瓜生产提供有效的工程技术装备支撑；通过将西甜瓜机械产品纳入农机购置补贴加快其推广应用；建立基于西甜瓜典型区域特点与品种特性的农机农艺融合标准化栽培模式，实现栽培模式标准化、农艺要求轻简化、田间作业机械化，由整地垄形规范化、系列化开始，为不同作业环节机械化装备的衔接配套提供保障。

5 国际西甜瓜生产与贸易概况

5.1 国际西甜瓜生产基本情况

国际西甜瓜产业发展快速，种植面积和产量持续增加。西甜瓜在世界水果生产中占有重要的地位，自21世纪以来西甜瓜产业进入快速增长阶段，其种植面积和产量持续增加。联合国粮农组织数据库数据显示，2019年西瓜收获面积为308.42万公顷，总产量由2001年的8 345.79万吨增加到2019年的10 041.49万吨，是世界上产量最高的水果。2019年世界甜瓜收获面积为103.97万公顷，总产量由2001年的2 011.43万吨增加到2019年的2 750.14万吨。

世界西甜瓜种植主要集中在亚洲，其中，中国是世界上西甜瓜产量最高的国家。国际西甜瓜种植主要分布在亚洲，其次为美洲和欧洲，联合国粮农组织数据库数据显示，

2019年亚洲西瓜收获面积220.70万公顷,占世界总收获面积的71.56%;甜瓜收获面积为72.21万公顷,占世界总收获面积的69.46%。2019年中国西瓜和甜瓜产量分别占全世界总产量的60.61%和49.23%。

西甜瓜生产效率不断提高,单产逐年递增,且中国单产明显高于世界平均水平。2001—2019年,世界西瓜单产年均增速为1.35%,2019年世界西瓜单产为32.56吨/公顷,中国西瓜单产为41.36吨/公顷,是世界平均水平的1.27倍。2001—2019年,世界甜瓜单产年均增速为1.72%,2019年世界甜瓜单产为26.45吨/公顷,中国西瓜单产为35.29吨/公顷,是世界平均水平的1.33倍。

5.2 国际西甜瓜贸易状况

国际西甜瓜贸易量不断增加,2001—2019年西瓜全球进口数量和出口数量年均增速均保持在6%以上,甜瓜年均增速保持在2%左右。联合国粮农组织数据库数据显示,2019年国际西瓜出口总量为424.26万吨,出口总额为18.63亿美元,主要出口国家为西班牙、墨西哥和伊朗;进口总量为430.65万吨,进口总额为19.08亿美元,主要进口国为美国、德国和伊拉克。2019年国际甜瓜出口总量为230.48万吨,出口总额为16.13亿美元,主要出口国家为西班牙、危地马拉和巴西;进口总量为219.57万吨,进口总额为17.60亿美元,主要进口国家为美国、荷兰和法国。

中国是世界西甜瓜最大生产国,但西甜瓜进出口贸易量在世界的比重不大,国际市场变动对国内市场的影响不大。中国西瓜主要以进口为主,2019年中国西瓜进口量占世界进口总量的6.92%;中国西瓜出口数量占世界总出口数量比重一直维持在1%左右,2019年比重为1.20%。中国甜瓜进出口贸易一直为净出口,2019年中国甜瓜出口数量占世界总出口数量的3.49%,进口数量占世界总进口数量的0.79%,且甜瓜进出口总体呈现出口增加、进口基本稳定的趋势。

报告五　新冠肺炎疫情对中国西瓜甜瓜产业的影响

王晓君　杨玉莹　孙立新　吴敬学　毛世平

当前,国内外发展环境发生了深刻复杂变化。从外部环境看,世界正经历百年未有之大变局,经济全球化遭遇逆流,世界经济增长乏力,新冠肺炎疫情的全球大流行给全球产业链供应链带来冲击,国际西甜瓜贸易受到重创,相比2019年同期,2020年上半年我国西瓜进口量锐减60.70%,出口量减少9.40%。从国内环境来看,我国农业经济转向高质量发展阶段,人民日益增长的美好生活需求以及对"菜篮子"产品高品质、多样化的需求,对西甜瓜产业品质提升、绿色发展提出了新要求。虽然国内新冠肺炎疫情在2020年上半年已得到有效控制,但西甜瓜作为果品类产销量最大的品种,受到了疫情的广泛影响,不仅体现在产业的生产前端、市场端、物流环节及进出口贸易均受到了不同程度影响。全面客观地评价此次新冠肺炎疫情对我国西甜瓜产业的影响,对于果品产业在面临重大突发事件时如何保供稳价发展具有重要借鉴意义。本报告从生产端、市场端及进出口贸易变化等方面,基于农户调查数据和农业农村部全国西甜瓜批发市场监测数据,全面分析了2020年新冠肺炎疫情对我国西甜瓜产业产生的广泛影响,并针对疫情影响提出了后疫情时期我国西甜瓜产业高质量发展建议,以期为西甜瓜产业的健康发展及产业政策制定提供科学参考。

1　新冠肺炎疫情对中国西甜瓜生产的影响

2020年国家西甜瓜产业技术体系产业经济岗位专家组织调研队伍对我国西甜瓜产量大省山东、河北、河南瓜农生产情况及受疫情的影响进行了抽样调查,共计调查农户706户,其中西瓜种植户450户,甜瓜种植户256户。西瓜种植户中,露地栽培模式占37.10%,设施栽培模式占62.90%,甜瓜种植户基本以大小棚设施种植为主(表1)。

表1　样本采集基本情况

省(区、市)	调查区域		西瓜种植户(户)		甜瓜种植户(户)	
	县	镇	露地	设施	露地	设施
山东	4	9	0	116	0	112
河南	1	2	108	24	0	1
河北	8	11	59	143	5	138

通过瓜农调查发现,新冠肺炎疫情对于西甜瓜种植户的影响主要表现出以下几方面特征。

(1)疫情对西甜瓜种植户影响有限,农户在销售方面受到的影响大于生产方面。

调查发现，66.10%的农户反映疫情对于种植生产的影响程度较小或基本没有影响，50.80%的农户反映疫情对于销售方面的影响较小或基本没有影响。总体来说，农户认为疫情在销售方面的影响大于种植方面（图1），影响最为突出的五个方面为：西甜瓜销售渠道变难、交通物流受到限制、销售价格下跌、生产资料价格上涨、产品的市场需求受到抑制。

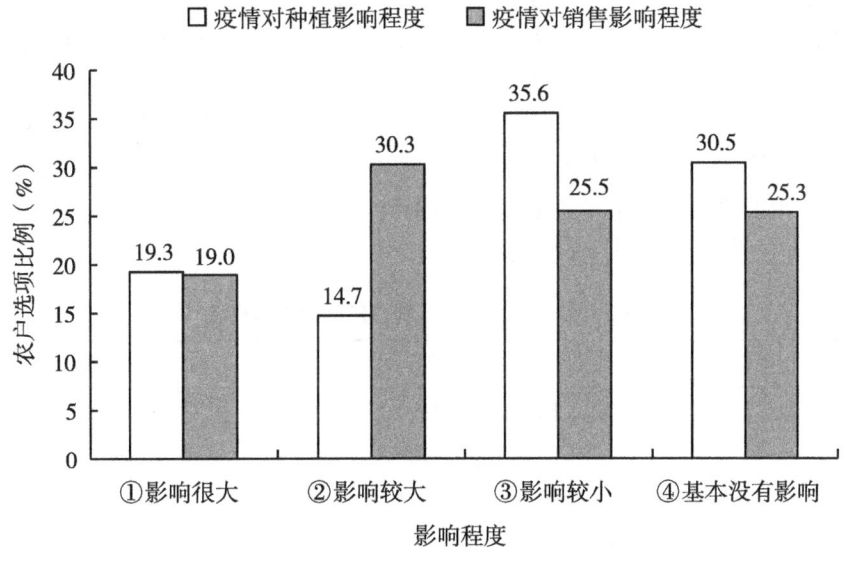

图1 疫情对西甜瓜种植户种植与销售的影响程度

（2）疫情暴发前期西甜瓜种植方面受到影响较大，疫情后期种植户销售方面受到较大影响。疫情暴发前期（1—4月），黄淮海地区正值越冬西甜瓜进行定植缓苗、伸蔓、授粉阶段，受疫情防控人员限流、交通管制影响，耗费劳动力较多的集约化嫁接育苗受到较大影响，苗期管理粗放，该播种的无法播种，已经育成的砧木、接穗浪费。因城际交通管制和部分村庄封闭道路，对种苗及生产资料流通造成一定的影响。疫情后期（5—12月），随着国内疫情迅速得到控制后，农户在种植方面受到的影响逐渐缓解，但销售方面的影响显现，夏季是西甜瓜大量集中上市的时间，但本年度传统销售渠道中的批发市场和经纪人收购大幅减少，消费需求也受到很大程度抑制，导致部分地区如新疆哈密，出现未能及时采摘瓜烂在地里的情况。

（3）疫情对于西甜瓜设施种植户的影响稍大于露地种植户。相比露地种植户，43.40%的设施西瓜种植户认为疫情导致本年度西瓜经营收入减少，30.50%的露地西瓜种植认为疫情导致西甜瓜经营收入减少。设施种植户在疫情前期因劳动力短缺，17.10%的农户反映出现了用工困难、人力成本上涨问题，另外，设施种植户种植面积较大，销售方面受到的影响也较大，23.00%的农户反映市场需求下降、订单减少。

（4）受疫情影响西甜瓜种植户经营收入下降，影响路径主要为生产成本上涨以及销量和价格齐跌。调查发现，73.10%的农户认为本年度西甜瓜经营收入下降，其中

21.10%认为下降比例超过30.00%,27.50%认为下降比例在10.00%～30.00%,24.50%认为在10.00%以内(表2)。西甜瓜种植户经营成本下降的主要原因在于：一是生产成本上涨。受疫情影响，西甜瓜种植前期劳动力出现短缺，29.00%的种植户反映本年度人力成本出现上涨，24.90%的农户反映物流成本上涨，25.20%的农户反映农资成本出现上涨。还有一些西甜瓜种植大户反映日常防疫成本增加了生产成本。二是销量下降。54.00%的农户反映本年度西甜瓜销量出现了下降，西甜瓜销售渠道主要为经销商收购或者订单农户，占比达50.00%以上，极少部分农户通过互联网或者直接农超对接进行销售，受疫情影响，西甜瓜出现了严重的产销脱节现象，瓜农采摘下来的西甜瓜因为运输困难，贮存不易等问题难以销售，而城镇地区消费集中区域出现了供应不足，产销对接不畅问题。三是价格下降。66.20%的农户反映西甜瓜价格下降10.00%～20.00%。产销渠道不畅，市场需求度低，西甜瓜贮存耗费资金，瓜农不得不选择以低价位的价格与收购商交易进行及时止损。

表2 疫情前后西甜瓜种植户经营收入变化

指标	指标说明	农户选项比例（%）
经营收入	下降30%以上	21.10
	下降20%～30%	11.00
	下降10%～20%	16.50
	下降10%以内	24.50
	基本持平	25.00
	实现正增长	1.90
产量	下降10%～20%	39.90
	基本持平	58.40
	上涨10%～20%	1.70
生产成本	人力成本上涨	29.00
	物流成本上涨	24.90
	生产资料成本上涨	25.20
	日常疫情防控成本增加	15.30
	其他	5.6
销量	销量下降	54.00
	基本持平	44.00
	实现正增长	2.00
价格	下降10%～20%	66.20
	基本持平	30.70
	上涨10%～20%	3.10

（5）下一种植季种植户稳定种植信心不高，对政策需求以稳价为主。调查发现，22.8%的农户表示会适当减少下一年西甜瓜种植面积，15.4%的农户表示会减少劳动力雇佣数量。对于国家应对疫情影响政策需求主要以稳定价格和保障农资供应为主，调查农户的占比分别为22.2%和20.9%（图2）。

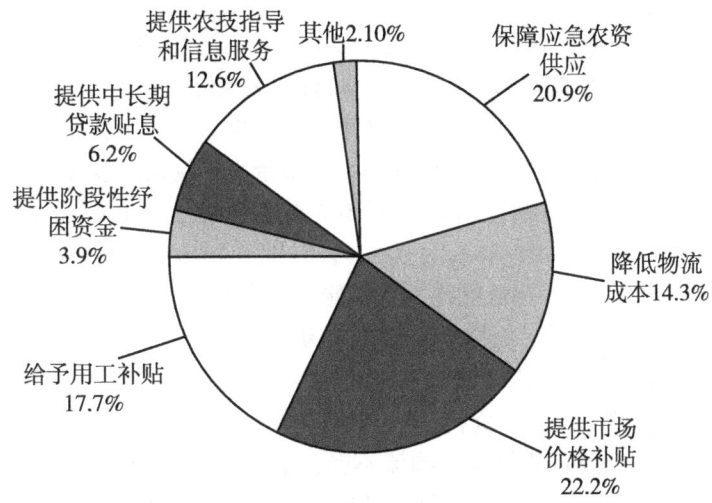

图2　西甜瓜种植户应对疫情影响的政策需求

综合来看，由于我国新冠肺炎疫情在很短时间即得到了有效控制以及一些纾解政策的及时实施，疫情对于农户生产端产生的影响有限，以短期的物流不畅、劳动力短缺为主，但市场端发生的变化传导到农户，西甜瓜销量价格齐跌，导致农户经济收益受损，西甜瓜种植以小农为主，农户应对市场风险能力十分有限，下一季度瓜农的种植信心不高，保持西甜瓜稳定种植面积或许会有一定压力。

2　新冠肺炎疫情对西甜瓜市场的影响

通过农业农村部信息中心提供的全国西甜瓜大宗价月度数据和全国西甜瓜批发市场农产品成交数量，对比分析2020年度与往年同期我国西甜瓜市场价格和交易量的变化，发现新冠肺炎疫情对西甜瓜市场的影响主要表现出以下几方面特征。

（1）**价格波动幅度大，旺季价格低于往年同期，淡季又高于往年同期**。2020年西瓜和甜瓜市场价格均出现了较为明显的波动变化。2020年1—3月，西甜瓜产区产品滞销和销区价格上涨并存，相比2019年同期，3月西瓜价格上涨8.2%，甜瓜价格上涨39.6%。2020年4—7月，西甜瓜消费市场整体不景气，价格出现下跌，相比2019年同期，7月西瓜价格下跌14.8%，甜瓜价格下跌10.5%。8—12月，市场需求重回，但受到防控需求，物流不畅，供应量跟不上，价格又开始上涨，涨幅最为明显是9月，相比2019年同期，西瓜价格上涨44.4%，甜瓜价格上涨27.2%（图3）。

（2）**基于价格波动时间序列分解分析，疫情对于价格波动影响较大**。西甜瓜市场价格波动是气候因素、市场供应与流通渠道等多种因素共同作用的结果。基于Census X12加法模型和H-P滤波法，将我国西甜瓜大宗价分解为趋势性变动Price-T、循环变动 Price-C、季节变动项 Price-SF、不规则变动项 Price-IR 四项，进一步分解疫情对西甜瓜市场价格影响。一是长期趋势波动特征。我国西甜瓜市场价格总体呈现出了上涨趋势，其中西瓜呈现单边上升趋势［图 4（a）］，甜瓜呈现出先下降后上升趋势变化［图 5（a）］，成本上升是推动西甜瓜价格长期上涨主要因素，包括宏观经济因素导致的生产资料如农资、化肥和能源价格上涨。二是季节波动特征。西甜瓜属于时令性水果，市场价格的季节性波动特征非常显著，基本上经历了从 1—2 月（峰）到 7—8 月（谷）到 10—12 月（峰）的 W 形波动［图 4（b）和图 5（b）］。夏季是西甜瓜集中上市时间，供应量大，价格处于低谷，秋冬季节属于反季节栽培，供应量少，价格呈现高位。西甜瓜季节性波动主要受到气候和消费习惯带来市场需求变化共同作用。三是循环波动特征。西甜瓜价格周期性特征相对不是特别明显，2017—2020 年包括一个半周期，从 2017 年 1 月—2019 年 6 月为一个周期，2019—2020 为半个周期［图 4（c）和图 5（c）］，2020 年受新冠肺炎疫情影响，甜瓜周期性波动幅度很大。四是不规则波动特征。2020 年西甜瓜价格的不规则变动与新冠肺炎疫情有着紧密关系，甜瓜不规则变动比西瓜表现得更为明显。从供给端来看，疫情暴发初期，因防控阻断需要，导致了劳动力不足，种苗和生产资料运输困难，成本上涨，部分西甜瓜面积下降。从需求端来看，很多批发市场间断停业，物流不畅，消费者减少了不必要的出行和娱乐活动，抑制了部分需求，交易量锐减，价格受挫。综合多种因素，导致了 2020 年西甜瓜价格的不规则波动幅度大于往年［图 4（d）和图 5（d）］。

（3）西甜瓜交易量降低近三成。2020 年 1—12 月西瓜交易量为 139.6 万吨，比 2019 年同期减少 30.8%［图 6（a）］，甜瓜 2020 年 1—12 月交易量 10.69 万吨，比 2019 年同期减少 33.7%［图 6（b）］。交易量大幅减少主要是新冠肺炎疫情冲击影响，市场消费产生 10%~20% 削减，果品出现滞销。从全年西瓜甜瓜交易量波动特征来看，5—9 月为西瓜甜瓜集中上市交量易的高峰段，西瓜年度交易量下跌 32.0%，甜瓜交易量下跌 50.1%，这说明疫情对于西甜瓜的市场影响很大。

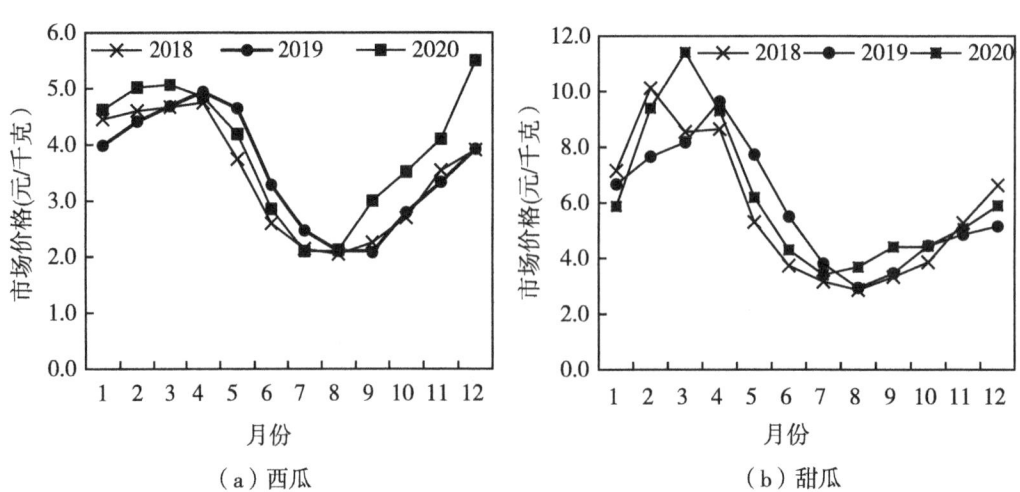

图 3 2018—2020 年中国西甜瓜市场价同期对比变化

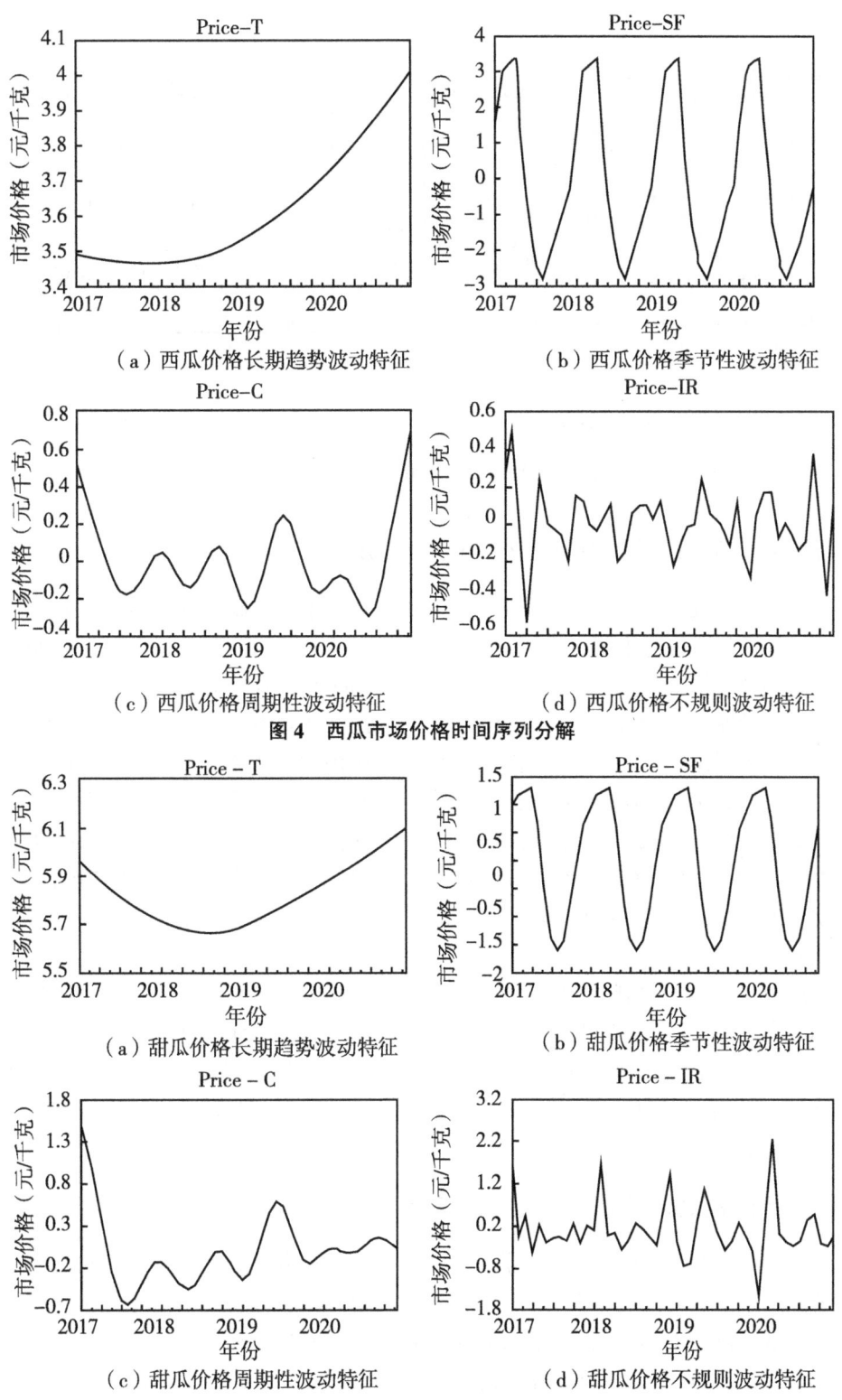

(a)西瓜价格长期趋势波动特征　　（b)西瓜价格季节性波动特征

(c)西瓜价格周期性波动特征　　（d)西瓜价格不规则波动特征

图 4　西瓜市场价格时间序列分解

(a)甜瓜价格长期趋势波动特征　　（b)甜瓜价格季节性波动特征

(c)甜瓜价格周期性波动特征　　（d)甜瓜价格不规则波动特征

图 5　甜瓜市场价格时间序列分解

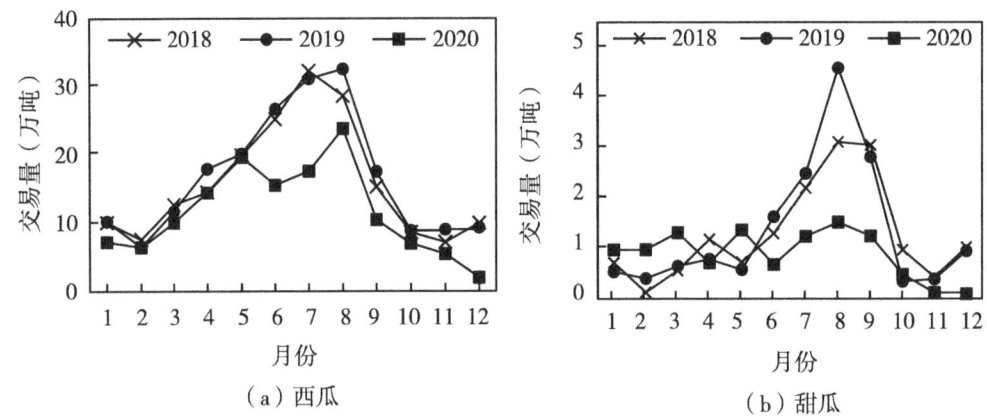

图 6 2018—2020 年中国甜瓜市场交易量同期对比变化

3 新冠肺炎疫情对西甜瓜进出口贸易的影响

当前,国外疫情仍在蔓延,许多国家对进口食品采取限制措施,港口、交通等运输受阻,这给西甜瓜国际市场带来了诸多不确定性。我国西甜瓜以内销为主,受到国内外新冠肺炎疫情的影响很小。西瓜出口量占总产量的比重不足1%,出口国家主要是越南、朝鲜、俄罗斯、蒙古国、马来西亚,出口地区主要是中国香港、中国澳门,进口量占总产量比重不足5%,主要为越南。2020年,中国西瓜出口数量与2019年同期比略有下降、进口数量与2019年同期比下降幅度较大。具体来看,2020年1—7月西瓜出口数量2.25万吨,比2019年同期(2.26万吨)减少0.4%;出口金额1 850.9万美元,比2019年同期(1 865.0万美元)减少0.8%。2020年1—7月进口数量9.7吨,比2019年同期(24.7吨)减少60.7%;进口金额1 630.0万美元,比2019年同期(3 893.0万美元)减少58.1%。

甜瓜出口占总产量比重仅0.6%,出口国家主要是越南、泰国、马来西亚、俄罗斯、菲律宾,出口地区主要是中国香港、中国澳门,只有少量进口。2020年甜瓜出口数量与金额比2019年同期有所增加,2020年1—7月出口数量4.24万吨,比2019年同期(2.84万吨)增加49.3%;出口金额6 449万美元,比2019年同期(4 390万美元)增加46.9%。

4 后疫情时期我国西甜瓜产业发展对策

新冠肺炎疫情对我国西甜瓜产业的广泛影响,反映出当前我国果品产业在应对重大突发公共卫生事件时,还存在一些突出短板,表现为瓜农的小农户比例较高,应对市场风险能力低,供应链不够稳定,西甜瓜的产业链信息流和物流不畅,产销精准对接缺乏中间体系支撑,西甜瓜互联网信息化渗透程度仍然不够。为此,针对后疫情时期我国西甜瓜产业发展提出如下几点对策。

4.1 培育新型经营主体，提高种植户市场抗风险能力

推进西甜瓜的规模化经营和标准化生产，从政策、资金等方面大力扶持西甜瓜生产、加工、流通企业，加强农业企业和农户的利益连接机制，扶持和鼓励以家庭农场为单元的规模化生产经营，推动骨干种植大户以农业合作社的形式联合，共同抵御市场风险。

4.2 加强产销衔接，打造西甜瓜现代果品全产业体系

打通一条集采收、加工、物流和销售全环节的西甜瓜全产业链，推动三产融合，引导产销精准连接。加强西甜瓜市场流通体系建设，统筹推进西甜瓜产地、销地批发市场建设，完善相应的配套设施，加强西瓜甜瓜物流网络和冷链物流体系建设，增强产业抵御风险能力和市场竞争力。加强生产信息监测网建设，建立多点、多区域覆盖的西瓜甜瓜生产、流通、销售一体化信息检测网络。

4.3 推动西甜瓜产业绿色转型发展

建立西甜瓜产业绿色生产标准体系，积极研究制订与国际惯例接轨的西甜瓜商品标准，提升西甜瓜绿色食品、有机农产品和地理标志农产品等认证的公信力和权威性。推进防虫网覆盖、杀虫灯、色板、昆虫性引诱剂等先进适用绿色防控技术。完善西甜瓜绿色农产品检测体系，建立覆盖西瓜甜瓜生产和流通环节的全程质量追溯体系。尽快建立西甜瓜市场信息网络和产销服务体系，发挥广大专业人员和经营者及农民的积极性，进行市场调查分析，及时调整品种和生产布局，创建名优和特色品牌，开拓和培育市场，有效衔接产销。

4.4 大力发展西甜瓜电子商务

鼓励各级政府积极与大型电商平台企业开展合作，率先突破农产品标准化，共同打造西甜瓜农产品区域公用品牌，解决用户体验不稳定性问题。加强农产品监测管理，引导电商服务平台加强信用管理，畅通农产品质量投诉渠道，严格把控农产品质量安全。大力发展面向市场信息、产品营销、农资服务、技术推广的西甜瓜生产性服务业。充分应用互联网技术和信息化手段，加快推进水果单品种全产业链大数据发展应用，全面提高水果产业信息化水平。

4.5 加快提升西甜瓜品牌特色

突出产品特色和地域优势，增强区域品牌的市场辨识度和影响力，主打西瓜、甜瓜地域品牌，形成区域优势。提升西甜瓜文化软实力，通过打造西甜瓜产业小镇，建设西甜瓜文化园、博物馆，将西甜瓜精深的文化内涵进行全方位的挖掘与展示，促进一、二、三产业融合发展。

报告六　西瓜甜瓜全要素生产率测算分析（2016—2020）

孙玉竹　王晓君　吴敬学

1　研究方法

1.1　理论分析

从理论上讲，西瓜甜瓜产业综合生产能力的提高来自两部分：一部分是西瓜产业生产要素投入量的增长；另一部分是西瓜产业投入要素生产率的提高。随着农业增长方式由粗放型向集约型转变，传统的生产要素投入增长已经对西瓜甜瓜产业的进一步发展形成制约，要稳定西瓜甜瓜生产，必须要提高生产效率，以最小的资源投入获取最大的产量。因此，研究我国西瓜甜瓜生产效率问题，对促进西瓜甜瓜产量增长，提高瓜农收益，转变增长方式有着重要的意义。

由于数据获取的不同渠道，对效率的研究分为两部分：一部分是基于产业技术体系各实验站的调研数据，研究不同省（市、区）2016—2020年西甜瓜全要素生产率TFP变化及其分解；另一部分是基于课题组2020年调研的截面数据计算主产省技术效率及其影响因素。

1.1.1　DEA模型

数据包络分析方法（Data Envelopment Aanlysis，DEA）作为一种非参数估计方法，在处理多投入多产出的有效性方面有着绝对的优势：不需要一个预先已知的生产函数，不必人为事先确定各指标的权重，不受测量单位变化的影响，具有更强的客观性。

采用DEA的基本前提是每个决策单元（Decision Making Unit，DMU）都代表一定的经济意义，技术关系的假定是正确的，而且必须有足够多的决策单元。其基本思路是通过线性规划来确定生产可能集的最优生产点，最优生产点构成的包络面即为有效生产前沿面，在有效前沿面上的决策单元，其输入输出组合有效率，则将其效率指标定为1；不在有效前沿面上的决策单元被认为无效率，通过与有效前沿面比较，判断投入冗余或产出不足。

1.1.2　基于DEA的Malmquist指数法

Malmquist指数法是基于DEA提出的，用于测量全要素生产率（Total Factor Productivity，TFP）的变化，弥补了DEA仅能用于相对效率的分析而不能测算具体生产率增长水平的缺陷。Malmquist指数基于DEA算法的全要素生产率指数TFP可分解为效率变化（Ech）和技术变化（Tch），说明全要素生产率增长是效率提高和技术进步共同作用的结果，其中效率变化又可以分解为纯技术效率（Pech）与规模效率（Sech）。纯技术效率反映该生产领域中技术更新速度的快慢和技术推广的有效程度，而规模效率则反映投入的增长对全要素生产率变化的影响。Malmquist 生产率指数分解的各个指标所代表含义如图 1 所示。

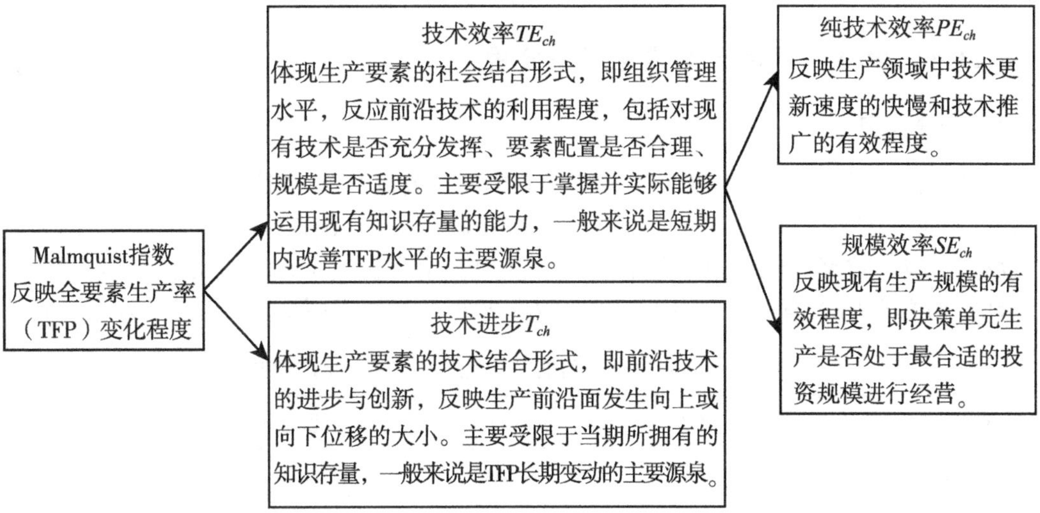

图 1　Malmquist 生产率指数的分解及各个指标所代表的含义

1.1.3　随机前沿分析法

与数据包络分析方法相比，随机前沿分析法较为稳定，不易受异常点影响，对于子课题调研的截面数据，使用随机前沿分析法进行主产省 2020 年技术效率分析。本文采用基于 C-D 生产函数的随机前沿模型分析和测算农户生产技术效率，公式形式如下：

$$\ln Y_i = \beta_0 + \beta_1 \ln(x_1)_i + \beta_2 \ln(x_2)_i + \beta_3 \ln(x_3)_i + \beta_4 \ln(x_4)_i + \beta_5 \ln(x_5)_i + \beta_6 \ln(x_6)_i + \beta_7 \ln(x_7)_i + \beta_8 \ln(x_8)_i + \beta_9 \ln(x_9)_i + \beta_{10} \ln(x_{10})_i + v_i - u_i$$

1.2　数据来源及指标选取

1.2.1　全要素生产率

运用 DEAP 2.1 软件进行相关测算，有关西瓜甜瓜各省（区、市）的产量和生产成本数据来自国家西瓜甜瓜产业技术体系试验站"十三五"2016—2020 年 5 年的定点观测数据，并选取试验站所在的甘肃、河北、湖北、江苏、辽宁、宁夏、陕西、新疆、浙江 9 个生产西瓜的省（区）作为西瓜农户生产效率评价的决策单元；选取甘肃、河北、湖北、江苏、辽宁、宁夏、陕西、天津、新疆、浙江 10 个生产甜瓜的省（区、市）作为甜瓜农户生产效率评价的决策单元。模型使用的 1 个产出指标 Y 为平均每亩西瓜、甜瓜的主产品产量（千克）；使用的 6 个投入指标为每亩西瓜、甜瓜投入的种子费（x_1）、化肥费（x_2）、农家肥费（x_3）、农药费（x_4）、农膜费（x_5）、劳动力用工天数（包括家庭用工数和雇工数）（x_6）。

1.2.2　技术效率

本部分基于 stata 16.0 软件进行相关测算，有关西瓜甜瓜主产省的数据来自 2020 年对该省西瓜甜瓜生产户的调研。本报告所采用的数据来源于 2020 年 10—12 月，调研地点为河南省开封市、山东省青州市农村地区，课题组进行抽样调查数据，共获取有效问卷 216 份。种苗（x_1）、化肥（x_2）、有机肥（x_3）、农药（x_4）、灌溉费用（x_5）、农膜（x_6）、劳动力（x_7）、设施费用（x_8）作为投入变量，每亩西瓜单产作为产出变量。

2 2016—2020 年西瓜全要素生产率分析

2.1 总体分析

从综合效率角度分析，2016—2020 年我国 9 个省（区）中甘肃、辽宁、宁夏、新疆达到 DEA 有效，说明这 4 个省（区）生产要素投入与产出在 2016—2020 年达到了最优状态，技术效率和规模效率均有效，而其他 5 个省份（河北、湖北、江苏、陕西、浙江）均为非 DEA 有效，由表 1 得出 2016—2020 年浙江省西瓜生产的综合效率最低。

表 1 2016—2020 年西瓜主要生产省（区）生产效率

省（区、市）	综合效率	技术效率	规模效率	规模收益
甘肃	1.00	1.00	1.00	不变
河北	0.71	1.00	0.71	递减
湖北	0.98	1.00	0.98	递增
江苏	0.67	1.00	0.67	递减
辽宁	1.00	1.00	1.00	不变
宁夏	1.00	1.00	1.00	不变
陕西	0.88	1.00	0.88	递减
新疆	1.00	1.00	1.00	不变
浙江	0.62	1.00	0.62	递减
均值	0.87	1.00	0.87	—

从规模效率层面看，DEA 有效的 4 个决策单元的规模效率不变，非 DEA 有效的省份中湖北为规模效率递增，表明这个地区有必要扩大生产规模，增加生产要素投入会拉动产出增加，投入增加将会使生产要素的配置更加合理。同期，河北、江苏、陕西、浙江西瓜规模效率递减，意味着要缩减生产规模才能使生产要素的配置结构更趋于合理。

从技术效率方面看，DEA 有效的 4 个决策单元的西瓜生产资源组合达到最优，而同期非 DEA 有效的其他 5 个省份也均达到有效的结果。

2.2 全要素生产率、技术进步及技术效率变化分析

2.2.1 时序变化分析

对西瓜生产的 Malmquist 指数及其分解项测算表明，2017—2018 年、2018—2019

年我国西瓜全要素生产率分别上升了9.20%、3.00%，这主要归因于综合效率的提高。而2016—2017年西瓜全要素生产率降幅较大，为-7.00%，是综合效率和技术进步双重下降导致的；2019—2020年西瓜的全要素生产率下降幅度更大，由于西瓜是劳动密集型产业，2020年疫情影响劳动力身体健康，可能是导致全要素生产率下降的主要原因。

如表2所示，2016—2020年，西瓜全要素生产率整体呈下降状态，下降了1.90%。综合效率"十三五"期间增加了8.00%，由于综合效率受到纯技术效率和规模效率的影响，我国西瓜规模效率的变化不断提升，纯技术效率变化"十三五"期间也呈上升趋势，双重作用下综合效率变化提升。而技术进步变化下降，造成技术进步变化大幅波动的主要由于一些不可预测的因素，例如自然因素，包括温度、台风大雨等极端天气，再如病虫害方面等。从整体上看，我国西瓜生产5年间的综合效率平均实现了8.00%的增长，但技术进步大幅度退步了8.70%，使得西瓜全要素产率平均下降为1.90%，整体呈下降态势。

表2 2016—2020年中国西瓜生产的全要素生产率变化及其分解

年份	综合效率变化	技术进步变化	纯技术效率变化	规模效率变化	全要素生产率变化
2016—2017	0.98	0.95	0.96	1.02	0.93
2017—2018	1.16	0.94	1.06	1.09	1.09
2018—2019	1.04	0.99	0.99	1.06	1.03
2019—2020	1.14	0.78	1.10	1.03	0.87
均值	1.08	0.92	1.03	1.05	0.98

2.2.2 各省（区）变化分析

从图2可以看出，2019年我国西瓜主产省（区）全要素生产率变化受到技术进步、综合效率变化趋势基本一致，技术进步与综合效率出现反向变化趋势，即综合效率的提高伴随着技术进步的降低，这可能是由于技术进步对技术效率的发挥存在滞后性。对西瓜产业影响较大的因素是综合效率的变化。

具体就不同省（区）情况来看，河北、湖北、辽宁、宁夏、陕西、浙江的全要素生产率呈增长态势，增长率分别为1.91%、10.50%、12.68%、10.68%、19.09%、1.40%，陕西这几年西瓜全要素增长幅度较大，产业迅速发展。其中辽宁西瓜生产TFP增长为技术进步推动型，而河北、湖北、宁夏、陕西为综合效率促进型，进一步分解综合效率变化可以发现，规模效率驱动是全要素生产率提高的主要因素。

西瓜全要素生产率变化为负值的江苏、新疆，新疆下降幅度最大，下降34.69%，主要是由于技术进步和综合效率共同影响，其中技术效率对其影响较大。进一步分解综合效率，新疆西瓜研究期间内纯技术效率和规模效率变化均有不同程度的下降，共同影响了综合技术效率。江苏地区TFP负增长同样主要是由于技术进步负增长的影响。

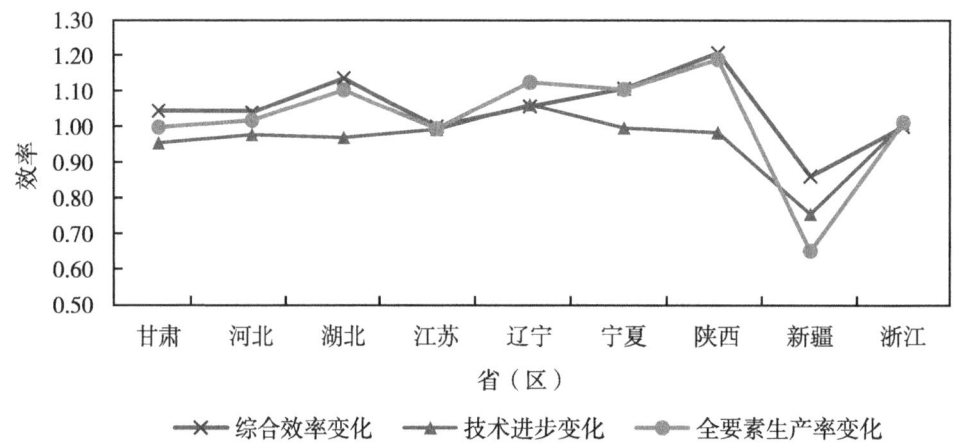

图 2　2019 年主产省（区）西瓜生产的全要素生产率变化及其分解

2.3　主产省农户西瓜生产技术效率及影响因素分析

2.3.1　瓜农生产技术效率及影响因素分析

由模型回归结果可知（表 3），种苗、化肥、有机肥、农药、农膜、灌溉费、劳动力要素投入符号为正，其中，有机肥、农药、灌溉费、农膜、劳动通过显著性检验，有机肥、农药、灌溉费、农膜、劳动产出弹性依次为 1.20、1.70、4.16、0.36、4.47，表示在其他条件保持不变的情况下，如果有机肥投入增加 1.00%，则甜瓜产出就会增加 1.20%，其他变量解释类推。从产出弹性的角度分析，劳动、灌溉费用、有机肥料投入增加，对提高甜瓜产出效益较大。设施费用要素投入符号为负，但没有通过显著性检验，说明设施投入的可能存在过量的情况。追加 1 单位的设施投入，会使产出减少 0.31，且对于不同规模农户可能有不同影响。

表 3　瓜农生产技术效率影响因素回归结果

变量	系数	标准误差	z 值	$P>z$
生产效率				
种苗	0.10	0.13	0.74	0.46
化肥	0.50	0.37	1.33	0.18
有机肥	1.20***	0.15	8.13	0.00
农药	1.70**	0.81	2.11	0.04
灌溉费用	4.16***	1.12	3.72	0.00
农膜	0.36**	0.15	2.38	0.02
劳动力	4.47*	2.38	1.88	0.06
设施费用	−0.31	0.44	−0.70	0.49

(续表)

变量	系数	标准误差	z 值	P>z
影响因素				
流转土地	-0.40*	0.23	-1.72	0.09
培训情况	0.50*	0.27	1.83	0.07
文化程度	0.05	0.19	0.23	0.82
组织化	1.05***	0.39	2.66	0.01
是否为党员	-0.26	0.44	-0.59	0.56
截距项	15.30***	1.07	14.36	0.00

瓜农生产技术效率影响因素分析，流转土地、政治背景、组织化对瓜农生产效率与生产稳定性的显著影响。

组织化程度变量对瓜农生产效率起到正向影响，并且在1%水平上显著；对瓜农生产稳定性起到正向影响，并且在1%水平上显著。说明农户参与专业化合作组织，提高瓜产业的组织化程度，会显著提高瓜农生产效率，并且对于瓜农生产的稳定性有促进作用。规范的专业合作组织在生产、销售等方面对瓜农有很强的促进作用，对瓜农生产资料的获取、生产技术信息的接收、销售渠道与产品议价都有积极的影响，不仅可以节省投入成本，还可以提升农户市场议价能力。

培训情况变量对瓜农生产效率起到正向影响，并且在10%水平上显著。有效的农业技术培训可以提高农户的生产技术，从而提高瓜农户生产效率，提高农户参与培训的频率，对提高瓜农生产效率有一定的作用，并且对于瓜农生产的稳定性有促进作用。但是培训的内容是否能指导农户生产，是否有效，也十分重要。

土地流转对瓜农生产效率起到负向影响，并且在10%水平上显著，流转土地的农户在西瓜生产稳定方面发挥更大的效率。由于西瓜是经济作物，流入土地的农户，为了获取更高的利益弥补地租这一显性成本，从而较大限度地利用土地生产，提高生产效率。适度的土地流转有利于生产。

2.3.2 不同规模瓜农生产技术效率差异化分析

本研究由异质性随机前沿生产函数估计农户技术效率，对于8亩以上中大规模农户，追加化肥投入，会对农户西瓜生产效率产生负面影响；对于4亩以下小规模农户，追加农膜投入，会对农户西瓜生产效率产生负面影响；机械投入的追加，对于20亩以上大规模农户有正向影响；劳动力投入，对于4~20亩中规模农户西瓜生产效率产生负面影响。

基于不同规模组、不同地区、不同种植模式统计描述农户西瓜生产的技术效率值（表4）从中可以看出：全部样本的技术效率值平均技术效率值为0.69，这表明产出导向的3个规模组瓜农平均生产效率为68.50%，说明平均68.50%的潜在产出可通过现有的生产要素组合来获得，意味着在现有价格水平、生产要素投入和技术水平不变情况下，如果消除制约效率损失因素，有可能将产出提高 31.50%，西瓜产业属于高效农产品产业，从实证角度证明了西瓜的高效性。

表 4　不同种植规模瓜农户生产技术效率比较

变量	频数	最小值	最大值	均值	标准差
全体样本	216	0.45	1.00	0.69	0.08
4 亩以下	93	0.44	0.99	0.63	0.05
4~8 亩	78	0.58	1.00	0.74	0.05
8~20 亩	44	0.59	1.00	0.71	0.07
20 亩以上	1	0.45	0.45	0.45	0.13

数据来源：基于模型结果整理。

农户经营规模与生产技术效率的关系不是简单的递增或递减关系，而是呈倒"U"形效应关系，即小规模农户和大规模农户的技术效率低于中等经营规模农户的技术效率。其产出效率由大到小依次为 4~8 亩规模农户、8~20 亩规模农户、4 亩以下规模农户、20 亩以上规模农户。如表 4 所示，4~8 亩规模样本户的技术效率平均值为 74.30%，高于其他规模农户，符合规模经济效应是倒"U"形理论。所以西瓜经营规模并不是越大越好。农户西瓜生产经营需要劳动密集投入和精细化管理，超过一定经营规模后，会影响单位劳动力对瓜园的精细化管理的程度，降低生产效率。

3　2016—2020 年甜瓜全要素生产率分析

3.1　总体分析

从综合效率角度分析，2016—2020 年我国 10 个甜瓜生产的省（区）中甘肃、湖北、辽宁、宁夏、天津达到 DEA 有效，说明这 5 个省份生产要素投入与产出达到了最优状态，技术效率和规模效率均有效。而其他 5 个省份河北、江苏、陕西、新疆、浙江均为非 DEA 有效，其中河北省甜瓜生产的综合效率在 2016—2020 年综合比较中呈最低状态（表 5），主要的影响因素是规模效率，河北规模效率仅为 0.65，远低于 10 省的平均水平。

表 5　2016—2020 年甜瓜主要生产省（区、市）生产效率

省（区、市）	综合效率	技术效率	规模效率	规模收益
甘肃	1.00	1.00	1.00	不变
河北	0.60	0.93	0.65	递减
湖北	1.00	1.00	1.00	不变
江苏	0.84	0.87	0.96	递减
辽宁	1.00	1.00	1.00	不变

(续表)

省（区、市）	综合效率	技术效率	规模效率	规模收益
宁夏	1.00	1.00	1.00	不变
陕西	0.67	0.71	0.94	递增
天津	1.00	1.00	1.00	不变
新疆	0.67	0.91	0.74	递增
浙江	0.82	0.97	0.84	递增
均值	0.86	0.94	0.91	—

从规模效率层面看，DEA有效的5个决策单元甘肃、湖北、辽宁、宁夏、天津的规模效率不变，非DEA有效的省份中陕西、新疆、浙江为规模效率递增，表明2016—2020年规模给这3个地区带来的优势仍在继续，增加生产要素投入会拉动产出增加，投入增加将会使生产要素的配置更加合理。河北、江苏规模效率递减，意味着要缩减生产规模才能使生产要素的配置结构更趋于合理，这两省为甜瓜生产大省，依靠增加面积的传统手段，已经不能增加甜瓜产量和提高生产效率。

从技术效率方面看，DEA有效的5个决策单元甘肃、湖北、辽宁、宁夏、天津的甜瓜生产资源组合达到了最优，而同期非DEA有效的其他5个省份中河北、江苏、陕西、新疆、浙江技术效率未达到有效，对比2015—2019年数据结果，表明陕西、新疆甜瓜种植技术水平仍有很大上升空间，其他省份可能受到2020年新冠肺炎疫情的影响，导致生产技术效率下降。

3.2 甜瓜全要素生产率、技术进步及技术效率变化分析

3.2.1 时序变化分析

对甜瓜生产的Malmquist指数及其分解项测算表明，2016—2020年甜瓜全要素生产率变化整体呈上升趋势，仅2018—2019年呈现负增长，增长的动力主要来自技术进步的上升。甜瓜生产综合效率变化幅度不断降低，2017—2018年、2018—2019年、2019—2020年我国甜瓜综合效率变化分别下降了11.30%、13.80%、7.40%；仅2016—2017年甜瓜综合效率变化上升，为5.30%，如表6所示，综合效率受到纯技术效率和规模效率的影响，2017—2018年、2018—2019年，甜瓜规模效率的变化呈下降趋势，变化幅度分别为11.20%、4.20%，说明甜瓜产业规模效率增长幅度在不断降低；纯技术效率2018—2019年、2019—2020年呈降低趋势，变化幅度分别为6.10%、11.00%；2017—2018年、2018—2019年甜瓜产业规模效率呈下降趋势。

表6 2016—2020年中国甜瓜生产的全要素生产率变化及其分解

年份	综合效率变化	技术进步变化	纯技术效率变化	规模效率变化	全要素生产率变化
2016—2017	1.05	1.00	1.02	1.03	1.05

(续表)

年份	综合效率变化	技术进步变化	纯技术效率变化	规模效率变化	全要素生产率变化
2017—2018	0.89	1.31	1.01	0.89	1.15
2018—2019	0.86	1.03	0.94	0.96	0.87
2019—2020	0.93	1.46	0.89	1.07	1.37
均值	0.93	1.20	0.97	0.99	1.11

3.2.2 各主产省（区、市）变化分析

对比各主产省（区、市）2019年全要素生产率变化及其分解，从图3明显可以看出，2019年我国甜瓜主产省（区、市）全要素生产率变化受到技术进步、综合效率变化双重影响，且变化趋势基本一致。

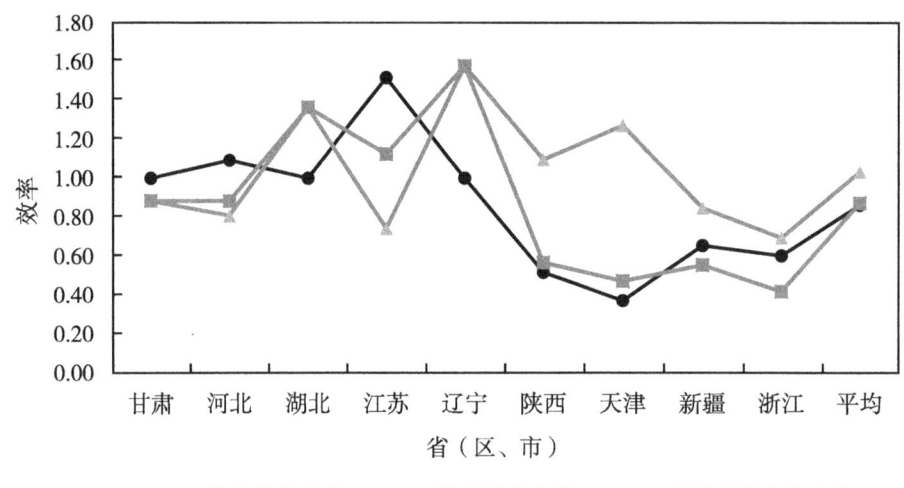

图3 2019年主产省（区、市）甜瓜生产的全要素生产率变化及其分解

具体就不同省（区、市）情况来看，甘肃、湖北、辽宁、天津、新疆的全要素生产率是增长的，增长率分别为9.80%、10.20%、9.30%、5.20%、6.20%，大部分地区甜瓜生产TFP增长为技术进步推动型，而湖北、新疆为综合效率促进型，进一步分解综合效率变化可以发现，湖北综合效率的提高均是依靠规模效率驱动，新疆甜瓜生产综合效率变化的推动原因是纯技术效率的提高。

甜瓜全要素生产率变化为负值的是河北、江苏、陕西、浙江，其中浙江的下降幅度最大，减少21.60%，主要是由于技术进步和综合效率共同影响，其中综合效率对其影响较大，进一步分解综合效率，浙江研究期间内纯技术效率和规模效率变化均有不同程度的下降，共同影响了综合技术效率；其他地区TFP负增长同样也是由于技术进步和综合效率的双重作用，其中主要由于技术进步负增长的影响，技术效率变化也有不同程度的下降，技术效率的降低使得全要素生产率总体呈下降趋势。

4 结 论

对于西瓜生产，从综合效率角度分析，2016—2020年我国9个省（区、市）中甘肃、辽宁、宁夏、新疆达到DEA有效，说明这4个省（区）生产要素投入与产出在2016—2020年达到了最优状态，技术效率和规模效率均有效。对西瓜生产的Malmquist指数及其分解项测算表明，2017—2018年、2018—2019年我国西瓜全要素生产率分别上升了9.20%、3.00%，这主要归因于综合效率的提高。而2016—2017年西瓜全要素生产率降幅较大，为7%，是综合效率和技术进步双重下降导致的；2019—2020年西瓜的全要素生产率下降幅度更大，由于西瓜是劳动密集型产业，2020年疫情影响劳动力身体健康，可能是导致全要素生产率下降的主要原因。对于2020年调研的截面数据，有机肥、农药、灌溉费、农膜、劳动通过显著正向影响西瓜生产，提高组织化程度、增加培训、适度土地流转，有利于提高西瓜生产效率。

对于甜瓜生产，从综合效率角度分析，2016—2020年我国10个甜瓜主产省（区、市）中甘肃、湖北、辽宁、宁夏、天津达到DEA有效，说明这5个省（区、市）生产要素投入与产出达到了最优状态，技术效率和规模效率均有效。而其他5个省（区、市）中河北、江苏、陕西、新疆、浙江均为非DEA有效，其中河北省甜瓜生产的综合效率在2016—2020年综合比较中呈最低状态，主要的影响因素是规模效率，河北规模效率仅为0.65，远低于10省的平均水平。对甜瓜生产的Malmquist指数及其分解项测算表明，2016—2020年甜瓜全要素生产率变化整体呈上升趋势，仅2018—2019年呈负增长，增长的动力主要来自技术进步的上升。甜瓜生产综合效率变化幅度不断降低，2017—2018年、2018—2019年、2019—2020年我国甜瓜综合效率变化分别下降了11.30%、13.80%、7.40%；仅2016—2017年甜瓜综合效率变化上升，为5.30%。

专题二 中国西瓜甜瓜市场分析

报告一 2018年中国西瓜甜瓜市场分析报告

杨艳涛 吴敬学

中国是西瓜甜瓜生产与消费的第一大国，西瓜甜瓜产量一直保持在世界第一，在世界园艺业中始终占有重要地位。中国西瓜面积占世界总面积的60%以上，产量占70%左右；甜瓜面积占世界总面积的45%以上，产量占50%左右；西瓜、甜瓜人均年消费量是世界人均量的2~3倍，约占全国夏季果品市场总量的50%以上。西瓜甜瓜已成为中国重要的经济作物，西瓜甜瓜产业的发展为实现农民增收发挥了重要作用。

1 国内西甜瓜生产形势分析

1.1 播种面积、总产量保持增长

根据《2016中国农业统计资料》公布的数字，2016年全国西瓜播种面积189.08万公顷，总产量7940.0万吨，每公顷产量41.99吨，比2015年播种面积增加3.01万公顷，总产量增加226.0万吨，增幅2.93%，每公顷产量提高0.53吨。全国甜瓜播种面积48.19万公顷，总产量1635万吨，每公顷产量33.93吨，比2015年播种面积增加2.1万公顷，总产量增加107.9万吨，增幅为7.07%，每公顷产量增加0.8吨。由于种植效益的提高，农民种瓜意愿增强，近年来西瓜甜瓜的播种面积、总产量保持增长。由于种植结构的调整，近年来全国甜瓜种植面积保持较为明显的增长态势。

1.2 生产区域化特征明显，优势产区集中度大大提高

中国幅员辽阔，南北气候差异大，地理特征明显，西瓜甜瓜最适宜大陆性气候，在适宜环境中，较高的昼温和较低的夜温有利于西瓜甜瓜生长，特别是果实糖分的积累。由于气候及地域资源的差异决定了西瓜甜瓜种植的区域性特征较为明显。

1.2.1 西 瓜

从分区域来看，中国西瓜生产布局依然是华东、中南两大地区主导的局面，全国3/4的西瓜产量来自这2个产区。2015年华东六省一市的西瓜播种面积为63.47万公顷，产量2716万吨，占全国西瓜总播种面积的33.57%，占全国总产量的34.21%（比2014年的27.5%比重增加）；中南六省的西瓜播种面积为66.79万公顷，产量为2894万吨，占当年全国西瓜总播种面积的35.32%，占全国总产量的36.45%（比去年的35.2%提高）；西北五省的西瓜播种面积为24.7万公顷，产量为945万吨，占当年全国西瓜总播种面积的13.06%，占全国总产量的11.90%。

从全国范围来看，2016年排列中国西瓜产量前十位的省（区）是：河南、山东、安徽、江苏、河北、新疆、湖南、广西、湖北、宁夏。其中河南省2016年西瓜产量增幅最大，产量1 716万吨，比2015年增加150.5万吨，增幅9.61%。河南、山东、安徽、河北和江苏是中国西瓜的主要产地，2016年这5个省（区）的西瓜产量达4 381万吨，占全国总产量的55%，超过全国总产量的一半，比2015年增加137万吨。河南省是中国西瓜生产第一大省，约占全国总产量的1/5，2016年产量达到1 716万吨，比2015年增加150.5万吨，产量增加主要是由于播种面积和单产增加，2016年河南省西瓜播种面积29.1万公顷、比2015年增加2.1万公顷，每公顷产量58.95万吨、比2015年增加0.985万吨/公顷。中国西瓜生产的集中度较高且呈逐年增加趋势，2016年全国31个省（市、区）中产量超过100万吨的有20个（2015年为18个），2016年20个百万吨省区的西瓜产量为7 525万吨，占全国总产量的94.8%（2016年18个百万吨省区占比为91.57%）。

1.2.2 甜瓜

中国甜瓜产业布局依然为华东、中南、西北产区三足鼎立的格局，其中西北地区甜瓜播种面积与产量所占比重呈不断增长趋势。2016年，华东六省一市的甜瓜播种面积为12.53万公顷，产量441万吨，占全国甜瓜总播种面积的26.00%，占全国总产量的26.97%；中南六省的甜瓜播种面积为11.6万公顷，产量为359万吨，占全国甜瓜总播种面积的24.07%，占全国总产量的21.96%。西北地区的甜瓜产业发展迅速，1996—2015年，播种面积呈不断扩大态势，从1.8万公顷扩大到12.65万公顷，扩大了7.03倍；产量从32.9万吨提高到435万吨，其产量占全国总产量的比重从9%增长到27%，其中新疆2016年甜瓜产量292万吨，占全国总产量的17.9%。

从全国范围来看，2016年排列中国甜瓜产量前位的省（区）是：新疆、山东、河南、河北、内蒙古、江苏、辽宁、黑龙江、安徽、陕西、甘肃、吉林，其中河南产量增幅最大，产量211万吨，增幅达到27.46%，对产量增加的贡献最大2016年产量超过50万吨的省区有11个（2015年为8个）：新疆、河南、山东、河北、江苏、内蒙古、陕西、辽宁、安徽、吉林、黑龙江，2016年这11个省（区）的甜瓜产量达1 319万吨，占全国总产量的80.7%[2015年8个省（区）占比为75%]，由此可见中国甜瓜生产集中度也在不断提高。

2 西甜瓜市场价格与交易量变化分析

2.1 批发市场价格变化总体特征

（1）西瓜市场总体价格呈明显季节性变化并有趋势性上涨的特征不变，近几年来加权价格变化不大，2018年与2017年同期相比总体略有下降。

由于居民对西甜瓜的需求随着季节的变化而变化，并且西甜瓜的生长周期具有季节性，属于鲜销水果，因此西甜瓜的价格出现明显的季节性特征。根据农业农村部信息中心的数据，国内西瓜市场的价格变化总体上呈围绕一定趋势增长的正弦波状（图1），具有一定的趋势性和明显的季节性。呈现一定的趋势性是由于宏观经济因素导致的物价上涨以及农资、化肥、原油等原材料价格的上涨。比较 2013 年至 2017 年的年度加权价格变化看，加权价格变化不大，2013 年全国西瓜加权平均价格为 2.87 元/千克，2014 年 2.85 元/千克，2015 年 2.72 元/千克，2016 年 2.90 元/千克，2017 年 3.09 元/千克。

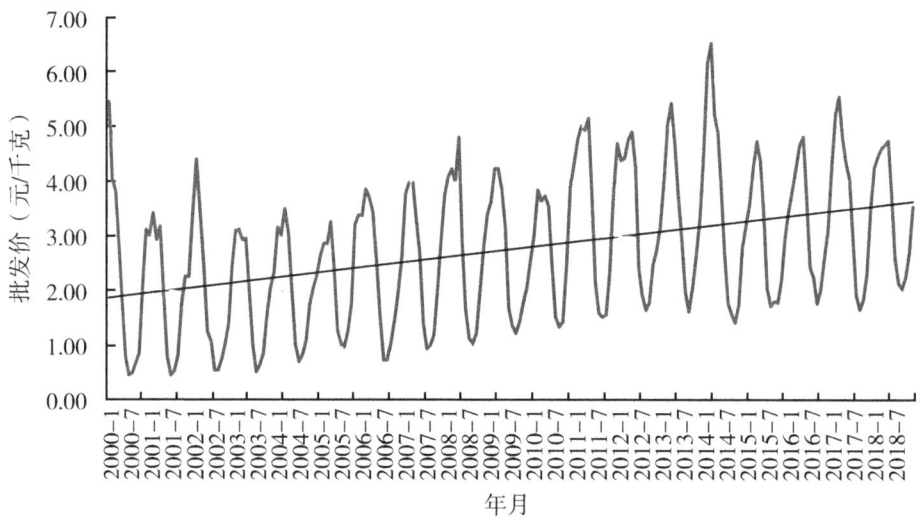

图 1　2000—2018 年全国西瓜批发市场价格走势

［数据来源：农业农村部信息中心（截至 2018 年 11 月 30 日）］

2018 年 1—11 月与 2017 年同期相比略有下降，与 2016 年同期相比基本持平。2018 年 1 月全国西瓜平均批发价格 4.45 元/千克，2017 年同期价格为 5.21 元/千克，2016 年同期 3.86 元/千克；2018 年 3 月全国西瓜平均批发价格 4.67 元/千克，2017 年同期价格为 4.80 元/千克，2016 年同期 4.68 元/千克；2018 年 7 月全国西瓜平均批发价格 2.18 元/千克，2017 年同期价格为 1.92 元/千克，2016 年同期 2.25 元/千克。

（2）甜瓜市场价格变化季节性明显，有趋势性下降特征，但近几年来加权价格呈上升趋势，2018 年与 2017 年同期相比总体下降。

从 2013—2018 年的数据看，甜瓜批发市场价格也呈周期性的正弦波状，具有明显的季节性，总体有趋势性下降特征。比较 2013—2017 年的年度加权价格变化看，加权价格呈上升趋势，2013 年全国甜瓜加权平均价格为 3.74 元/千克，2014 年 3.50 元/千克，2015 年 4.25 元/千克，2016 年 5.66 元/千克，2017 年 5.98 元/千克。加权价格呈缓慢上升趋势，说明我国甜瓜市场供应不均衡状况有所改善，价格低时交易量大、但呈减少趋势、价格高时交易量小、但呈增大趋势。

2018 年 1—11 月与 2017 年同期相比下降，与 2016 年同期相比大致基本持平。2018 年 1 月全国甜瓜平均批发价格 7.16 元/千克，2017 年同期价格为 10.85 元/千克，2016 年同期 5.07 元/千克；2018 年 3 月全国甜瓜平均批发价格 8.55 元/千克，2017 年同期价格为 10.37 元/千克，2016 年同期 8.57 元/千克；2018 年 7 月全国甜瓜平均批发价格 3.27 元/千克，2017 年同期价格为 2.66 元/千克，2016 年同期 3.73

元/千克（图2）。

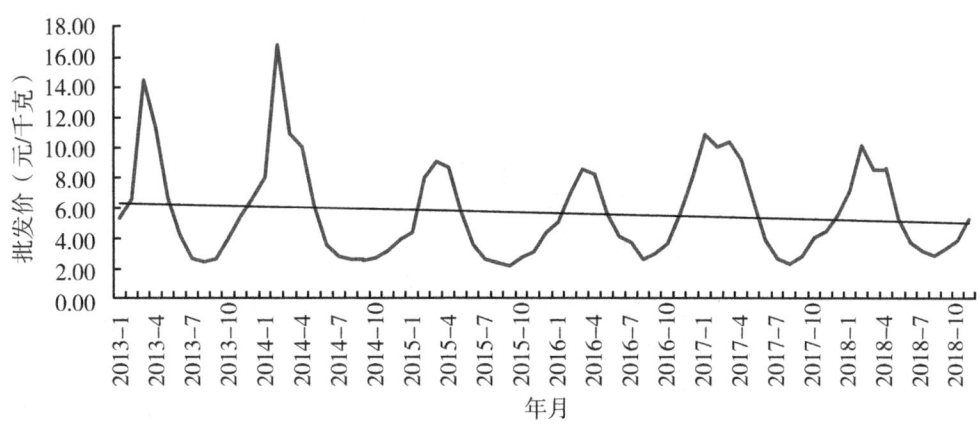

图2 2013—2018年全国甜瓜批发市场价格走势
［数据来源：农业农村部信息中心（截至2018年11月30日）］

2.2 交易量与价格的变化特征

（1）西瓜甜瓜交易量呈明显季节性并且与价格变化呈反向变化，甜瓜交易量显著增长、价格降低。

西瓜：从农业农村部信息中心提供数据可以看出（图3），我国西瓜市场交易量存在着明显的季节性，每年的7—8月交易量最大，而此时批发价格处于全年最低阶段；每年的12月至来年的1月、2月交易量最少，批发价格则处于高位。2018年1—11月西瓜交易量为181.94万吨，比2017年同期减少24.9%。交易量变动与批发价格波动呈相反趋势。

从全年价格变化看，呈现两头高中间低的季节性波动。1—4月西瓜供应主要来自一些地区的反季节品种，价格偏高；5—9月属于西瓜大量上市时期，价格处于低位，而且7—9月价格保持低位稳定；10月随着天气转凉，供应量减少，价格开始升高。2018全年价格最高点在4月（4.75元/千克），最低点在8月（2.04元/千克），最低价与最高价差2.71元/千克。

甜瓜：从农业农村部信息中心提供的数据看，2018年全国甜瓜交易量比2018年下降，2018年1—11月交易量9.8万吨，比2017年同期减少14.1%。甜瓜交易量也呈现明显的季节性变化，5—8月为交易量的高峰段，2018年全国甜瓜加权平均价格（1—11月）为4.87元/千克。从全年价格变化看，与西瓜市场变化规律一致，1—4月甜瓜供应主要来自一些地区的反季节品种，价格偏高；5—9月属于甜瓜大量上市时期，价格处于低位，而且7—9月价格保持低位稳定；10月随着天气转凉，供应量减少，价格开始升高。2018年全年价格最高点在2月（10.13元/千克），最低点在8月（3.49元/千克），最低价与最高价差6.64元/千克，2017年价差为8.54元/千克，2016年价差为5.97元/千克，2015年为6.9元/千克，2014年为14.25元/千克，价差总体呈减小趋势（图4）。

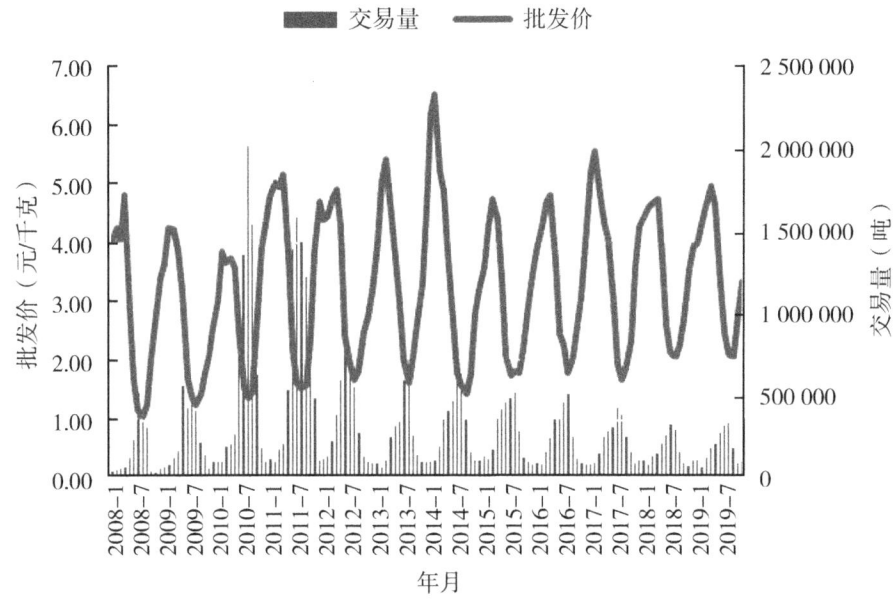

图3　2008—2018年全国西瓜市场价格与交易量变化
［数据来源：农业农村部信息中心（截至2018年11月30日）］

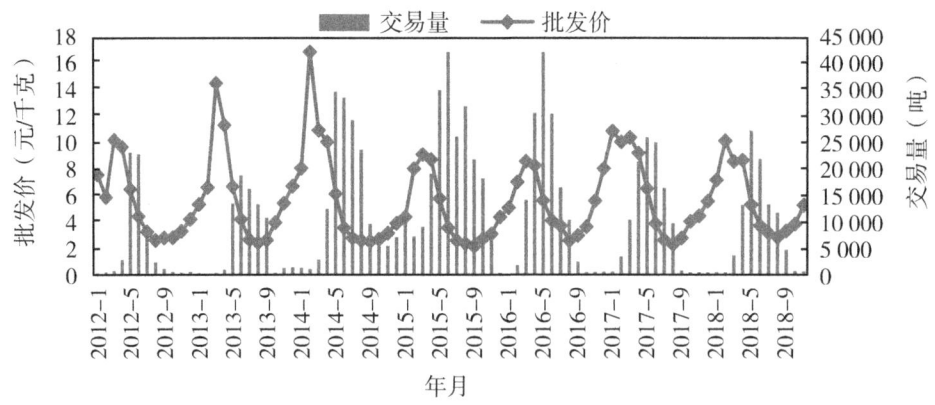

图4　2012—2018年全国甜瓜平均批发价格及交易量变化
［数据来源：农业农村部信息中心（截至2018年11月30日）］

（2）价格的区域性差异特征明显，地区间的价格分布基本表现为主产区低于非主产区、中等城市低于大城市、中西部地区低于东部地区的特点。

从2018年全国主要地区价格与全国平均水平对比看，低于全国平均价格的依次为：广东、甘肃、山西、广西、新疆、天津、内蒙古、宁夏、河北、河南，其中河南、河北、宁夏、甘肃、新疆为西瓜主产区，特别是产量大省——河南的平均价格（加权平均）为2.38元/千克，为全国最低，低于全国平均价格（3.4元/千克）30%。高于全国平均价格的省（市）依次为：四川、安徽、山东、贵州、北京、辽宁、江苏、湖南、浙江、江西、黑龙江、上海，大部分主要为非主产区，大部分为大城市以及东部经济较发达地区，物价水平较高。上海为全国价格最高的地区，2018年1—11月上海市场加权均价5.72元/千克，达到全国平均水平的1.68倍（图5）。

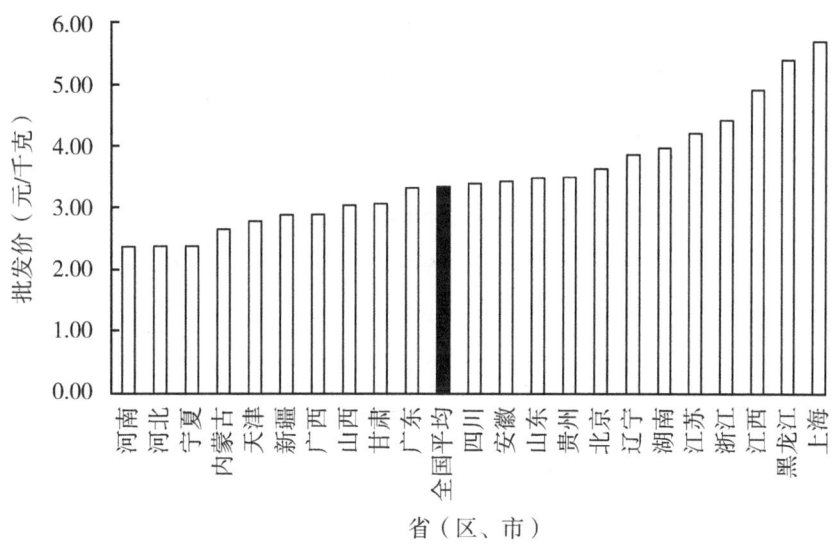

图5　2018年1—11月全国各地西瓜平均批发价格对比
［数据来源：农业农村部信息中心（经计算整理）］

3　西瓜甜瓜进出口贸易分析

中国是世界西瓜甜瓜最大生产国，但西瓜甜瓜进出口贸易量在世界的比重不大，国际市场对国内市场的影响不大。中国西瓜进口量占世界进口总量的10%左右，但不足国内产量的1%；相比之下，甜瓜的进口量比西瓜更小。西瓜、甜瓜出口量较少，近年平均在4万~5万吨。近几年来西瓜、甜瓜进出口贸易趋势为西瓜总体减少、而甜瓜总体增加，甜瓜贸易主要为出口。

3.1　西　瓜

3.1.1　进出口量（额）变化

中国是世界第二大西瓜进口国，为西瓜净进口，近几年来，西瓜进出口贸易量呈减少趋势。根据农业农村部信息中心提供的数据，2018年中国西瓜出口数量（金额）同2017年同期比增加、进口数量（金额）同2017年同期比增加。2018年1—10月出口数量4.26万吨，比2017年同期（3.97万吨）增加7.3%；出口金额3 662.71万美元，比2017年同期（2 958万美元）增加23.8%。2018年1—10月进口数量19.29万吨，比2017年同期（16.42万吨）增加17.5%；进口金额3 903.41万美元，比2017年同期（2 746万美元）增加42.1%（表1）。

表1　2010—2018年中国西瓜进出口数量（金额）对比

（单位：万吨、万美元）

年份	出口		进口	
	数量	金额	数量	金额
2010	5.07	1 247.74	31.33	3 493.9
2011	4.74	1 574.76	39.81	4 859.58
2012	5.81	2 180.42	42.01	5 950.67
2013	6.01	3 115.14	24.97	5 363.63
2014	5.54	4 769.71	20.10	3 808.78
2015	3.29	2 491.03	20.07	3 807.2
2016	2.99	2 609.40	20.42	3 278.50
2017	4.25	3 140.52	18.83	3 186.38
2018年（1—10月）	4.26	3 662.71	19.29	3 903.41

数据来源：由农业农村部信息中心提供，经作者整理。

3.1.2 进出口国家（地区）分布

中国西瓜出口国家主要是越南、朝鲜、俄罗斯、蒙古国、马来西亚，地区主要是中国香港和中国澳门，2018年出口比例较大的是中国香港（占55.1%）、中国澳门（8.5%）；从进口国家看，主要为越南和缅甸，进口数量各占98.56%、1.44%（图6）。

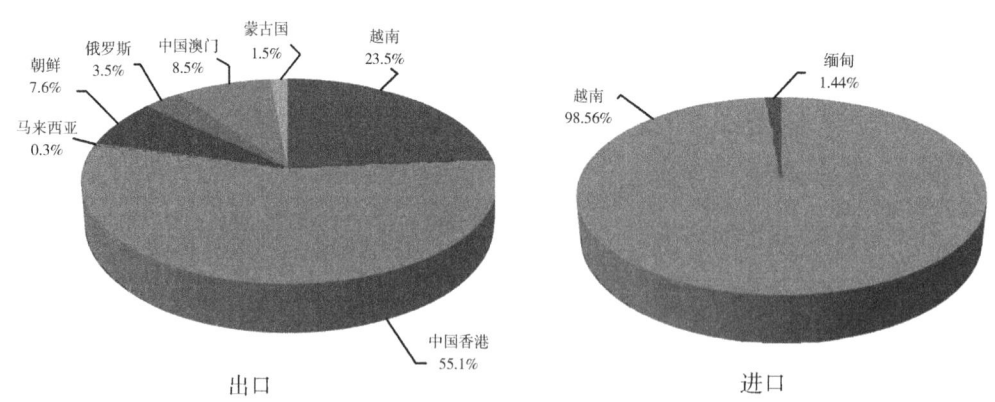

图6　2018年中国西瓜进出口国家的分布情况

（数据来源：农业农村部信息中心）

3.1.3 分省（区）进出口情况

从分省的情况看，出口量排列前五的省（区）为：云南、广东、广西、福建、山东，其中云南出口量占28.27%、广西22.95%；进口方面，2018年北京为进口量第一，进口量占比57.86%，进口量排列前五位的省（区、市）为：北京、山东、河南、广东、云南，其中北京进口量占57.86%，山东省进口量占20.98%（图7）。

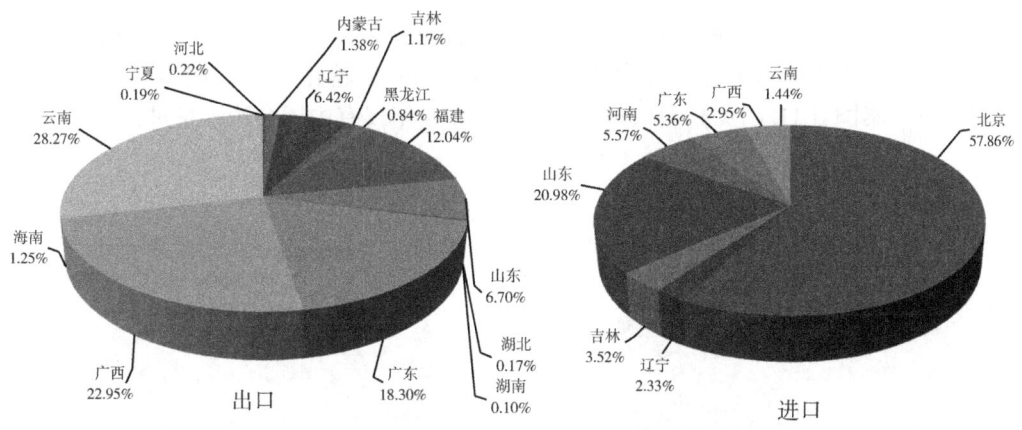

图7 2018年中国西瓜进出口分省（区、市）情况

3.2 甜 瓜

3.2.1 进出口量（额）变化

中国甜瓜进出口贸易一直为净出口，近几年来甜瓜进出口总体呈现出口增加、进口减少的趋势。根据农业农村部信息中心提供的数据，2018年出口数量/金额均比2017年同期有所减少，2018年1—10月出口数量4.50万吨，比2017年同期（5.904万吨）减少23.78%；出口金额7 041.3万美元，比2017年同期（9 307万美元）减少24.35%（表2）。2014—2018年以来，甜瓜进口数量极少，几乎为零。

表2 2010年至2018年中国甜瓜进出口数量（金额）

（单位：万吨、万美元）

年份	出口		进口	
	数量	金额	数量	金额
2010	5.63	2 857.11	2.02	118.54
2011	5.40	3 602.25	3.50	215.91
2012	5.63	5 207.59	3.68	252.70
2013	5.86	6 936.66	2.75	221.23
2014	5.06	7 517.84	0.00	1.28
2015	7.72	13 920.44	0.23	6.40
2016	7.68	14 956.0	0.00	0.853
2017	6.42	10 056.4	0.00	1.35
2018年1—10月	4.50	7 041.3	0.00	1.62

数据来源：由农业农村部信息中心提供，经作者整理。

3.2.2 进出口国家（地区）的分布

中国甜瓜出口国家主要是越南、泰国、马来西亚、俄罗斯、菲律宾、朝鲜，出口地区是中国香港和中国澳门，其中出口比例较大的是越南（41.30%）、中国香港（31.49%）、泰国（11.61%）；从进口地区看，2018年仅有中国台湾少量进口（图8）。

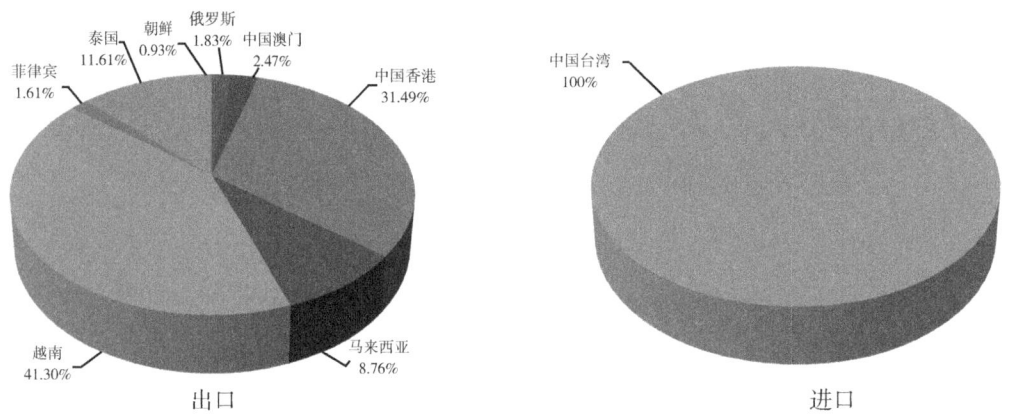

图8　2018年中国甜瓜进出口国家（地区）的分布情况

3.2.3 分省（区）进出口情况

从分省的情况看，甜瓜出口主要是甜瓜主产区、位于西南边界的云南、位于沿海的广东等，2018年甜瓜出口数量排列前五位的省（区）为：新疆、云南、广东、山东、福建，其中新疆、云南、广东出口量占全国出口量的比例分别为37.96%、22.25%、10.50%。对于进口而言，2018年甜瓜进口的省份只有福建，而且数量很少（图9）。

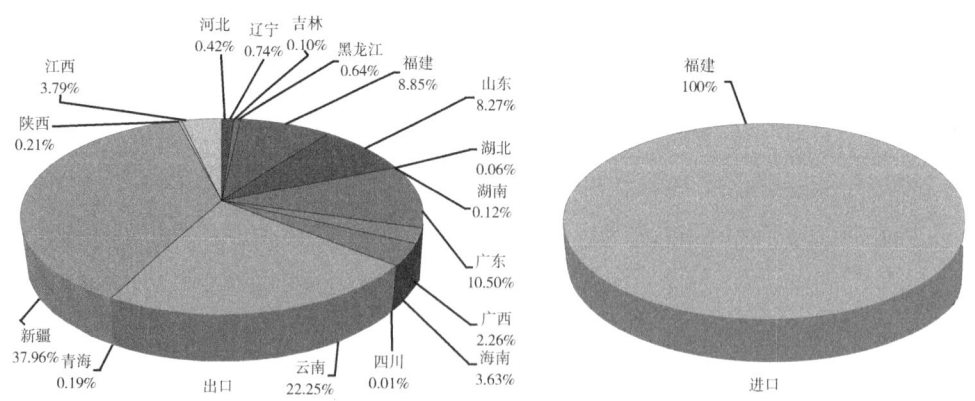

图9　2018年中国甜瓜进出口分省（区）情况

4 国内西甜瓜市场发展趋势的判断

4.1 市场供需

西甜瓜种植面积与产量保持稳中有升，市场供求基本平衡，品种结构更加适应市场需求。随着市场需求的变化,在未来的几年内,中国西、甜瓜种植面积和总产量将继续保持稳中有升的发展趋势。近年来西、甜瓜供求基本平衡,生产规模较稳定,在主产区,种植西、甜瓜仍是农户增加收入的重要来源。同时随着交通条件的改善和物流体系的发展,西瓜甜瓜异地、反季节生产将有新的发展。如新疆厚皮甜瓜在南方和东部地区采用设施栽培品质较原产地长途运输后表现更好。冬春季西、甜瓜也更多来自海南与越南、缅甸等热带产区。随着社会发展和生活水平的提高,消费者对西、甜瓜品种的需求也呈现多样化、差异化的新趋势。消费市场需要类型丰富、口感风味好、外观佳的中小果型商品瓜。根据市场多样化需求,品种结构将出现由高产品种向优质品种、无机产品向绿色有机产品、有籽西瓜向无籽西瓜转变的趋势,中小果型优质无籽西瓜、早中熟中小果型西瓜品种与适应性强的早熟大果型优质厚皮甜瓜品种、优质薄皮甜瓜品种将是生产推广的重点。

4.2 市场价格走势

国内西甜瓜批发市场价格继续呈现趋势性上升及季节性波动的特点,全国各地区的价格水平继续保持差异性。在国内宏观经济因素变化、物价上涨、生产成本上升、物流成本增加等因素的影响下,国内西甜瓜批发市场价格将继续保持趋势性上涨格局,由于市场供应的季节性不平衡短期之内较难改变,西甜瓜市场价格将继续呈现季节性波动,但随着品种的多样化以及反季节生产的发展,这种季节性波动的幅度将减小。由于中国西甜瓜生产的区域性较强,主产区西甜瓜产量优势明显强于非主产区,另外物价因素也是影响各地市场价格水平的因素,因此普遍存在西甜瓜主产区价格低于非主产区、中等城市低于大城市价格、中西部地区低于东部地区的趋势。

4.3 市场流通模式

"农超对接""农批对接"和"互联网+"产品营销是西甜瓜市场销售模式的发展趋势,是提高农民收入的有效途径。瓜农在现有的"瓜农—收购商—批发商—零售商"销售模式中得不到最大利益,主要是因为产品在销售物流过程中的中间环节太多,对于水果蔬菜销售者和消费者而言,超市和批发市场均是主要的渠道,因此大力发展"农超对接"和"农批对接"两种模式,能减少物流成本,提高农民的效益,是应当大力发展的物流模式。"互联网+"产品营销成为西甜瓜流通方式变革的方向。随着"互联网+"时代的到来,专业大户、家庭农场、农民合作社、农业产业化龙头企业等新型农业生产经营主体将与生鲜电商、渠道商等新型互联网企业实现实时对接,从而减少流通成本,实现西甜瓜优质优价。

4.4 "绿色生产+品牌化"产业发展格局

西甜瓜产业向"绿色生产+品牌化"发展,逐步形成"生产集约化、种植规模化、产品标准化、销售品牌化"的产业发展格局。我国西甜瓜产业的组织化程度将大大提高,各地将呈现出流通市场与生产基地一体化整合的格局,集中育苗与产销一体的生产经营大户增加,协会组织建设不断完善,在集中优势产区培育壮大一批带动能力强的现代龙头企业，通过外联市场、内联基地，促进西甜瓜生产与国内国际市场的对接，降低瓜农生产的盲目性。品牌意识将进一步得到提升，并将形成与强化"优势产区+优势品种+优势品牌"的格局，如北京的"大兴庞各庄西瓜"、江苏的"东台西瓜"、新疆的"哈密瓜"和"伽师甜瓜"等都已获得国家地理标志产品认证和绿色食品认证，今后将会有更多的优势产区的产品进行认证。瓜农利用标准化综合栽培管理技术、精简化栽培技术和无公害生产栽培模式的比例将有所提高，通过品牌效应驱动，西甜瓜区域优势化布局将更为明显，并建起一批西甜瓜生产基地，从事高产高效优质及特色产品专业化生产，由粗放经营向集约经营转变，实现"生产集约化、种植规模化、产品标准化、销售品牌化"的产业化发展格局。

报告二 2019年中国西瓜甜瓜市场分析报告

杨艳涛 吴敬学

中国是西瓜甜瓜生产与消费的第一大国，西甜瓜产量一直保持在世界第一，在世界园艺业中始终占有重要地位。中国西瓜面积占世界总面积的60%以上，产量占70%左右；甜瓜面积占世界总面积的45%以上，产量占50%左右；西瓜、甜瓜人均年消费量是世界人均量的2~3倍，占全国夏季果品市场总量的50%以上。西甜瓜已成为中国重要的经济作物，西甜瓜产业的发展为实现农民增收发挥了重要作用。

1 国内西甜瓜生产形势分析

1.1 国内西甜瓜种植面积、产量保持稳中有升，甜瓜种植面积、产量增长态势较为显著

根据全国各西甜瓜试验站的数据统计，2019年全国西瓜播种面积约为161万公顷，总产量约为5 970万吨，每公顷产量37.08吨。2019年全国甜瓜播种面积约为49万公顷，总产量约为1 420万吨，每公顷产量28.98吨。由于种植结构的调整以及种植效益的提高，农民种瓜意愿增强，近年来全国西、甜瓜种植面积、产量、单产保持稳中有升，甜瓜种植面积、产量增长态势较为显著。

1.2 生产区域化特征明显，优势产区集中度大大提高

中国幅员辽阔，南北气候差异大，地理特征明显，西甜瓜最适大陆性气候，在适宜环境中，较高的昼温和较低的夜温有利于西甜瓜生长，特别是果实糖分的积累。由于气候及地域资源的差异决定了西甜瓜种植的区域性特征较为明显。

1.2.1 西瓜

从分区域来看，中国西瓜生产布局依然是华东、中南两大地区主导的局面，全国3/4的西瓜产量来自这两个产区。华东六省一市的西瓜播种面积及产量分别占全国的34%~36%；中南六省的西瓜播种面积及产量分别占全国的35%~37%；西北五省的播种面积及产量分别占全国的11%~13%。

从全国范围来看，中国西瓜生产的集中度较高且呈逐年增加趋势。近年来排列中国西瓜产量前十位的省（区）是：河南、山东、安徽、江苏、河北、新疆、湖南、广西、湖北、宁夏。其中河南、山东、安徽、河北和江苏五个省的西瓜产量约占全国总产量的55%，超过全国总产量的一半。河南省是中国西瓜生产第一大省，产量约占全国的1/5。近年来，全国31个省（区、市）中产量超过100万吨的省（区、市）有20个（并且呈不断增加趋势），20个百万吨省区的西瓜产量约占全国总产量的94.8%。

1.2.2 甜瓜

中国甜瓜产业布局依然为华东、中南、西北产区三足鼎立的格局，其中西北地区甜瓜播种面积与产量所占比重呈不断增长趋势。近年来华东六省一市的甜瓜播种面积及产量分别占全国的26%～27%；中南六省的甜瓜播种面积及产量分别占全国的22%～24%。西北地区的甜瓜产业发展迅速，1996—2019年期间，播种面积呈不断扩大态势，从1.8万公顷扩大到12.65万公顷，扩大了7.03倍；其产量占全国总产量的比重从9%增长到27%。

从全国范围来看，排列中国甜瓜产量前位的省（区）是：新疆、山东、河南、河北、内蒙古、江苏、辽宁、黑龙江、安徽、陕西、甘肃、吉林。近年来产量超过50万吨的省区有11个（这个数据呈不断增加趋势），这11个省（区）的甜瓜产量约占全国总产量的80.7%，其中新疆甜瓜产量约占全国总产量的18%。由此可见，中国甜瓜生产集中度也在不断提高。

2 西甜瓜市场价格与交易量变化分析

2.1 批发市场价格变化总体特征

（1）西瓜市场总体价格呈明显季节性变化并有趋势性上涨的特征不变，2019年与上年同期相比价格有所上涨。

由于居民对西甜瓜的需求随着季节的变化而变化，并且西甜瓜的生长周期具有季节性，属于鲜销水果，因此西甜瓜的价格出现明显的季节性特征。根据农业农村部信息中心的数据，国内西瓜市场的价格变化总体上呈围绕一定趋势增长的正弦波状（图1），

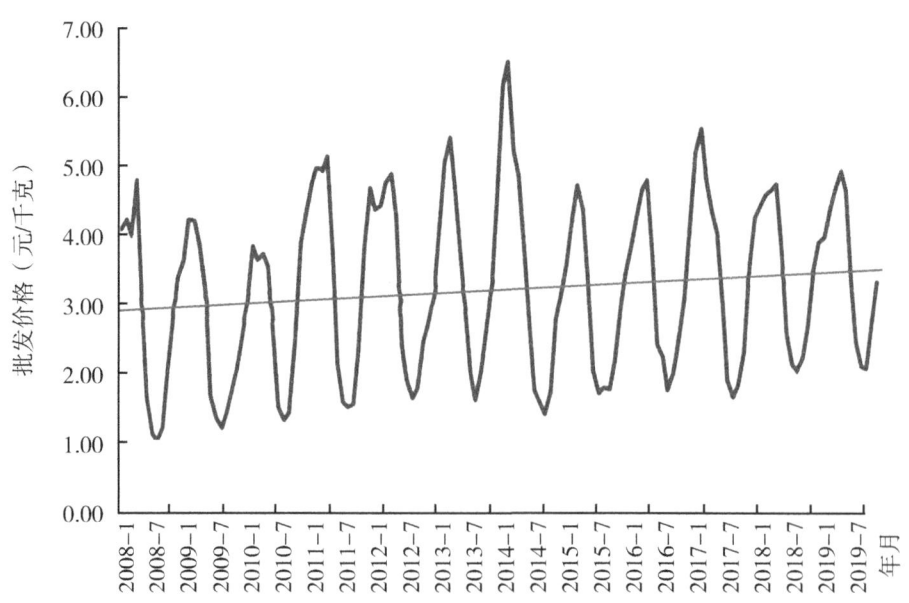

图1 2008—2019年全国西瓜批发市场价格走势

[数据来源：农业农村部信息中心（截至2019年11月30日）]

具有一定的趋势性和明显的季节性。呈现一定的趋势性是由于宏观经济因素导致的物价上涨以及农资、化肥、原油等原材料价格的上涨。

2019 年 1—11 月全国西瓜批发市场价格与 2018 年同期相比有所上涨。从加权价格看，2019 年 1—11 月加权价格为 3.25 元/吨，而 2018 年同期加权价格为 3.02 元/吨。从分月价格看，如图 2 所示，2019 年 3 月、4 月、5 月、6 月、7 月、8 月、10 月价格均高于 2018 年同期。

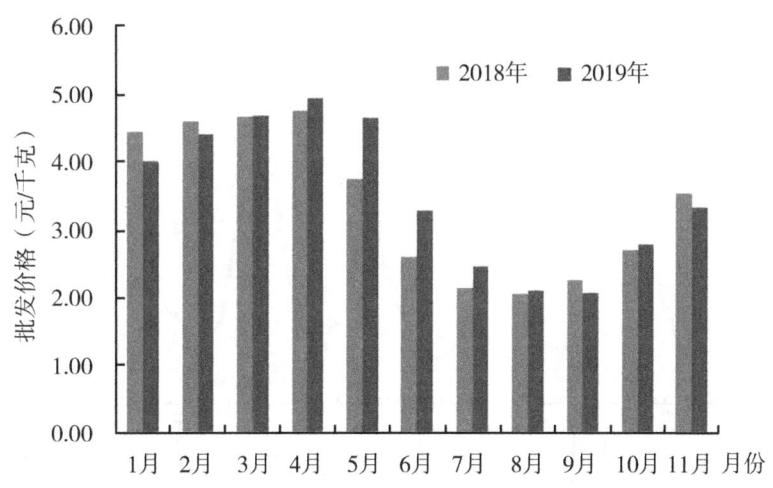

图 2　2018—2019 年全国西瓜批发市场价格对比
［数据来源：农业农村部信息中心（截至 2019 年 11 月 30 日）］

（2）甜瓜市场价格变化季节性明显，近几年来加权价格呈上升趋势，2019 年与上年同期相比总体上涨。

从 2013—2019 年的数据看，甜瓜批发市场价格呈周期性的正弦波状，具有明显的季节性。比较 2013—2019 年的年度加权价格变化看，加权价格总体呈上升趋势，2013 年全国甜瓜加权平均价格为 3.74 元/千克，2014 年 3.50 元/千克，2015 年 4.25 元/千克，2016 年 5.66 元/千克，2017 年 5.95 元/千克，2018 年 4.87 元/千克，2019 年 5.37 元/千克。加权价格呈缓慢上升趋势，说明我国甜瓜市场供应不均衡状况有所改善，价格低时交易量大但呈减少趋势、价格高时交易量小但呈增大趋势（图 3）。

2019 年 1—11 月全国甜瓜批发市场价格与 2018 年同期相比有所上涨，从加权价格看，2019 年 1—11 月加权价格为 5.37 元/吨，而 2018 年同期加权价格为 4.87 元/吨。从分月价格看，2019 年 4—10 月价格均高于 2018 年同期（图 4）。

2.2　交易量与价格的变化特征

（1）西瓜甜瓜交易量呈明显季节性，交易量与价格变化呈反向变化。

西瓜：从农业农村部信息中心提供数据可以看出（图 5），我国西瓜市场交易量存在着明显的季节性，每年的 7—8 月交易量最大，而此时批发价格处于全年最低阶段；每年的 12 月至来年的 1 月、2 月交易量最少，批发价格则处于高位。2019 年 1—11 月西瓜交易量为192.29万吨，比2018年同期增加5.69%。交易量变动与批发价格波动呈相反趋势。从全年价格变化看，呈现两头高中间低的季节性波动。1—4月西瓜供应主要来自一些地区的反季节品种，价格偏高；5—9月属于西瓜大量上市时期，价格处于低位，而且7—9月价格保持低位稳定；10月随着天气转凉，供应量减少，价格开始升高。2019全年价格最高点在4月（4.94元/千克），最低点在9月（2.08元/千克），最低价与最高价差2.86元/千克。

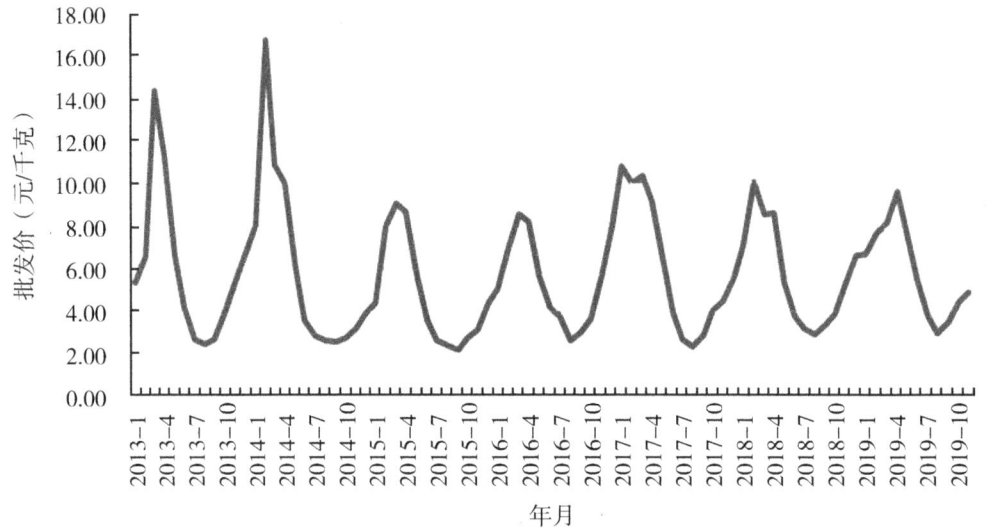

图3　2013—2019年全国甜瓜批发市场价格走势
［数据来源：农业农村部信息中心（截至2019年11月30日）］

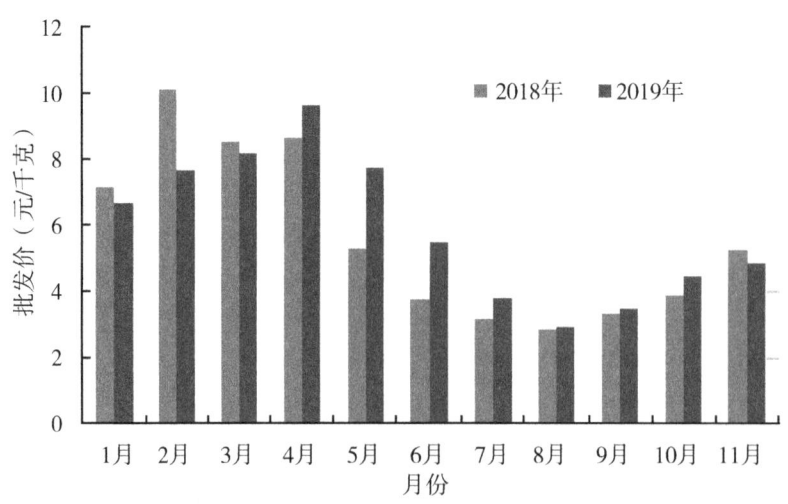

图4　2018—2019年全国甜瓜批发市场价格对比
［数据来源：农业农村部信息中心（截至2019年11月30日）］

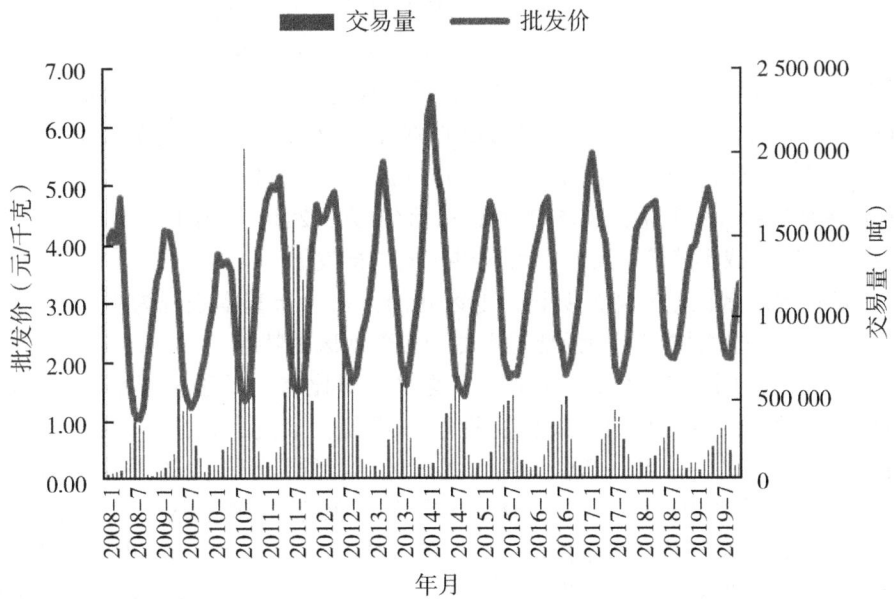

图 5　2008—2019 年全国西瓜市场价格与交易量变化
[数据来源：农业农村部信息中心（截至 2019 年 11 月 30 日）]

甜瓜：从农业农村部信息中心提供的数据看（图 6），甜瓜交易量也呈现明显的季节性变化，5—6 月为交易量的高峰段，而价格的低点在 8—9 月。2019 年 1—11 月交易

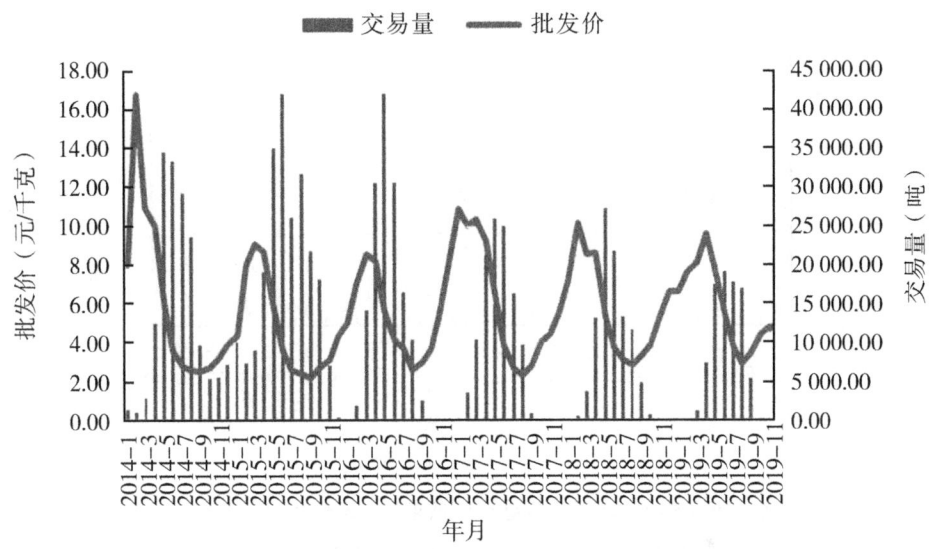

图 6　2012—2019 年全国甜瓜平均批发价格及交易量变化
[数据来源：农业农村部信息中心（截至 2019 年 11 月 30 日）]

量为8.7万吨,比2018年同期减少11.2%。2019年1—11月全国甜瓜加权平均价格为5.37元/千克,高于2018年同期。从全年价格变化看,与西瓜市场变化规律一致,1—4月甜瓜供应主要来自一些地区的反季节品种,价格偏高;5—9月属于甜瓜大量上市时期,价格处于低位,而且7—9月价格保持低位稳定;10月随着天气转凉,供应量减少,价格开始升高。2019年全年价格最高点在4月(9.64元/千克),最低点在9月(3.47元/千克),最低价与最高价价差6.17元/千克。2017年价差为8.54元/千克,2016年价差为5.97元/千克,2015年为6.9元/千克,2014年为14.25元/千克,甜瓜季节性价差总体呈减小趋势,反映出市场供应向均衡发展。

(2)价格的区域性差异特征明显,地区间的价格分布基本表现为主产区低于非主产区、中等城市低于大城市、中西部地区低于东部地区的特点。

从2019年全国主要地区价格与全国平均水平对比看,低于全国平均价格的依次为:四川、广西、山西、甘肃、安徽、辽宁、新疆、宁夏、重庆、河北、河南,其中河南、河北、宁夏、甘肃、新疆为西瓜主产区,特别是产量大省——河南的平均价格(加权平均)为1.92元/千克,为全国最低,低于全国平均价格(3.35元/千克)43%。高于全国平均价格的省(区、市)依次为:山东、贵州、天津、广东、内蒙古、黑龙江、北京、湖南、浙江、江苏、江西、上海,大部分主要为非主产区,为大城市以及东部经济较发达地区,物价水平较高。上海为全国价格最高的地区,2019年1—11月上海市场加权均价4.84元/千克,达到全国平均水平的1.44倍(图7)。

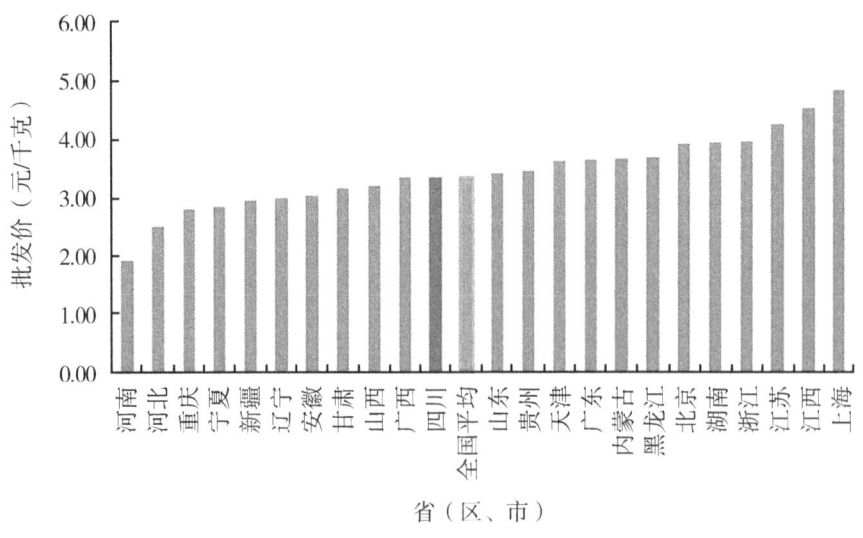

图7 2019年1—11月全国各地西瓜平均批发价格(加权)对比
[数据来源:农业农村部信息中心(经计算整理)]

3 西甜瓜进出口贸易分析

中国是世界西甜瓜最大生产国，但西甜瓜进出口贸易量在世界的比重不大，国际市场对国内市场的影响不大。中国西瓜进口量占世界进口总量的10%左右，但不足国内产量的1%；相比之下，甜瓜的进口量比西瓜更小。西瓜、甜瓜出口量较少，近年平均在4万~5万吨。近几年来，西瓜、甜瓜进出口贸易趋势为西瓜总体减少、而甜瓜总体增加，甜瓜贸易主要为出口。

3.1 西 瓜

3.1.1 进出口量（额）变化

中国是世界第二大西瓜进口国，为西瓜净进口，2010—2016年中国西瓜进出口贸易量呈减少趋势，但2017年以来中国西瓜进出口贸易量呈现增加态势，主要是由于与"一带一路"国家合作更加紧密。根据农业农村部信息中心提供的数据，2019年中国西瓜出口数量与2018年同期比基本持平、进口数量与去年同期比增加。2019年1—10月出口数量4.20万吨，比2018年同期（4.26万吨）基本持平；出口金额3 666.95万美元，比2018年同期（3 662.71万美元）基本持平。2019年1—10月进口数量24.75吨，比2018年同期（19.29万吨）增加28.3%；进口金额3 894.36万美元，比2018年同期（3 903.41万美元）基本持平（表1）。

表1 2010—2019年中国西瓜进出口数量（金额）对比

（单位：万吨、万美元）

年份	出口		进口	
	数量	金额	数量	金额
2010	5.07	1 247.74	31.33	3 493.90
2011	4.74	1 574.76	39.81	4 859.58
2012	5.81	2 180.42	42.01	5 950.67
2013	6.01	3 115.14	24.97	5 363.63
2014	5.54	4 769.71	20.10	3 808.78
2015	3.29	2 491.03	20.07	3 807.20
2016	2.99	2 609.40	20.42	3 278.50
2017	4.25	3 140.52	18.83	3 186.38
2018	4.65	3 943.48	21.99	4 371.50
2019年（1—10月）	4.20	3 666.95	24.75	3 894.36

数据来源：由农业农村部信息中心提供，经作者整理。

3.1.2 进出口国家（地区）分布

中国西瓜出口国家主要是越南、朝鲜、俄罗斯、马来西亚，出口地区是中国香港和中国澳门，2019年出口比例较大的是中国香港（占64.2%）、越南（15.7%）；从进口国家看，主要为越南和缅甸，进口数量分别占83.92%、16.08%。进出口国家基本为"一带一路"沿线国家（图8）。

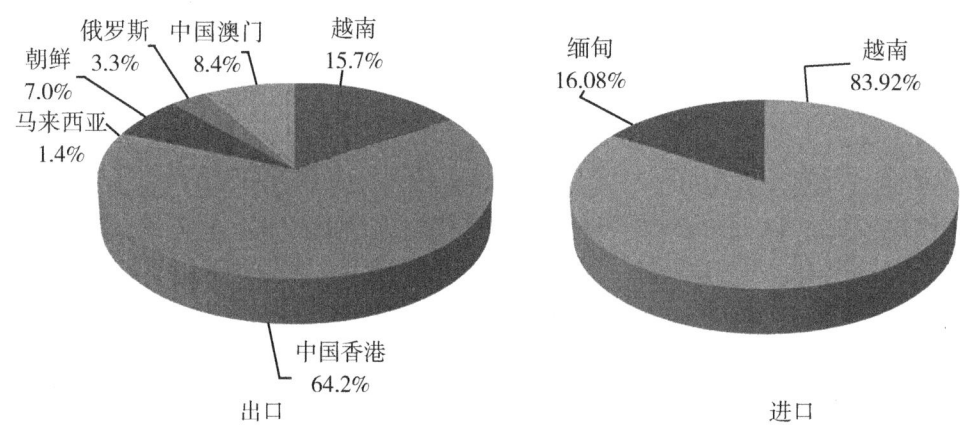

图8 2019年中国西瓜进出口国家（地区）的分布情况
（数据来源：农业农村部信息中心）

3.1.3 分省（市）进出口情况

从分省的情况看，出口量排列前五的省（区）为：广东、云南、广西、山东、海南，其中广东出口量占27.01%、云南26.72%，2019年西瓜出口省（区）有增加，主要是西北四省（区）陕西、甘肃、宁夏、新疆；进口方面，进口量排列前五位的省（区、市）为：北京、山东、广东、云南、吉林，其中北京进口量占41.48%，山东进口量占20.53%（图9）。

3.2 甜 瓜

3.2.1 进出口量（额）变化

中国甜瓜进出口贸易一直为净出口，近几年来甜瓜进出口总体呈出口增加、进口减少的趋势，出口增加主要是由于与"一带一路"国家合作更加紧密。根据农业农村部信息中心提供的数据，2019年出口数量/金额均比2018年同期有所增加，2019年1—10月出口数量6.79万吨，比2018年同期（为4.50万吨）增加50.9%；出口金额11 029.28万美元，比2018年同期（7 041.30万美元）增加56.6%。2014—2018年以来，甜瓜进口数量极少，2019年1—10月甜瓜进口数量140吨，比2018年同期有所增加（表2）。

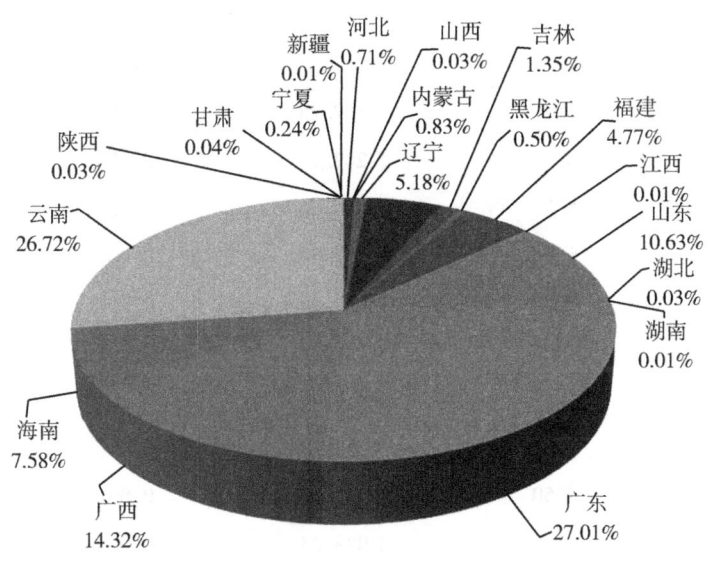

出口

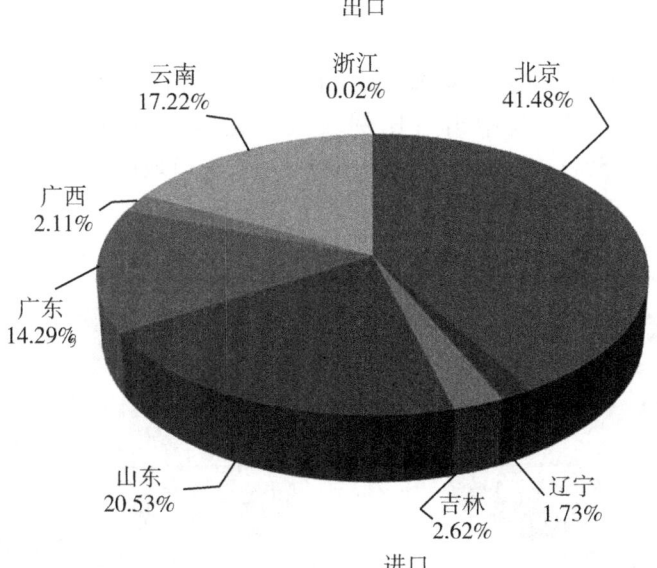

进口

图 9　2019 年中国西瓜进出口分省（区、市）情况

表 2　2010—2019 年中国甜瓜进出口数量（金额）

（单位：万吨、万美元）

年份	出口		进口	
	数量	金额	数量	金额
2010	5.63	2 857.11	2.02	118.54

(续表)

年份	出口		进口	
	数量	金额	数量	金额
2011	5.40	3 602.25	3.50	215.91
2012	5.63	5 207.59	3.68	252.70
2013	5.86	6 936.66	2.75	221.23
2014	5.06	7 517.84	0.00	1.28
2015	7.72	13 920.44	0.23	6.40
2016	7.68	14 956.0	0.00	0.853
2017	6.42	10 056.4	0.00	1.35
2018	5.06	7 863.69	0.00	1.62
2018年1—10月	4.50	7 041.30	0.00	1.62
2019年1—10月	6.79	11 029.28	0.014	2.84

数据来源：由农业农村部信息中心提供，经作者整理。

3.2.2 进出口国家（地区）的分布

中国甜瓜出口国家主要是越南、泰国、马来西亚、俄罗斯、菲律宾、朝鲜，出口地区为中国香港和中国澳门，其中出口比例较大的是越南（48.35%）、中国香港（23.61%）、泰国（12.65%）、马来西亚（10.73%）；从进口地区看，仅有中国台湾少量进口（图10）。

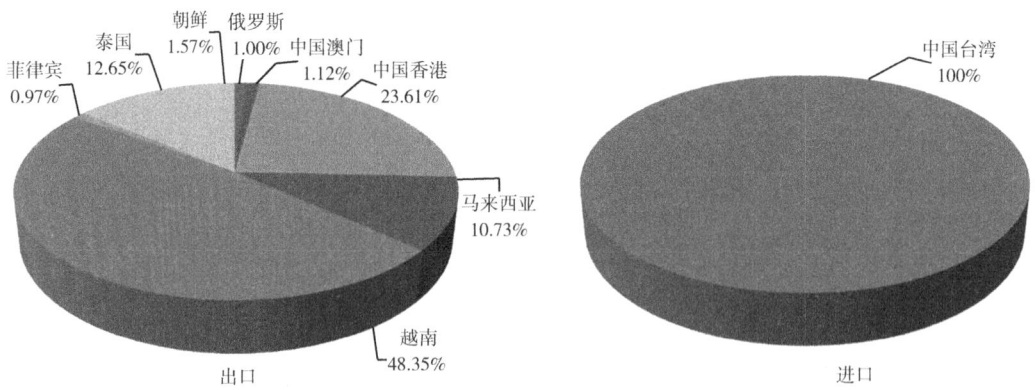

图10 2019年中国甜瓜进出口国家（地区）的分布情况

3.2.3 分省（区、市）进出口情况

从分省的情况看，甜瓜出口主要是甜瓜主产区以及位于边贸地区，2019年甜瓜出口数量排列前五位的省（区）为：云南、新疆、山东、广东、海南，其中云南、新疆、山东出口量占全国出口量的比例分别为41.23%、23.39%、10.08%。对于进口而言，2019年甜瓜进口的省（区）有新疆、福建，但数量很少（图11）。

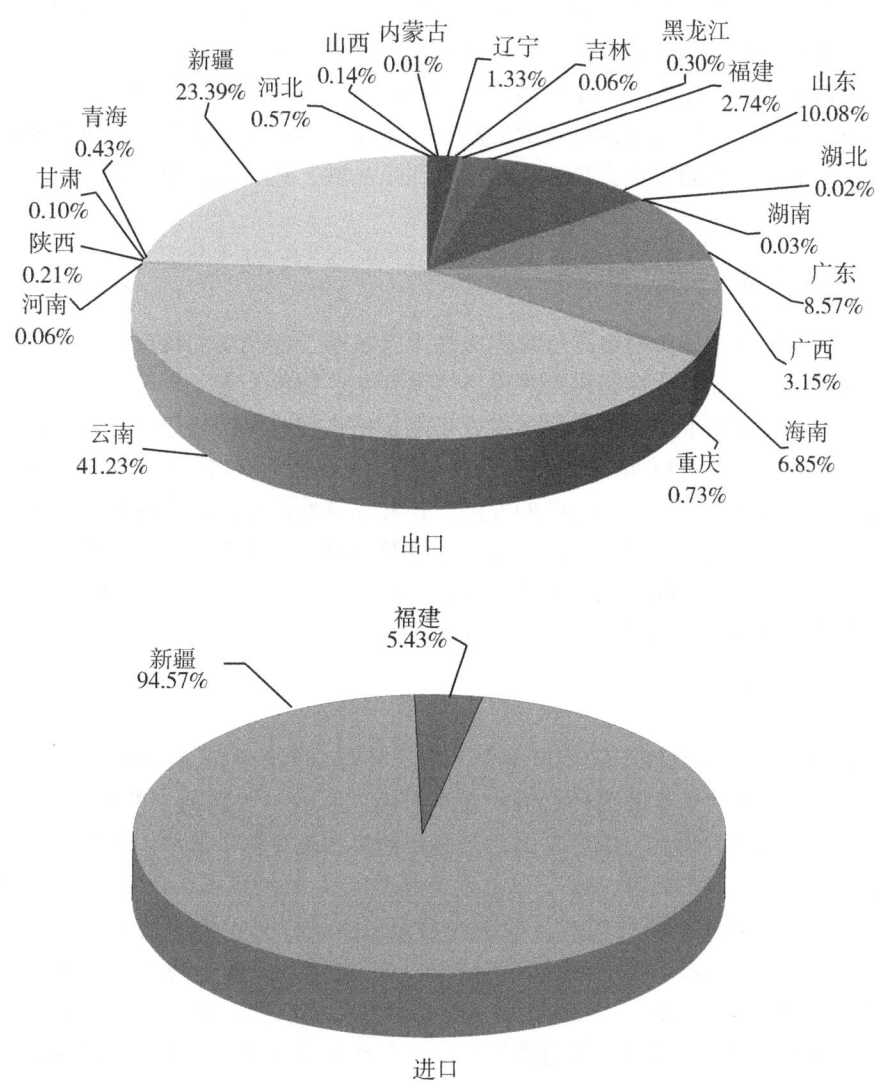

图11 2019年中国甜瓜进出口分省（区、市）情况

4 国内西甜瓜市场发展趋势的判断

4.1 市场供需

西甜瓜种植面积与产量保持稳中有升，市场供求基本平衡，品种结构更加适应市场需求。随着市场需求的变化，在未来几年内，中国西、甜瓜种植面积和总产量将继续保持稳中有升的发展趋势。近年来西、甜瓜供求基本平衡，生产规模较稳定，在主产区，种植西、甜瓜仍是农户增加收入的重要来源。同时随着交通条件的改善和物流体系的发展，西瓜甜瓜异地、反季节生产将有新的发展。如新疆厚皮甜瓜在南方和东部地区采用设施栽培品质较原产地长途运输后表现更好。冬春季西、甜瓜也更多来自海南与越南、

缅甸等热带产区。随着社会发展和生活水平的提高，消费者对西、甜瓜品种的需求也呈现多样化、差异化的新趋势。消费市场需要类型丰富、口感风味好、外观佳的中小果型商品瓜。根据市场多样化需求，品种结构将出现由高产品种向优质品种、无机产品向绿色有机产品、有籽西瓜向无籽西瓜转变的趋势，中小果型优质无籽西瓜、早中熟中小果型西瓜品种与适应性强的早熟大果型优质厚皮甜瓜品种、优质薄皮甜瓜品种将是生产推广的重点。

4.2 市场价格走势

国内西甜瓜批发市场价格继续呈现趋势性上升及季节性波动的特点，全国各地区的价格水平继续保持差异性。在国内宏观经济因素变化、物价上涨、生产成本上升、物流成本增加等因素的影响下，国内西甜瓜批发市场价格将继续保持趋势性上涨格局，由于市场供应的季节性不平衡短期之内较难改变，西甜瓜市场价格将继续呈现季节性波动，但随着品种的多样化以及反季节生产的发展，这种季节性波动的幅度将减小。由于中国西甜瓜生产的区域性较强，主产区西甜瓜产量优势明显强于非主产区，另外物价因素也是影响各地市场价格水平的因素，因此普遍存在西甜瓜主产区价格低于非主产区、中等城市低于大城市价格、中西部地区低于东部地区的趋势。

4.3 市场流通模式

"农超对接""农批对接"和"互联网+"产品营销是西甜瓜市场销售模式的发展趋势，是提高农民收入的有效途径。瓜农在现有的"瓜农—收购商—批发商—零售商"销售模式中得不到最大利益，主要是因为产品在销售物流过程中的中间环节太多，对于水果蔬菜销售者和消费者而言，超市和批发市场均是主要的渠道，因此大力发展"农超对接"和"农批对接"两种模式，能减少物流成本，提高农民的效益，是应当大力发展的物流模式。"互联网+"产品营销成为西甜瓜流通方式变革的方向。随着"互联网+"时代的到来，专业大户、家庭农场、农民合作社、农业产业化龙头企业等新型农业生产经营主体将与生鲜电商、渠道商等新型互联网企业实现实时对接，从而减少流通成本，实现西甜瓜优质优价。

4.4 "绿色生产+品牌化"产业发展格局

西甜瓜产业向"绿色生产+品牌化"发展，逐步形成"生产集约化、种植规模化、产品标准化、销售品牌化"的产业发展格局。我国西甜瓜产业的组织化程度将大大提高，各地将呈现出流通市场与生产基地一体化整合的格局，集中育苗与产销一体的生产经营大户增加，协会组织建设不断完善，在集中优势产区培育壮大一批带动能力强的现代龙头企业，通过外联市场、内联基地，促进西甜瓜生产与国内国际市场的对接，降低瓜农生产的盲目性。品牌意识将进一步得到提升，并将形成与强化"优势产区+优势品种+优势品牌"的格局，如北京的"大兴庞各庄西瓜"、江苏的"东台西瓜"、新疆的"哈密瓜"和"伽师甜瓜"等都已获得国家地理标志产品认证和绿色食品认证，今后将会有更多的优势产区的产品进行认证。瓜农利用标准化综合栽培管理技术、精简化栽培技术和无公害生产栽培模式的比例将有所提高,通过品牌效应驱动,西甜瓜区域优势化布局将更为明显,并建起一批西甜瓜生产基地,从事高产高效优质及特色产品专业化生产,由粗放经营向集约经营转变,实现"生产集约化、种植规模化、产品标准化、销售品牌化"的产业化发展格局。

报告三　2020年中国西瓜甜瓜市场分析报告

杨艳涛　吴敬学

中国是西瓜甜瓜生产与消费的第一大国，西甜瓜产量一直保持在世界第一，在世界园艺业中始终占有重要地位。中国西瓜面积占世界总面积的60.00%以上，产量占70.00%左右；甜瓜面积占世界总面积的45.00%以上，产量占50.00%左右；西瓜、甜瓜人均年消费量是世界人均量的2~3倍，占全国夏季果品市场总量的50.00%以上。西甜瓜已成为中国重要的经济作物，西甜瓜产业的发展为实现农民增收发挥了重要作用。

1　国内西甜瓜生产形势分析

1.1　国内西甜瓜生产受疫情影响不大，种植面积和产量总体保持稳中有升，甜瓜种植面积和产量增长态势较为明显

2020年国内西甜瓜生产受新冠肺炎疫情影响不大，主要是疫情前期劳动力短缺、生产性物资流通不畅对生产有所影响，随着后期疫情缓解而缓解。根据中国统计年鉴数据，2019年全国西瓜播种面积约为153.90万公顷，总产量约为6 324.10万吨，每公顷产量41.08吨，西瓜总产量比2018年增加2.80%，主要是由于单产恢复性增加。2019年全国甜瓜播种面积约为39.40万公顷，总产量约为1 355.70万吨，每公顷产量34.44吨，甜瓜总产量比上年增加3.00%，主要是由于面积的增加。由于种植结构的调整以及种植效益的提高，农民种瓜意愿增强，近年来全国西、甜瓜种植面积、产量、单产总体保持稳中有升，甜瓜种植面积、产量增长态势较为明显。

1.2　生产区域化特征明显，优势产区集中度大大提高

中国幅员辽阔，南北气候差异大，地理特征明显，西甜瓜最适大陆性气候，在适宜环境中，较高的昼温和较低的夜温有利于西甜瓜生长，特别是果实糖分的积累。由于气候及地域资源的差异决定了西甜瓜种植的区域性特征较为明显。

1.2.1　西　瓜

从分区域来看，中国西瓜生产布局依然是华东、中南两大地区主导的局面，全国3/4的西瓜产量来自这两个产区。华东六省一市（山东、安徽、浙江、江苏、江西、福建、上海）的西瓜产量约占全国的32%；中南六省（河南、湖南、广西、湖北、广东、海南）的西瓜产量约占全国的39%；西北五省（区、市）的产量约占全国的13%。

从全国范围来看，中国西瓜生产的集中度较高且呈逐年增加趋势。2019年排列中国西瓜产量前十位的省（区、市）是：河南、山东、江苏、湖南、安徽、广西、湖北、新疆、河北、浙江。其中河南、山东、江苏、湖南和安徽五个省的西瓜产量约占全国总产量

的52%，超过全国总产量的一半。河南省是中国西瓜生产第一大省，产量约占全国的1/5。近年来，全国31个省（区、市）中产量超过100.00万吨的省（区）有17个（并且呈不断增加趋势），17个百万吨省（区）的西瓜产量约占全国总产量的90.60%。

1.2.2 甜瓜

中国甜瓜产业布局依然为华东、中南、西北产区三足鼎立的格局，其中西北地区甜瓜播种面积与产量所占比重呈不断增长趋势。近年来华东六省一市的甜瓜产量约占到全国的28%；中南六省的甜瓜产量约占到全国的24%。西北地区的甜瓜产业发展迅速，1996—2019年期间，其产量占全国总产量的比重从9%增长到26%。

从全国范围来看，2019年排列中国甜瓜产量前十位的省（区）是：新疆、山东、河南、河北、江苏、内蒙古、陕西、甘肃、浙江、黑龙江。近年来产量超过500.00万吨的省（区）有8个（这个数据呈不断增加趋势），这8个省（区）的甜瓜产量约占全国总产量的73.40%，其中新疆甜瓜产量约占全国总产量的16%。由此可见，中国甜瓜生产集中度也在不断提高。

2 西甜瓜市场价格与交易量变化分析

2.1 批发市场价格变化总体特征

（1）西瓜市场总体价格呈明显季节性变化并有趋势性上涨的特征不变，受疫情影响，2020年与2019年同期相比价格上涨明显。

由于居民对西甜瓜的需求随着季节的变化而变化，并且西甜瓜的生长周期具有季节性，属于鲜销水果，因此西甜瓜的价格出现明显的季节性特征。根据农业农村部信息中心的数据，国内西瓜市场的价格变化总体上呈围绕一定趋势增长的正弦波状（图1），

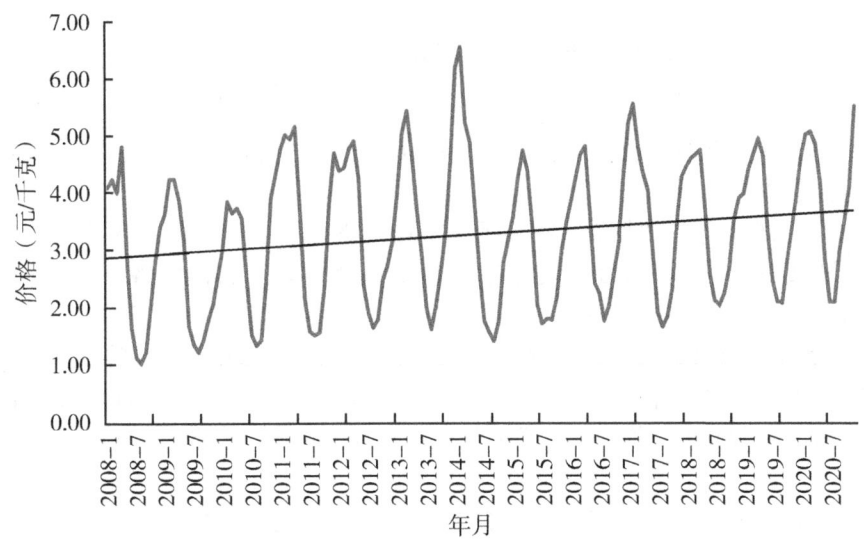

图1 2008—2020年全国西瓜批发市场价格走势

［数据来源：农业农村部信息中心（截至2020年12月）］

具有一定的趋势性和明显的季节性。呈现一定的趋势性是由于宏观经济因素导致的物价上涨以及农资、化肥、原油等原材料价格的上涨。

受新冠肺炎疫情影响，2020年1—12月全国西瓜批发市场价格与2019年同期相比明显上涨。从加权价格看，2020年1—12月加权价格为3.51元/千克，而2019年同期加权价格为3.31元/千克。2020年1—3月受疫情影响，受物流影响，市场流通受阻，价格比2019年同期明显上涨，1月同比涨幅15.80%，2月同比涨幅13.80%；4—7月随着疫情缓解，市场价格回落，低于上年同期；9—12月价格又呈上涨态势，9月同比涨幅最大，高达44.20%（图2）。

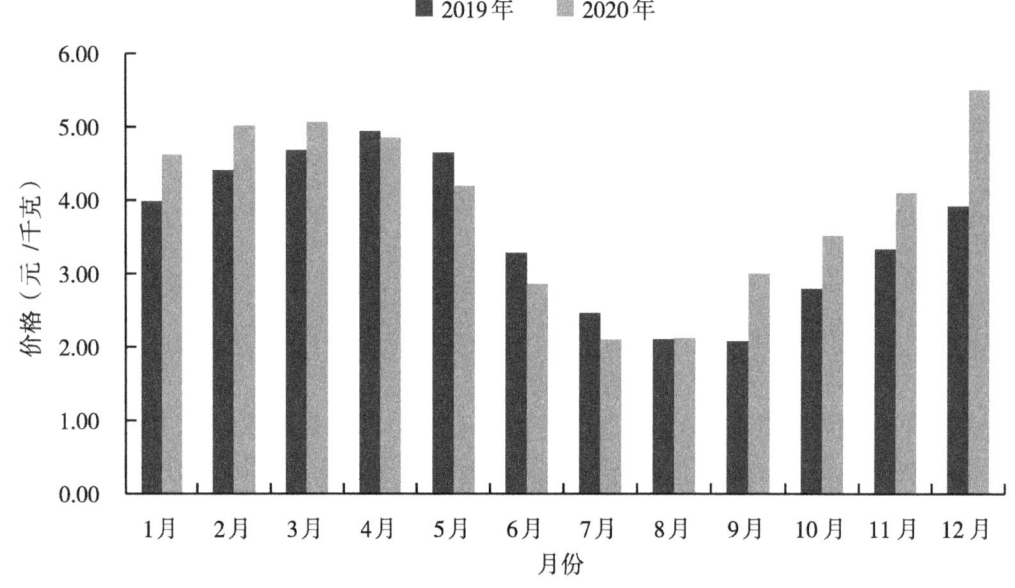

图2 2019—2020年全国西瓜批发市场价格对比
［数据来源：农业农村部信息中心（截至2020年12月）］

（2）甜瓜市场价格变化季节性明显，近几年来加权价格呈上升趋势，2019年与上年同期相比总体上涨。

从2013—2020年的数据看，甜瓜批发市场价格呈周期性的正弦波状，具有明显的季节性。比较2013年至2020年的年度加权价格变化看，加权价格总体呈上升趋势，2013年全国甜瓜加权平均价格为3.74元/千克，2014年3.50元/千克，2015年4.25元/千克，2016年5.66元/千克，2017年5.95元/千克，2018年4.87元/千克，2019年5.37元/千克，2020年5.76元/千克。加权价格呈上升趋势，说明我国甜瓜市场供应不均衡状况有所改善，价格低时交易量大但呈减少趋势、价格高时交易量小但呈增大趋势（图3）。

与西瓜市场相似，受疫情影响，2020年1—12月全国甜瓜批发市场价格与去年同期相比涨幅明显。从加权价格看，2020年加权价格为5.76元/千克，而2019年加权价格为5.37元/千克，涨幅7.30%。分月看，受疫情影响，2—3月涨幅最大，4—7月随着疫情缓解而回落，8—12月价格又出现上涨态势（图4）。

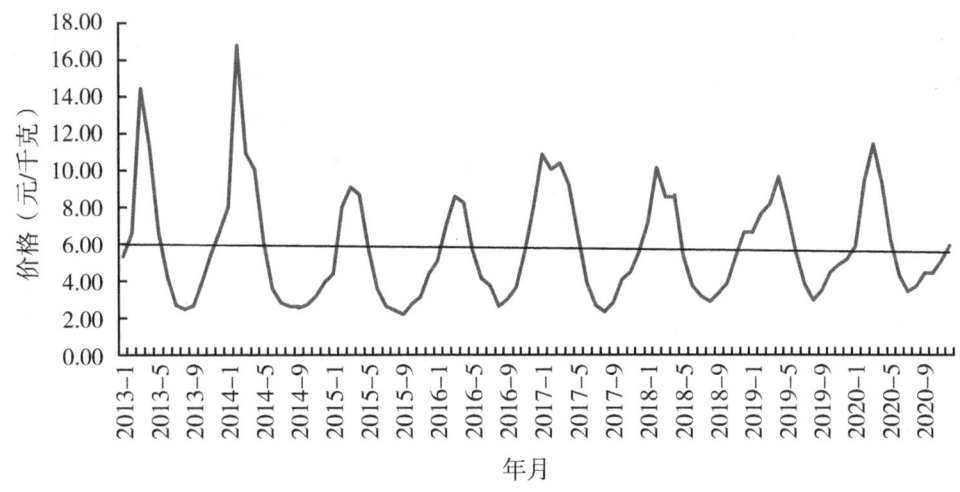

图3　2013—2020年全国甜瓜批发市场价格走势
［数据来源：农业农村部信息中心（截至2020年12月）］

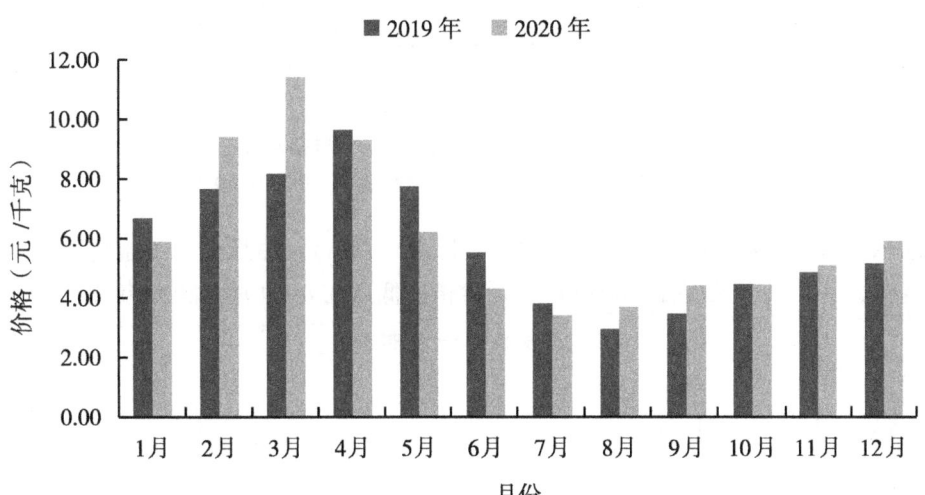

图4　2019—2020年全国甜瓜批发市场价格对比
［数据来源：农业农村部信息中心（截至2020年12月）］

2.2　交易量与价格的变化特征

（1）西瓜甜瓜交易量呈明显季节性、交易量与价格变化呈反向变化趋势不变，2020年交易量受疫情影响减幅较大。

西瓜：从农业农村部信息中心提供数据可以看出，我国西瓜市场交易量存在着明显的季节性，每年的7—8月交易量最大，而此时批发价格处于全年最低阶段；每年的12月至翌年的1月、2月交易量最少，批发价格则处于高位。2020年1—12月西瓜交易量为139.60万吨，比2019年同期减少31.00%，交易量大幅减少主要是与疫情发生使得销售困难。交易量变动与批发价格波动呈相反趋势。从全年价格变化看，呈现两头高中间低的季节性波动。1—4月西瓜供应主要来自一些地区的反季节品种，价格偏高；5—9月属于西瓜大量上市时期，价格处于低位，而且7—9月价格保持低位稳定；10月随着天气转凉，供应量减少，价格开始升高。2020全年价格最高点在12月（5.51元/千克），最低点在7月（2.10元/千克），最低价与最高价差3.41元/千克（图5）。

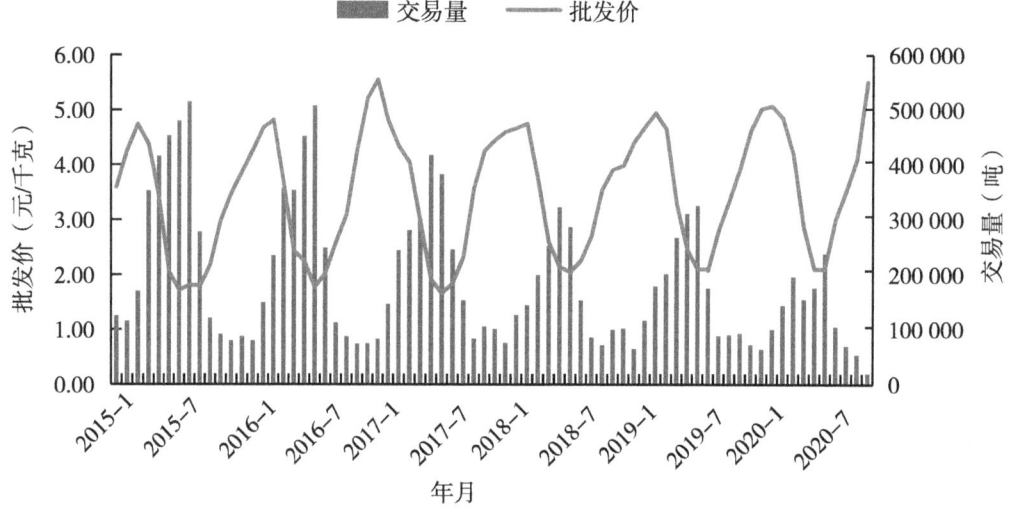

图5　2015—2020年全国西瓜市场价格与交易量变化
［数据来源：农业农村部信息中心（数据截至2020年12月）］

甜瓜：从农业农村部信息中心提供的数据看（图6），甜瓜交易量也呈现明显的季节性变化，5—6月为交易量的高峰段，而价格的低点在8—9月。2020年1—12月交易

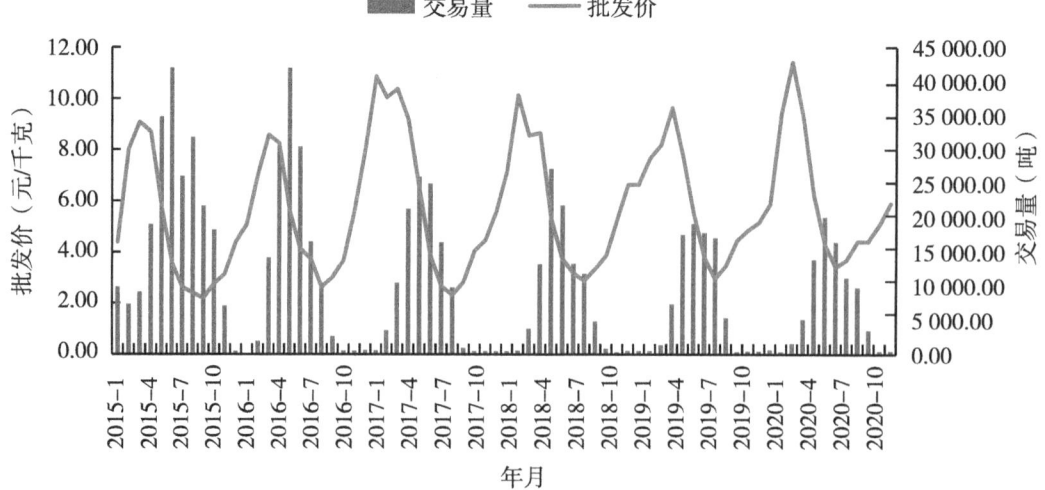

图6　2019—2020年全国甜瓜平均批发价格及交易量变化
［数据来源：农业农村部信息中心（数据截至2020年12月）］

量8.30吨，比2019年同期减少4.60%。2020年1—12月全国甜瓜加权平均价格为4.86元/千克，低于2019年同期。从全年价格变化看，与西瓜市场变化规律一致，1—4月甜瓜供应主要来自一些地区的反季节品种，价格偏高；5—9月属于甜瓜大量上市时期，价格处于低位，而且7—9月价格保持低位稳定；10月随着天气转凉，供应量减少，价格开始升高。2020年全年价格最高点在3月（11.41元/千克），最低点在7月（3.41元/千克），最低价与最高价差8元/千克。2017年价差为8.54元/千克，2016年价差为5.97元/千克，2015年为6.90元/千克，2014年为14.25元/千克，甜瓜季节性价差总体呈减小趋势，反映出市场供应向均衡发展。

（2）价格的区域性差异特征明显趋势不变，地区间的价格分布基本表现为主产区低于非主产区、中等城市低于大城市、中西部地区低于东部地区的特点。

从2020年全国主要地区价格与全国平均水平对比看，低于全国平均价格的依次为：四川、新疆、山西、广西、宁夏、安徽、甘肃、内蒙古、重庆、浙江、河北、湖北、河南，其中河南、河北、宁夏、甘肃、新疆为西瓜主产区，特别是产量大省——河南的平均价格（加权平均）为2.56元/千克，为全国最低，低于全国平均价格（3.57元/千克）28.00%。高于全国平均价格的省（区、市）为：辽宁、贵州、江苏、吉林、黑龙江、山东、天津、湖南、广东、上海、北京、云南、西藏，主要为非主产区，大部分为大城市以及东部经济较发达地区，物价水平较高。西藏为全国价格最高的地区，2020年1—12月加权均价6.91元/千克，达到全国平均水平的1.94倍（图7）。

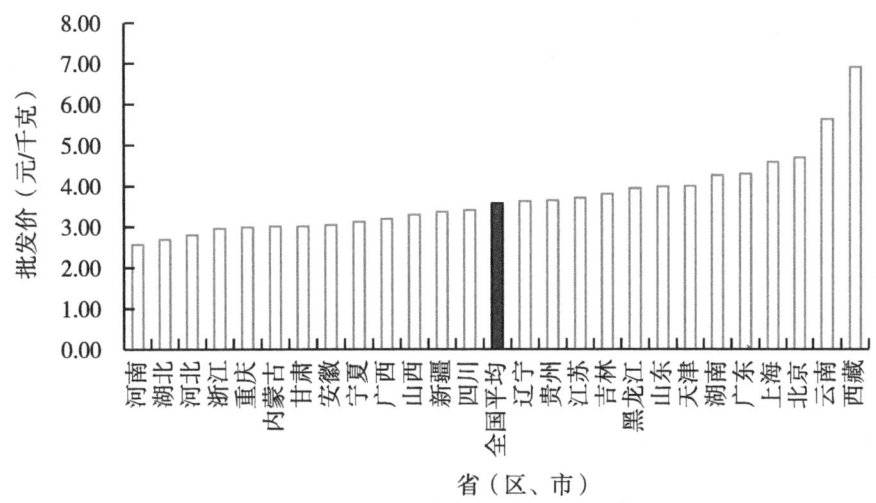

图7　2020年全国各地西瓜平均批发价格（加权）对比
［数据来源：农业农村部信息中心（经计算整理）］

3　西甜瓜进出口贸易分析

中国是世界西甜瓜最大生产国，但西甜瓜进出口贸易量在世界的比重不大，国际市场对国内市场的影响不大。中国西瓜进口量占世界进口总量的10%左右，但不足国内产量的1%；相比之下，甜瓜的进口量比西瓜更小。西瓜、甜瓜出口量较少，近年平均在4万~5万吨。近几年来西瓜、甜瓜进出口贸易趋势为西瓜总体减少、而甜瓜总体增加，甜瓜贸易主要为出口。

3.1 西 瓜

3.1.1 进出口量（额）变化

中国是世界第二大西瓜进口国，为西瓜净进口，2010—2016年中国西瓜进出口贸易量呈减少趋势，但2017年以来中国西瓜进出口贸易量呈现增加态势，主要是由于与"一带一路"国家合作更加紧密。根据农业农村部信息中心提供的数据，2020年中国西瓜出口数量与2019年同期比略有下降、进口数量与2019年同期比下降幅度较大，主要原因是受新冠肺炎疫情影响，港口、交通等运输受阻，直接影响了西甜瓜的贸易活动。2020年1—7月出口数量2.25万吨，比2019年同期（2.26万吨）减少0.40%；出口金额1 850.87万美元，比2019年同期（1 864.98万美元）减少0.80%。2020年1—7月进口数量9.72万吨，比2019年同期（24.74万吨）减少60.70%；进口金额1 630.02万美元，比2019年同期（3 892.98万美元）减少58.10%（表1）。

表1 2010—2020年中国西瓜进出口数量（金额）对比

年份	出口		进口	
	数量（万吨）	金额（万美元）	数量（万吨）	金额（万美元）
2010	5.07	1 247.74	31.33	3 493.90
2011	4.74	1 574.76	39.81	4 859.58
2012	5.81	2 180.42	42.01	5 950.67
2013	6.01	3 115.14	24.97	5 363.63
2014	5.54	4 769.71	20.10	3 808.78
2015	3.29	2 491.03	20.07	3 807.20
2016	2.99	2 609.40	20.42	3 278.50
2017	4.25	3 140.52	18.83	3 186.38
2018	4.65	3 943.48	21.99	4 371.50
2019	4.70	4 043.72	27.28	4 326.07
2020年（1—7月）	2.25	1 850.87	9.72	1 630.02

数据来源：由农业农村部信息中心提供，经作者整理。

3.1.2 进出口国家（地区）分布

中国西瓜出口国家主要是越南、俄罗斯、蒙古国、马来西亚、朝鲜、新加坡，出口地区主要是中国香港和中国澳门，2020年出口比例较大的地区是中国香港（占58.28%），国家是越南（13.92%）；从进口国家看，主要为越南，进口数量占99.99%，缅甸仅占到0.01%。进出口国家基本为"一带一路"沿线国家（图8）。

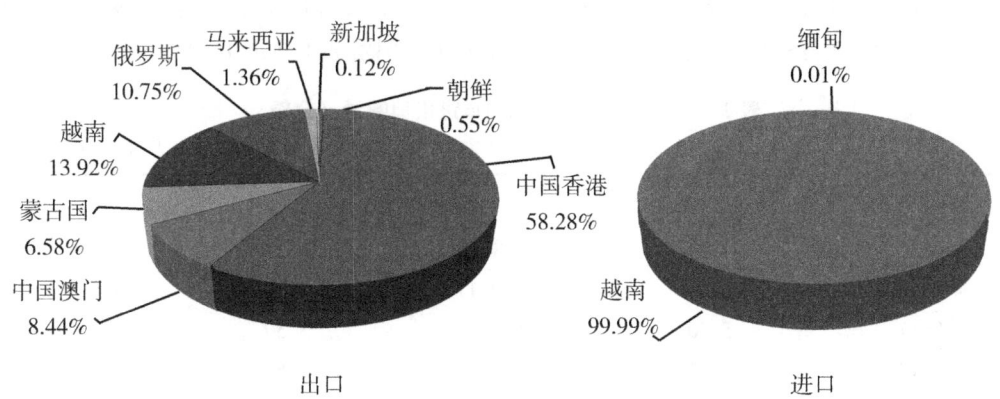

图8　2020年中国西瓜进出口国家（地区）的分布情况
（数据来源：农业农村部信息中心）

3.1.3　分省（区、市）进出口情况

从分省的情况看，出口量排列前五的省（区）为：云南、广东、广西、山东、黑龙江，其中云南出口量占31.03%、广东占23.79%；进口方面，进口量排列前五位的省（市）为：云南、山东、北京、广东、河南，其中云南进口量占35.01%，山东省进口量占27.27%（图9）。

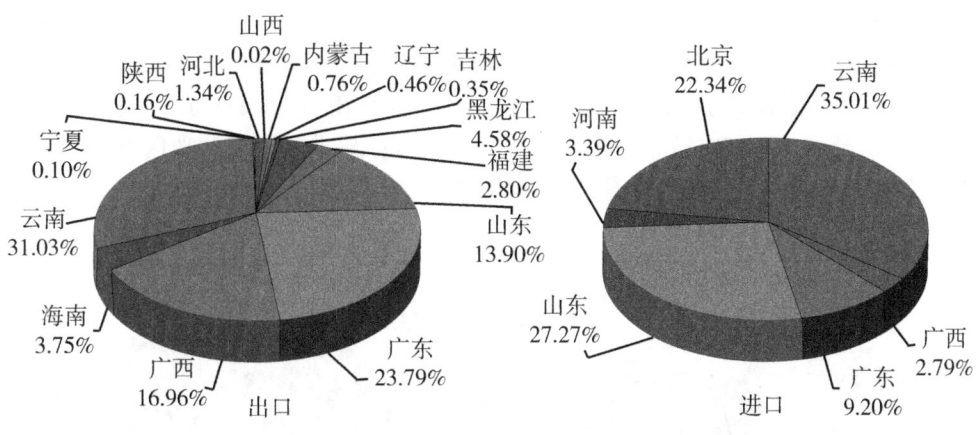

图9　2020年中国西瓜进出口分省（区、市）情况

3.2　甜　瓜

3.2.1　进出口量（额）变化

中国甜瓜进出口贸易一直为净出口，近几年来甜瓜进出口总体呈现出口增加、进口减少的趋势，出口增加主要是由于与"一带一路"国家合作更加紧密。根据农业农村部信

息中心提供的数据，2020年出口数量/金额均比2019年同期有所增加，2020年1—7月出口数量4.24万吨，比2019年同期（为2.84万吨）增加49.30%；出口金额6 448.88万美元，比2019年同期（4 390万美元）增加46.90%。2014—2018年以来，甜瓜进口数量极少，2020年1—7月甜瓜进口数量74.00吨，比上年同期增加了将近10倍（表2）。

表2 2010—2020年中国甜瓜进出口数量（金额）

（单位：万吨、万美元）

年份	出口		进口	
	数量	金额	数量	金额
2010	5.63	2 857.11	2.02	118.54
2011	5.40	3 602.25	3.50	215.91
2012	5.63	5 207.59	3.68	252.70
2013	5.86	6 936.66	2.75	221.23
2014	5.06	7 517.84	0.00	1.28
2015	7.72	13 920.44	0.23	6.40
2016	7.68	14 956.00	0.00	0.85
2017	6.42	10 056.40	0.00	1.35
2018	5.06	7 863.69	0.00	3.03
2019	8.00	12 994.64	0.01	3.37
2020年（1—7月）	4.24	6 448.88	0.01	11.70

数据来源：由农业农村部信息中心提供，经作者整理。

3.2.2 进出口国家地区的分布

中国甜瓜出口国家主要是越南、泰国、马来西亚、俄罗斯、菲律宾，出口地区主要是中国香港、中国澳门，其中出口比例较大的是越南（45.83%）、中国香港地区（19.19%）、泰国（16.80%）、马来西亚（14.07%）；从进口国家和地区看，吉尔吉斯斯坦、文莱和中国台湾地区有少量进口（图10）。

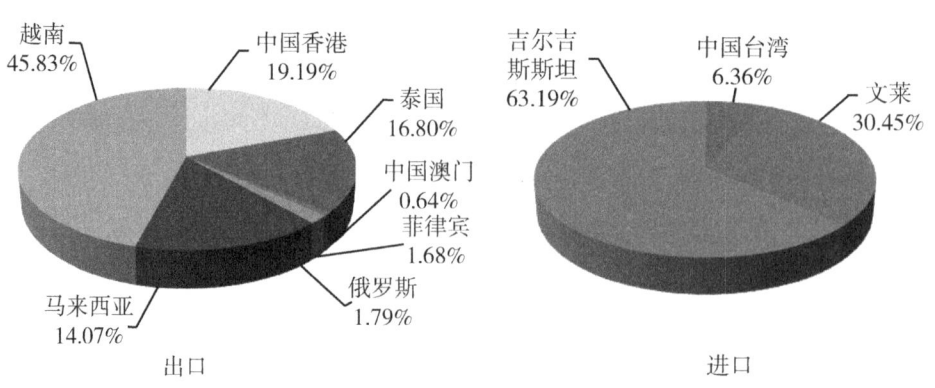

图10 2020年中国甜瓜进出口国家（地区）的分布情况

3.2.3 分省（区、市）进出口情况

从分省的情况看，甜瓜出口主要是甜瓜主产区以及位于边贸地区，2020年甜瓜出口数量排列前五位的省（区）为：云南、广西、新疆、山东、海南，其中云南、广西、新疆出口量占全国出口量的比例分别为42.37%、15.53%、12.00%。对于进口而言，2020年甜瓜进口的省（区）有新疆、福建、广东，但数量很少（图11）。

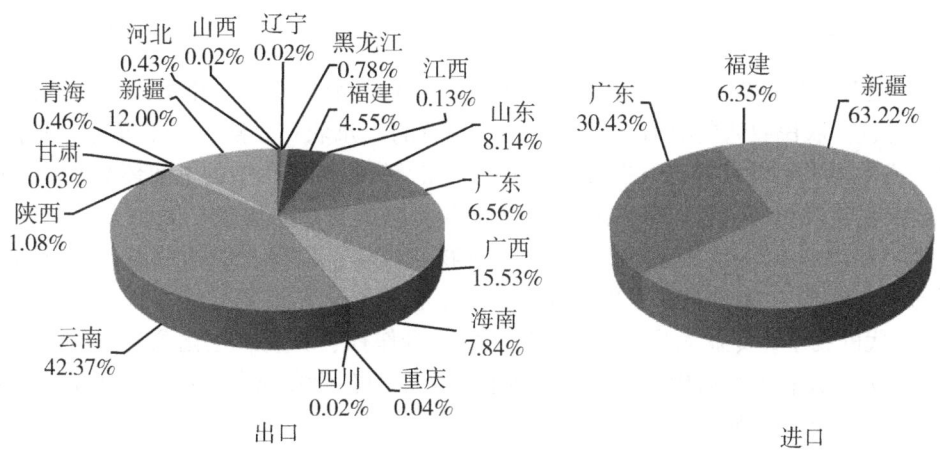

图11 2020年中国甜瓜进出口分省（区、市）情况

4 国内西甜瓜市场发展趋势的判断

4.1 市场供需

西甜瓜种植面积与产量保持稳中有升，市场供求基本平衡，品种结构更加适应市场需求。随着市场需求的变化，在未来的几年内，中国西、甜瓜种植面积和总产量将继续保持稳中有升的发展趋势。近年来西、甜瓜供求基本平衡，生产规模较稳定，在主产区，种植西、甜瓜仍是农户增加收入的重要来源。同时随着交通条件的改善和物流体系的发展，西瓜甜瓜异地、反季节生产将有新的发展。如新疆厚皮甜瓜在南方和东部地区采用设施栽培品质较原产地长途运输后表现更好。冬春季西、甜瓜也更多来自海南与越南、缅甸等热带产区。随着社会发展和生活水平的提高，消费者对西、甜瓜品种的需求也呈现多样化、差异化的新趋势。消费市场需要类型丰富、口感风味好、外观佳的中小果型商品瓜。根据市场多样化需求，品种结构将出现由高产品种向优质品种、无机产品向绿色有机产品、有籽西瓜向无籽西瓜转变的趋势，中小果型优质无籽西瓜、早中熟中小果型西瓜品种与适应性强的早熟大果型优质厚皮甜瓜品种、优质薄皮甜瓜品种将是生产推广的重点。

4.2 市场价格走势

国内西甜瓜批发市场价格继续呈现趋势性上升及季节性波动的特点，全国各地区的价格水平继续保持差异性。在国内宏观经济因素变化、物价上涨、生产成本上升、物流成本增加等因素的影响下，国内西甜瓜批发市场价格将继续保持趋势性上涨格局，由于

市场供应的季节性不平衡短期之内较难改变，西甜瓜市场价格将继续呈现季节性波动，但随着品种的多样化以及反季节生产的发展，这种季节性波动的幅度将减小。由于中国西甜瓜生产的区域性较强，主产区西甜瓜产量优势明显强于非主产区，另外物价因素也是影响各地市场价格水平的因素，因此普遍存在西甜瓜主产区价格低于非主产区、中等城市低于大城市价格、中西部地区低于东部地区的趋势。

4.3 市场流通模式

"农超对接""农批对接"和"互联网+"产品营销是西甜瓜市场销售模式的发展趋势，是提高农民收入的有效途径。瓜农在现有的"瓜农—收购商—批发商—零售商"销售模式中得不到最大利益，主要是因为产品在销售物流过程中的中间环节太多，对于水果蔬菜销售者和消费者而言，超市和批发市场均是主要的渠道，因此大力发展"农超对接"和"农批对接"两种模式，能减少物流成本，提高农民的效益，是应当大力发展的物流模式。"互联网+"产品营销成为西甜瓜流通方式变革的方向。随着"互联网+"时代的到来，专业大户、家庭农场、农民合作社、农业产业化龙头企业等新型农业生产经营主体将与生鲜电商、渠道商等新型互联网企业实现实时对接，从而减少流通成本，实现西甜瓜优质优价。

4.4 "绿色生产+品牌化"产业发展格局

西甜瓜产业向"绿色生产+品牌化"发展，逐步形成"生产集约化、种植规模化、产品标准化、销售品牌化"的产业发展格局。我国西甜瓜产业的组织化程度将大大提高，各地将呈现出流通市场与生产基地一体化整合的格局，集中育苗与产销一体的生产经营大户增加，协会组织建设不断完善，在集中优势产区培育壮大一批带动能力强的现代龙头企业，通过外联市场、内联基地，促进西甜瓜生产与国内国际市场的对接，降低瓜农生产的盲目性。品牌意识将进一步得到提升，并将形成与强化"优势产区+优势品种+优势品牌"的格局，如北京的"大兴庞各庄西瓜"、江苏的"东台西瓜"、新疆的"哈密瓜"和"伽师甜瓜"等都已获得国家地理标志产品认证和绿色食品认证，今后将会有更多的优势产区的产品进行认证。瓜农利用标准化综合栽培管理技术、精简化栽培技术和无公害生产栽培模式的比例将有所提高，通过品牌效应驱动，西甜瓜区域优势化布局将更为明显，并建起一批西甜瓜生产基地，从事高产高效优质及特色产品专业化生产，由粗放经营向集约经营转变，实现"生产集约化、种植规模化、产品标准化、销售品牌化"的产业化发展格局。

报告四 2020年中国西瓜甜瓜价格预测分析报告

孙立新 毛世平 吴敬学 何龙娟

中国是理想的西瓜甜瓜生产地,具有适宜西瓜甜瓜生长发育的地理、土壤及气候条件,同时中国又是世界上西甜瓜生产和消费的第一大国,2018年中国西瓜产量占全世界西瓜总产量的60.6%,甜瓜产量占全世界甜瓜总产量的46.8%。然而,近年来"瓜贱伤农"的新闻频频爆出,2013年甚至被称为"史上最难卖瓜季"。西甜瓜价格过高会影响城乡居民的切身利益,价格过低又会严重损害瓜农的收益。因此,在当前西甜瓜产量及需求量均增长的情况下,掌握西甜瓜价格变动规律,开展市场短期预测研究,对保障农民利益、稳定居民日常生活、优化资源配置、促进中国西甜瓜产业健康稳定发展具有重要的理论和现实意义。

鉴于此,本报告在简要介绍西瓜和甜瓜产业发展情况的前提下,以西瓜和甜瓜月度批发价格为数据基础,在对西瓜和甜瓜价格波动分析的基础上,采用乘积季节模型SARIMA预测西瓜和甜瓜价格未来走势,以期为生产者、经营者及政府相关部门提供决策参考。

1 西甜瓜产业发展现状

1.1 产量大幅增加,面积略有下降

中国是世界西甜瓜第一生产大国,西瓜产量约占世界西瓜生产总量的60.6%,甜瓜产量约占世界甜瓜生产总量的46.8%。2010年以来西甜瓜产量稳步提升,联合国粮农组织数据库数据显示,2018年中国西瓜产量6 302.50万吨,比2010年增加228.90万吨;甜瓜产量316.00万吨,比2010年增加185.50万吨。但西甜瓜种植面积略有下降,2018年西瓜收获面积151.00万公顷,比2010年减少14.30万公顷;甜瓜收获面积35.90万公顷,比2010年减少0.10万公顷。

1.2 区域布局逐步向优势区集中

随着中国供给侧结构性调整的深化,中国西甜瓜种植区域进一步向优势区集中,根据《2019年中国农村统计年鉴》,全国70%的西瓜来自中南和华东两大产区,2018年中南六省的西瓜总产量为2 403.80万吨,占全国总产量的38%;华东六省一市的西瓜产量为2 006.10万吨,占全国总产量的32%;从省份来看,2018年河南省西瓜产量最大,为1 364.30万吨,占全国总产量的22%。甜瓜以华东、中南、西北三大产区为主,2018年华东六省一市的甜瓜产量为368.40万吨,占全国总产量的28%;中南六省甜瓜产量为327.50万吨,占全国总产量的25%;西北地区甜瓜产量为317.30万吨,占全国总产量的24%;从省份来看,2018年新疆甜瓜产量最高,为201.40万吨。

1.3 种植品种结构不断优化

各科研单位选育出大量的优良新品种，西甜瓜品种结构得到不断优化，一是高糖度、耐裂、挂果期长等优质品种逐渐代替传统品种，正向中熟、含糖量高、大红瓤色、硬脆质地、耐裂的椭圆形西瓜过渡；二是有籽西瓜的面积呈逐步上升趋势，无籽西瓜面积总体下降，大果型西瓜种植面积逐步变少，中小型瓜种植面积增大；三是露地栽培逐年减少，以中早熟品种为主，主要栽培品种仍以京欣1号、京欣2号等京欣系列、甜王系列、久甜二号和早佳8424为主。从甜瓜来看，全国甜瓜种植面积一直稳步上升，并呈现明显区域特色。东北地区以薄皮甜瓜为主要类型，山东、河南、河北等甜瓜大产区，设施栽培的薄皮甜瓜面积增加显著。

1.4 西甜瓜进出口贸易量在世界的比重较小

国际西甜瓜贸易量不断增加，2001—2017年西瓜年均增速保持在6%以上，甜瓜年均增速保持在2%以上。中国是世界西甜瓜最大生产国，但西甜瓜进出口贸易量在世界的比重不大，国际市场变动对国内市场的影响不大。中国西瓜主要以进口为主，2017年中国西瓜进口量占世界进口总量的5.65%，且比重呈明显下降趋势；中国西瓜出口数量占世界总出口数量比重一直维持在1%左右，2017年比重为1.06%。中国甜瓜进出口贸易一直为净出口，2017年中国甜瓜出口数量占世界总出口数量的2.73%，进口数量占世界总进口数量的0.79%，且甜瓜进出口总体呈现出口增加、进口基本稳定的趋势。

2 西甜瓜价格变动特征

2.1 西瓜价格波动分析

本研究采用农业农村部信息中心提供的2000年至2020年国内西瓜批发价格月度数据，用于分析西瓜价格波动和预测短期内西瓜价格走向。由图1可知，中国西瓜价格具有明显的季节波动，总体上处于缓慢上升趋势。运用$X12$季节调整法中的乘法模型对西瓜月度价格进行分解，得到价格波动的季节成分，由图2可知，西瓜价格的季节波动性十分明显。在每年集中上市的7—8月价格降到最低点，在1—2月到达价格最高点，季节性波动周期比较稳定，基本上每年经历从1—2月（峰）至7—8月（谷）至1—2月（峰）为期12个月的季节性波动。这种显著稳定的季节因子决定了西瓜价格预测模型应该体现价格波动的季节性。

2.2 甜瓜价格波动分析

甜瓜价格波动和短期价格预测分析采用农业农村部信息中心提供的2013年至2020年国内甜瓜批发价格月度数据。由图3可知，中国甜瓜价格同样具有明显的季节波动，但总体上处于缓慢下降趋势。运用$X12$季节调整法中的乘法模型对甜瓜月度价格进行分解，得到价格波动的季节成分，由图4可知，甜瓜价格的季节波动性十分明显，且季

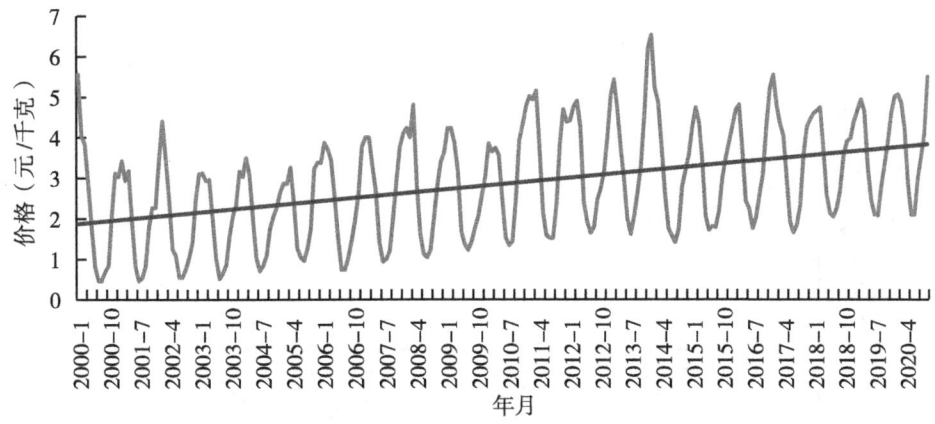

图 1　2000—2020 年西瓜月度批发价格波动趋势
（数据来源：农业农村部信息中心）

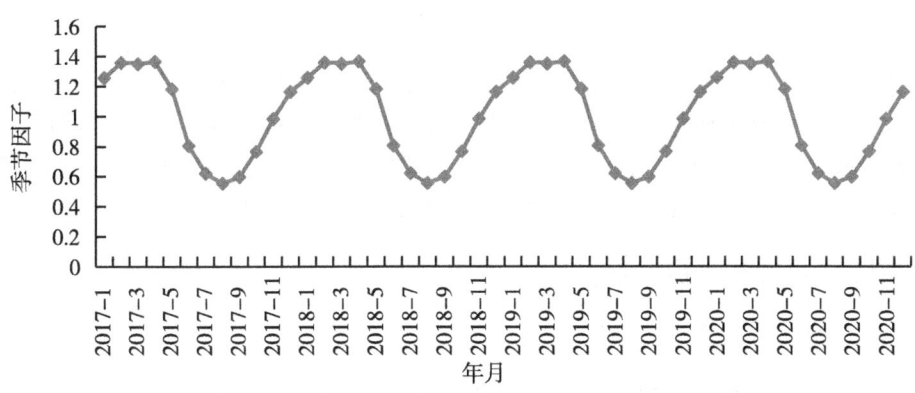

图 2　2017—2020 年西瓜价格波动的季节因子序列
（数据来源：作者计算得到）

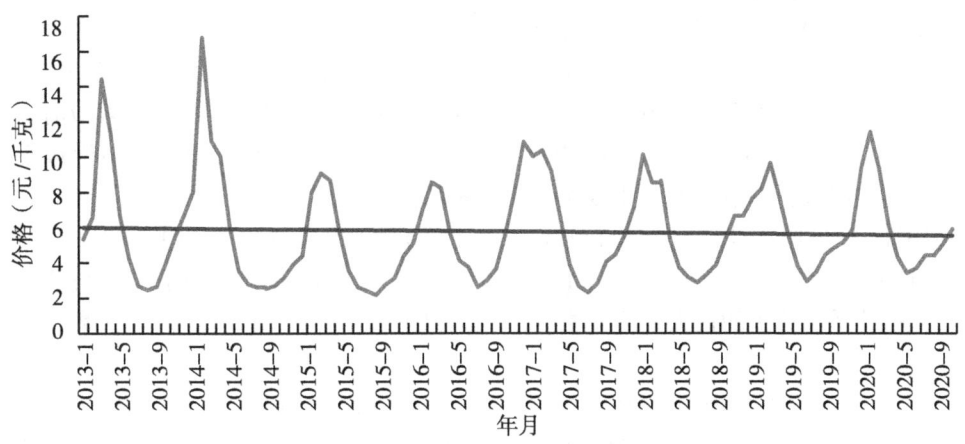

图 3　2013—2020 年甜瓜月度批发价格波动趋势
（数据来源：农业农村部信息中心）

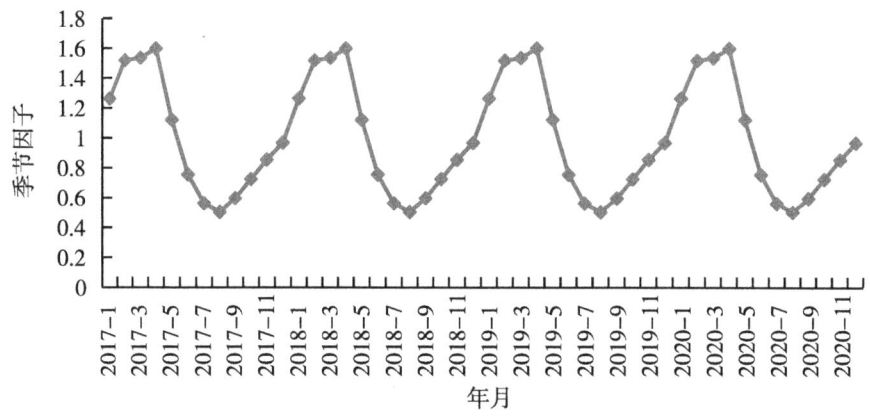

图4 2017—2020年甜瓜月度价格波动的季节因子序列
（数据来源：作者计算得到）

节波动比较平稳，在每年集中上市的7—8月价格降到最低点，在2—3月到达价格最高点，季节性波动周期比较稳定，和西瓜价格波动情况较为一致，基本上每年经历从2—3月（峰）至7—8月（谷）至2—3月（峰）为期12个月的季节性波动。这种显著稳定的季节因子同样决定了甜瓜价格预测模型应该体现价格波动的季节性。

3 西甜瓜短期价格预测分析

3.1 短期预测模型选择

国内关于农产品价格的研究也延续了多元回归、时间序列分析、智能预测的研究方法。但比较来看，回归分析法需要尽可能收集所有的影响因素，成本较大且不太现实，因此对于农产品价格特别是鲜活农产品价格预测多采用时间序列模型进行预测，预测效果也比较好。ARIMA模型是一种精度较高的经典时序短期预测方法，它可以通过多次差分使非平稳的时间序列转化为平稳序列，再将此序列表示成关于序列过去某一点的自回归和关于白噪声的移动平均组合。若时间序列中有明显的时间趋势和季节效应时，简单的ARIMA模型就不能充分描述其中的相关关系。由于西瓜价格显著的季节性波动特征，该研究采用乘积季节模型SARIMA用于价格预测。

SARIMA模型用符号表示为SARIMA(p, d, q)(P, D, Q)。其中，S代表周期，AR代表自回归，MA代表移动平均，I代表差分，P、Q、p、q分别表示季节与非季节自回归、移动平均算子的最大滞后阶数，d、D分别表示非季节和季节差分次数。其表达式为：

$$\Phi_p(L)A_p(L^s)(\Delta^d \Delta_s^D y_t) = \Theta_q(L) B_Q(L^s) v_t$$

式中，$A_p(L^s)$和$B_Q(L^s)v_t$分别为季节P阶自回归算子和Q阶移动平均算子，v_t为随机扰动项。模型具体构建过程如下。

3.2 西甜瓜预测模型设定

3.2.1 数据处理及稳定性检验

现采用 ADF 检验法对西瓜和甜瓜价格时间序列变量进行平稳性检验。从表 1 可以看出，由单位根检验结果可知，西瓜价格序列和甜瓜价格时间序列均为平稳序列。

表 1 变量序列的单位根检验结果

品种	变量	ADF 统计值	(c, t, k)	显著性	结论
西瓜	w	−6.42	(c, 0, 3)	0.000*	平稳
甜瓜	m	−5.87	(c, 0, 6)	0.000*	平稳

注：①c 为常数项，t 为趋势值，k 为滞后阶数；②滞后阶数 k 以 SIC 准则为选择标准；③"*"代表 1% 的统计显著水平；④w 表示西瓜价格；m 表示甜瓜价格。

3.2.2 模型识别

西瓜价格时间序列为平稳序列，但自相关图和偏相关图在 $k=12$ 或 $k=24$ 时显著不为 0，表明季节性存在，因此进行一阶季节差分，得到新序列，继续观察新序列的偏相关图和自相关图，结合可决系数 R^2、AIC 和 SC 准则等，考虑模型的整体拟合效果，反复试验比较，最终对西瓜月度价格序列建立 SARIMA $(4, 0, 3)(1, 1, 0)^{12}$ 模型。依据同样的方法针对甜瓜时间序列进行分析，对甜瓜月度价格序列建立 SARIMA $(2, 0, 2)(2, 1, 0)^{12}$ 模型。

进一步通过观察模型残差，对模型的有效性进行检验。如图 5 和图 6 所示，西瓜预测模型和甜瓜预测模型的残差序列时序图，其自相关系数都在 2 倍标准差范围内，故可认为残差是白噪声，构建的西瓜和甜瓜模型可以用来有效预测西瓜和甜瓜短期价格走势。

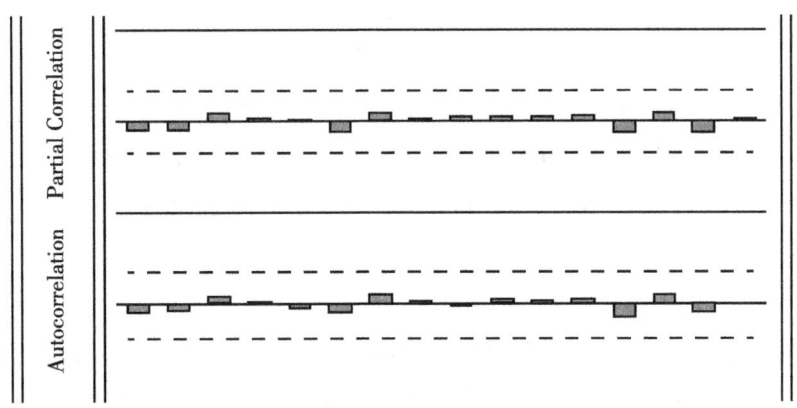

图 5 西瓜预测模型残差序列时序

3.2.3 预测结果

从图 7 可以看到，2021 年 1 月到 12 月西瓜价格和甜瓜价格依然会在小范围内波动。从西瓜预测价格来看，2021 年西瓜平均价格有所下降，西瓜价格峰值会在 2020 年

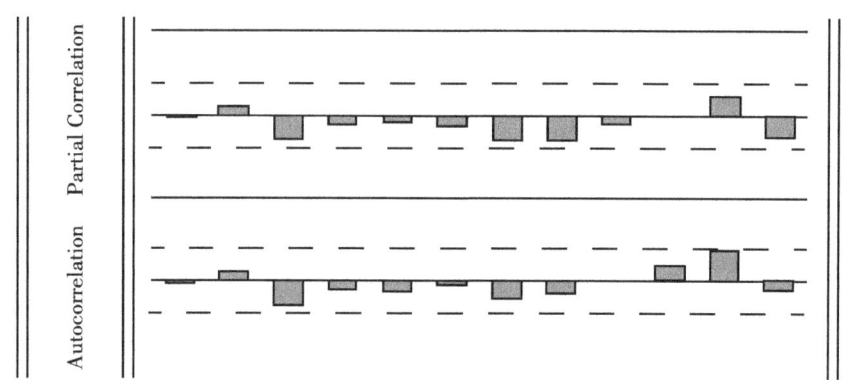

图 6 甜瓜预测模型残差序列时序

2月出现,然后价格逐渐回落,8月份到达价格最低点,之后继续回升;总体来看,2021年西瓜价格和2020年同期价格差距不大。从甜瓜预测价格来看,2021年甜瓜平均价格有所上升,大部分月份价格略高于2020年同期;具体来看,2021年3月甜瓜价格到达最高点开始下降,8月降至谷底后开始回升。

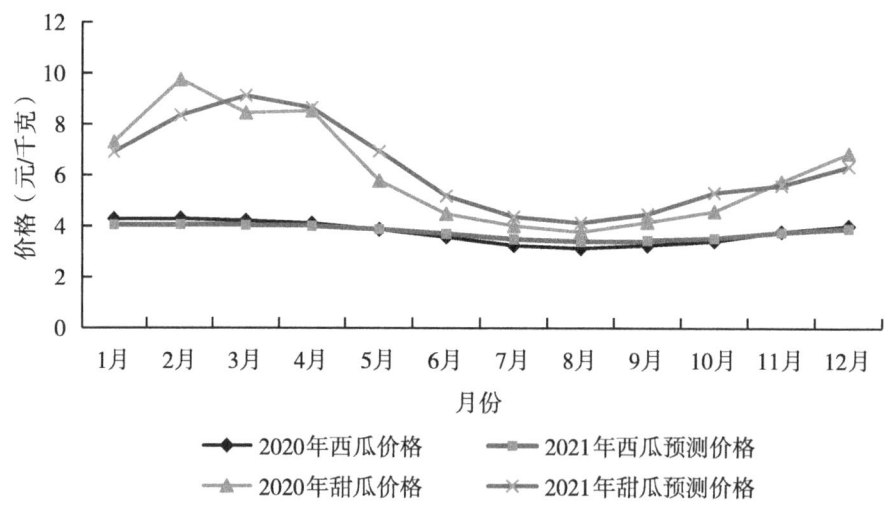

图 7 2020 年西瓜和甜瓜价格与 2021 年预测值比较

4 结 论

当前我国西瓜甜瓜种植面积和收获产量持续增加,种植区域进一步向优势区集中,西瓜甜瓜优势产区均呈现出设施栽培面积增加、露地栽培面积减少趋势,栽培方式向种植专业户大规模栽培转变,2020年西瓜甜瓜较上年有所上升,西瓜价格较2019年同期上涨了10.10%,甜瓜平均价格较2019年上涨了4.80%。基于农业农村部信息中心提供的西瓜和甜瓜月度价格数据,构建 SARIMA 模型对西瓜和甜瓜价格进行了预测。结果显示,2021年西瓜和甜瓜价格仍然表现出明显的季节特征,西瓜平均价格较2019年有所下降，甜瓜平均价格继续上涨。

　　由于西甜瓜销售具有明显的季节性，不同水果品种间替代性强，因此西甜瓜消费价格弹性大，市场价格季节性波动频繁且幅度大，导致西甜瓜生产风险较大。因此，在对西甜瓜价格进行科学预测的基础上，通过建设全国性的西甜瓜产销信息共享平台，及时发布各地区的西甜瓜生产和销售情况，指导西甜瓜生产者有效进行生产决策，合理调整生产结构，规避市场风险，保障种植者生产收益，促进西甜瓜市场稳定有序运行。

报告五 基于门限 GARCH 模型的中国甜瓜市场价格波动

杨 念 司秋利 王蔚宇 吴敬学

中国的地理环境、土壤条件和气候特点较适宜甜瓜生长，2016年种植面积47.47万公顷，产量1 594.48万吨，分别占世界124.58万公顷和3 116.69万吨的38.10%和51.16%，居首位。土耳其种植面积8.46万公顷，产量185.44万吨，位居第二，与中国差距明显。甜瓜属于经济效益较高的园艺作物，在增加农民收入和优化植业产业结构等方面发挥了重要作用，是中国现代化农业体系的重要组成部分。中国甜瓜市场开放较早，目前已基本发展为完全市场化阶段，定价以市场为主导。甜瓜的价格由市场决定，同时其价格会影响瓜农的收益和信心，进而影响生产决策和市场供求。

现有文献中，关于价格波动的研究多是围绕粮食、猪肉、食用油等生活必需品展开的，很少涉及水果市场。研究的方法主要有时间序列数据的分解方法，如 HP 滤波法，季节调整法；也有时间序列建模的方法，如向量误差修正模型（VECM），自回归条件异方差模型（ARCH）。笔者通过对中国甜瓜市场价格波动的长期发展趋势、季节变动趋势、循环变动趋势和不规则变动趋势进行实证研究，测算波动周期及主要波动特征，探寻波动规律，为瓜农的生产以及甜瓜产业的发展提供决策参考，避免生产的盲目性，对中国甜瓜产业的健康发展、优化产业结构、提高瓜农收入、增加产业效益等方面有一定的理论和实践意义。

1 中国甜瓜市场价格波动的趋势

1.1 中国甜瓜市场价格波动总体趋势

甜瓜生产和消费的季节性明显，夏秋季节成交量大，日交易价格有所波动。为了分析中国甜瓜市场价格波动的总体趋势，笔者2019年从农业农村部信息中心获取了中国甜瓜市场大宗价（元/千克）、最低价（元/千克）、最高价（元/千克）和交易量（元），分别表示为 PRICE、LOWPRICE、HIGHPRICE 和 TRADE，2010年6月至2018年2月中国甜瓜市场价格波动总体趋势如图1和图2所示。

在此期间，中国甜瓜市场价格波动范围为1~12元，整体波动范围较稳定，而交易量波动范围总体呈现曲折上升的趋势，具有明显的季节性。从图中数据可知：从整体来看，中国甜瓜市场价格总体波动呈现先增加，在2014年呈现波动范围最大，之后波动范围减小的趋势；而交易量波动范围先是呈现减小趋势，2013年以后波动范围逐渐增加，2017年又呈现减小趋势。从波动规律来看，中国甜瓜市场价格具有明显的季节性：价格波谷处在夏季，秋季开始逐渐攀升，波峰处在冬季，春季开始逐渐下降。市场交易量的波谷处在冬季，春季开始逐渐攀升，5月或6月达到波峰，之后交易量开始逐渐下降。从最低价和最高价差距来看,夏季甜瓜市场价格处于波谷,同期市场上最高价与最低价差距是最小的,冬季甜瓜市场价格处于波峰,同期市场上最高价与最低价差距是最大的。

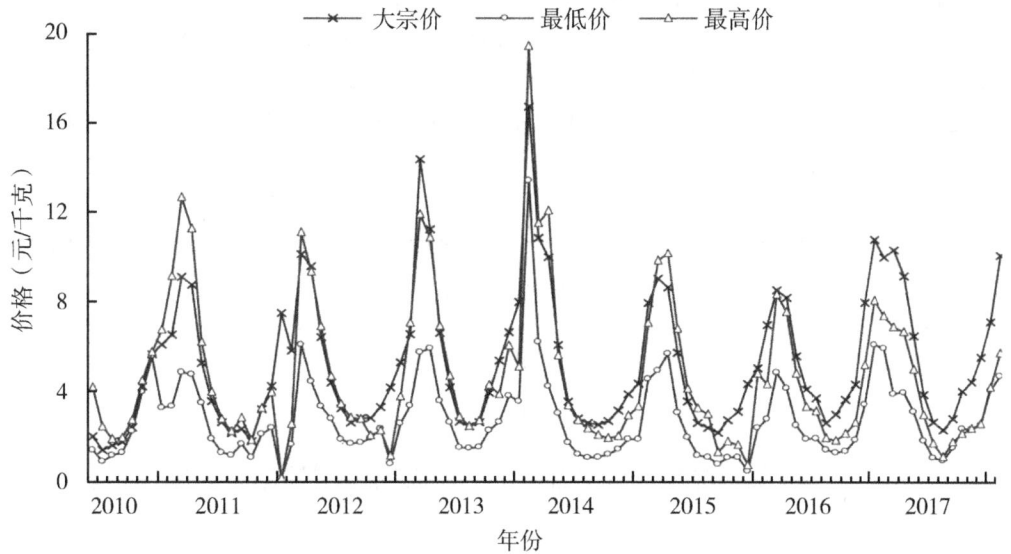

图 1 中国甜瓜市场的大宗价、最低价和最高价

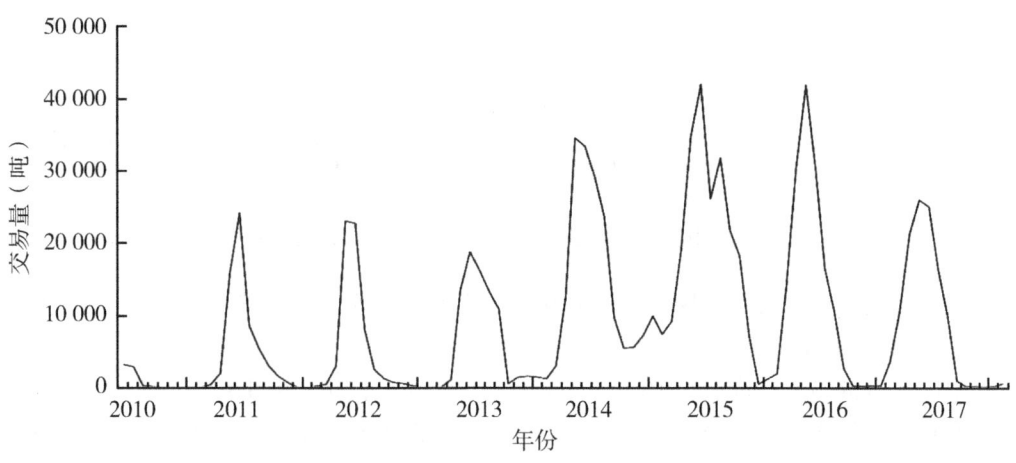

图 2 中国甜瓜市场的交易量

1.2 中国甜瓜价格波动主要特征

笔者以 2010 年 6 月至 2018 年 2 月中国甜瓜市场大宗价月度时间序列数据为基础分析中国甜瓜价格波动的主要特征。时间序列数据的变化总是受多种因素共同影响的结果,众多影响因素归结为长期趋势 T、季节变动 S、循环变动 C 和不规则变动 I。在进行价格波动分析时,中国甜瓜市场价格具有明显的季节性,因此单纯分析市场

价格波动的时序图不能分析价格波动中的其他特征，首先应将季节因素从原时间序列中剔除。应用 Census X12 加法模型，把中国甜瓜市场大宗价 PRICE 分解为趋势循环变动项 PRICE_TC，季节变动项 PRICE_SF，不规则变动项 PRICE_IR。由于在季节调整方法中，趋势和循环要素视为一体不能分开，因此运用 H-P 滤波法进一步将趋势循环变动项 PRICE_TC 分解为趋势变动项 PRICE_T 和循环变动项 PRICE_C。综合运用了 X12 季节调整方法和 H-P 滤波法后，中国甜瓜市场大宗价 PRICE 分解为长期趋势变动项 PRICE_T、循环变动项 PRICE_C、季节变动项 PRICE_SF 和不规则变动项 PRICE_IR，如图 3 所示。

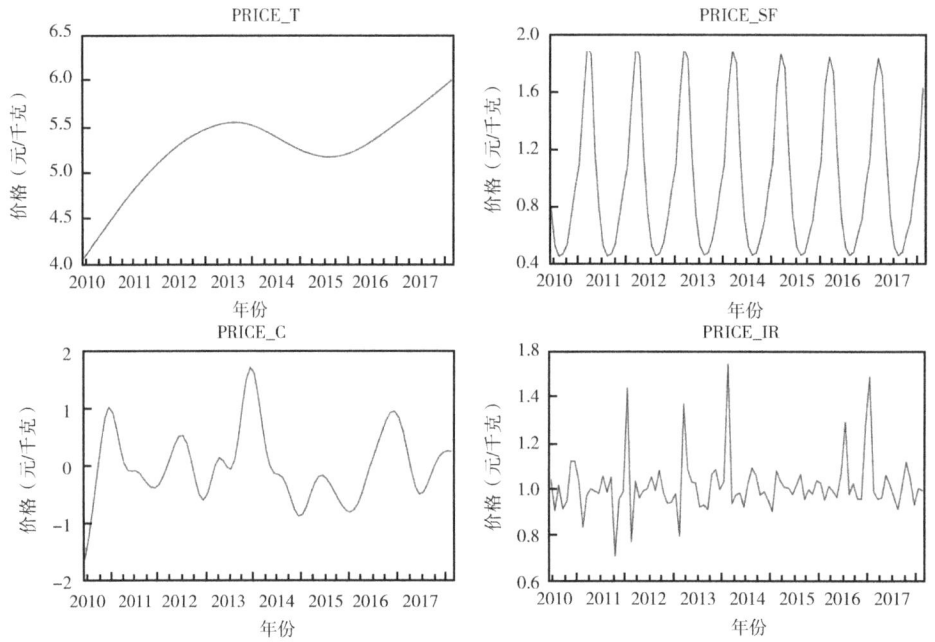

图 3　中国甜瓜市场大宗价 PRICE 时间序列的分解

根据图 3 中中国甜瓜市场大宗价 PRICE 时间序列的分解图可知以下特征。

1.2.1　长期趋势波动特征

中国甜瓜市场大宗价从 2010 年 4.08 元/千克增加到 2018 年 5.97 元/千克，呈现曲折上升趋势，整体较为平滑。2013 年和 2015 年出现明显的拐点：2010 年后价格逐渐上涨至 2013 年的最高值 5.55 元/千克，之后略有下降至 2015 年的最低值 5.18 元/千克，此后价格反弹上涨（图 3）。

1.2.2　季节波动特征

季节波动要素是指现象在 1 年内所呈现的有规律性周期起伏波动，周期可长可短，或为年、季度也可以是月度，诱发因素可能是自然条件，也可能是法规制度或风俗习惯等等。我国甜瓜市场价格季节性波动特征十分显著，并且交替上涨下跌波动态势随时间推移波幅呈缩小的趋势。甜瓜市场价格春季开始下降，夏季处于低位，秋季开始上涨，冬季处于高位，且价格波动范围逐步缩小。甜瓜是时令性水果，夏季供应量最大，交易量也最大，因此价格较低，而秋冬季节由于供给不足从而呈现价格上升趋势。随着栽培技术的发展，特别是设施栽培技术，甜瓜种植逐渐克服季节限制，有些地区已经可以长季节栽培，冬季甜瓜供不应求导致价格居高不下的情况有所缓解，因此季节性波动图中波峰逐年降低（图3）。

1.2.3 循环波动特征

应用 H-P 滤波法对趋势和循环要素进行分解，分解出的循环变动项 PRICE_C 序列需要进行平稳性检验，采用单位根方法进行检验，结果是平稳的，说明剥离出长期趋势后我国甜瓜市场价格的波动循环序列是平稳序列。从 PRICE_C 序列的图形特点，可进行我国甜瓜市场价格波动周期划分，大致呈现 M 形的 2 个完整周期：第 1 个周期从 2010 年 6 月到 2012 年 12 月，周期长度为 30 个月，第 2 个周期从 2013 年 1 月到 2015 年 12 月，周期长度为 36 个月，2 个周期之间不是相互对称的（图3）。

1.2.4 不规则波动特征

不规则要素是时间序列在分离了长期趋势、季节变动和循环变动之后剩余的因素，也称为剩余变动。我国甜瓜市场价格受外界冲击的影响因素较大，不规则因素的波动性强，而且不存在明显的规律性。甜瓜市场价格受不规则因素影响不存在明显的规律性，某些时间受外部因素的影响较明显，出现了较大幅度的波动，如 "PRICE_IR" 图中呈现的波峰和波谷，其他时间影响相对较小，不规则影响因素的波动整体比较平稳，正向影响大于负向影响（图3）。

2 中国甜瓜市场价格波动的实证分析

2.1 理论模型设定

中国甜瓜市场价格波动向下运动通常伴随着比之程度更强的向上运动，对价格的冲击可能存在非对称效应。为研究这一现象，本文在我国甜瓜市场大宗价 PRICE 序列基础上建立更严格的时间序列模型门限 GARCH 模型（也称为 TGARCH 模型）研究我国甜瓜市场价格波动的非对称效应，理论模型设定如下：

$$LNPRICE_t = c + \alpha_0 LNPRICE_{t-1} + \alpha_1 LNPRICE_{t-2} + \mu_t \tag{1}$$

$$\sigma_t^2 = \omega + \beta\mu_{t-1}^2 + \varphi\mu_{t-1}^2 d_{t-1} + \gamma\sigma_{t-1}^2 \tag{2}$$

其中，式（1）和式（2）分别为均值方程和方差方程。$LNPRICE_{t-1}$ 为每月的甜瓜市场大宗价的对数，u_t 为残差项，σ_t^2 是 u_t 的条件方差。d_{t-1} 是一个虚拟变量，当 $\mu<0$ 时，$d_{t-1}=1$，存在一个 $\beta+\varphi$ 倍的负向冲击；当 $\mu_{t-1}>0$ 时，$d_{t-1}=0$，存在一个 β 倍的正向冲击。为条件方差方程中的非对称效应项，如果 φ 等于 0，说明存在杠杆效应；其中 φ 大于 0 时，非对称效应的主要效果是使得波动加大；φ 小于 0 时，非对称效应的主要效果是使得波动减少；φ 等于 0 时，不存在非对称效应。

2.2 数据来源及处理

本文数据来源于农业农村部信息中心统计的 2010 年 6 月至 2018 年 2 月我国甜瓜市场大宗价 PRICE（元/千克），为了减少舍入误差，估计模型时对 PRICE 序列进行对数处理。在进行式（1）均值方程的估计前，需要检验 $LNPRICE_t$ 序列是否为平稳序列，单位根检验结果如表 1 所示：t 统计量的值为 -7.482 694，小于 1%、5%、10% 3 个显著性水平下的相应临界值，对应的 P 值为 0，因此我国甜瓜市场大宗价 $LNPRICE_t$ 序列不存在单位根，是平稳序列，满足建立 AR 模型即均值方程的条件。

表 1 $LNPRICE_t$ 序列的单位根检验

ADF 检验	水平	t 统计量	P 值
		-7.482 694	0.000 0
临界值	1%	-3.506 484	
	5%	-2.894 716	
	10%	-2.584 529	

在建立 TGARCH 模型前，采用拉格朗日乘数检验（ARCH-LM）方法判定均值方程的残差项是否存在 ARCH 效应。首先，需要用普通最小二乘法估计式（1）均值方程，估计结果如下所示。

均值方程一：

$$LNPRICE_t = 0.438 + 1.303 LNPRICE_{t-1} - 0.737 lnprice_{t-2} + \hat{\mu}_t$$
$$\qquad\qquad 0.079 \qquad\quad 0.085 \qquad\qquad 0.084$$
$$t = (5.533) \quad (15.282) \quad -6.892)$$

$R^2 = 0.795$ 对数似然 = -0.738 $AIC = 0.082$ $SC = 0.165$

这个均值方程的统计量都很显著，拟合的程度较高，保存均值方程的残差项，残差项波动有成群的现象，说明误差项可能具有条件异方差性。因此，对均值方程进行条件异方差的 ARCH-LM 检验，检验结果如表 2 所示：F 统计量的值为 12.760 7，TR^2 统计量的值为 20.825 13，对应的 P 值均为 0，拒绝原假设，说明均值方程存在 ARCH 效应。

表 2 条件异方差的 ARCH-LM 检验

统计量	统计量值	P 值
统计量	12.760 7	0.000 0
TR^2 统计量	20.825 13	0.000 0

2.3 TGARCH 模型估计

经过上述检验可知：我国甜瓜市场大宗价 LN-PRICEt 序列不存在单位根，是平稳序列，满足建立均值方程的条件，均值方程的残差项也存在 ARCH 效应，因此满足 TGARCH 模型估计的前提条件。为检验我国甜瓜市场价格波动是否存在非对称效应，进行 TGARCH 模型估计，估计结果如下所示。

均值方程二：

$$LNPRICE_t = 0.386 + 1.482 LNPRICE_{t-1} - 0.737 LNPRICE_{t-2} + \hat{\mu}_t$$
$$ 0.039 \qquad\quad 0.053 \qquad\qquad 0.047$$
$$t = (9.819)\ (28.103) \qquad (-15.583)$$

方差方程：

$$\hat{\sigma}_t^2 = 0.063 + 0.357\hat{\mu}_{t-1}^2 + 0.346\hat{\mu}_{t-1}^2 d_{t-1} - 0.447\hat{\sigma}_{t-1}^2$$
$$\phantom{\hat{\sigma}_t^2 =\ } 0.020 \quad 0.089 \qquad 0.166 \qquad\quad 0.141$$
$$t = (3.115)\ (3.995) \qquad (2.090) \qquad (-3.381)$$

$R^2 = 0.785$　对数似然 $= 6.511$　$AIC = 0.011$　$SC = 0.204$

根据上述回归结果，整个方程拟合程度较高，各个系数都显著不为0。方差方程中，β 的估计值为0.357，在1%的显著性水平下是显著不为0，φ 的估计值为0.346，在5%的显著性水平下是显著不为0，γ 的估计值在1%的显著性水平下是显著不为0。从方差方程上来看，我国甜瓜市场价格波动存在异方差性，具有显著的集聚性，大的市场价格波动后面往往跟随着大的价格波动，小的市场价格波动后面经常跟随着小的价格波动，说明甜瓜的价格在一定程度上可以进行预测。从方差方程中的系数来看，对条件方差的正向冲击和负向冲击分别为0.357倍和0.703倍，杠杆效应的系数 $\varphi = 0.346 > 0$，说明我国甜瓜市场价格波动具有杠杆效应，负向冲击引发的价格波动要大于正向冲击引发的价格波动，非对称效应的主要效果是使得波动加大。

3　结　论

通过对2010年6月至2018年2月中国甜瓜市场大宗价格波动分析，可以得出以下结论。

第一，从时序图可知，中国甜瓜市场价格在1~12元范围波动，整体波动范围较稳定，而甜瓜市场的交易量波动范围总体呈现曲折上升的趋势，具有明显的季节性。

第二，通过时间序列分解，中国甜瓜市场价格长期呈现曲折上升的趋势，且其长期趋势出现明显的拐点，分别为2013年和2015年，整体较为平滑。

第三，中国甜瓜市场价格季节性波动特征十分显著，并且交替上涨下跌波动态势随时间推移波幅呈缩小的趋势，栽培技术逐渐改变了冬季甜瓜的供求关系，从而季节性波动波峰逐年降低。

第四，中国甜瓜市场价格波动周期划分，大致呈现M形的2个完整周期，2个周期之间不是相互对称的。

第五，甜瓜市场价格受不规则因素影响不存在非常明显的规律性，但整体上不规则影响因素的波动还比较平稳，正向影响大于负向影响。

第六，通过建立门限GARCH模型，实证研究得出我国甜瓜市场价格波动具有显著的非对称性，即价格下跌信息引发的波动大于价格上涨信息引发的波动，为稳定甜瓜市场，应特别及时关注引起甜瓜价格下跌的因素并采取相应措施。

报告六　中国西瓜价格波动分析与预警研究

杨　念　杨孟阳　王蔚宇　吴敬学

　　受供求关系、天气、季节等多方面的影响，西瓜价格往往会出现波动，2010年1月—2018年2月由3.02元/千克增长至4.60元/千克，其中最低价1.34元/千克出现在2000年8月，最高价6.53元/千克出现在2014年2月。由于我国西瓜出口量占同期全国总产量不足0.10%，国际市场对国内市场的影响较小，国内消费市场的扩大成为导致西瓜价格变化的主要动因。虽然瓜农会根据价格和政策的实时变化及对价格的预期适时调整生产决策，以保证收益最大化，但西瓜生产季节性强，供求变化存在滞后效应，价格主管部门及价格监测机构应及时监测西瓜市场价格变化。当市场出现价格异常波动征兆和迹象时，按有关规定启动预警工作预案，进入预警状态，政府和行业协会正确引导瓜农面对价格波动，合理安排生产，避免盲目损失。

　　以西瓜为研究对象，将西瓜价格波动的预测与预警结合在一起，及时监测西瓜的市场价格变化情况，可为广大消费者、生产者以及政府相关部门的决策提供参考。

1　西瓜价格的波动特征分析

　　该研究以农业部信息中心2010年1月—2018年2月西瓜市场大宗价格的月度统计数据为基础，分析西瓜价格的波动情况。

1.1　西瓜价格描述性分析

　　对中国西瓜大宗价格进行描述性统计分析结果见表1。西瓜的平均价格为3.33元/千克，最高价与最低价分别为6.53元/千克、1.34元/千克，标准差约为1.30，总体来说价格变化幅度不大。序列的偏度系数为0.17，略大于0，说明西瓜价格的分布较为接近对称分布，峰度系数为1.95，说明西瓜价格的分布曲线明显比正态分布曲线更为尖峭。J-B统计量及相应的P值显示，在0.05的显著性水平下，西瓜价格的分布与正态分布没有显著差异（表1）。

表1　西瓜价格的描述性指标值

样本数	均值	标准差	最大值 (元/千克)	最小值 (元/千克)	偏度	峰度	J-B统计量	P值
98	3.33	1.30	6.53	1.34	0.17	1.95	5.01	0.08

数据来源：农业部信息中心。

1.2　西瓜价格波动周期性特征分析

　　由图1可知，西瓜价格序列具有季节周期性，这种季节性往往会遮盖或者混淆价格变化的其他客观规律，进而对深入研究西瓜价格波动特征和解释其变化规律造成困难。因此，需要对西瓜价格序列的趋势成分和季节成分进行分解，将原始序列中的季节因素剔除掉，对其进行季节调整。该研究运用CensusX12季节调整方法，将西瓜价格序列分解为季节因子、趋势—循环因子和不规则因子3个序列，即 Wmelon = Wmelon_SF×Wmelon_TC×Wmelon_IR。式中，Wmelon_SF 是西瓜季节因子，Wmelon_TC 是趋势-循环因子，Wmelon_IR 是不规则因子。

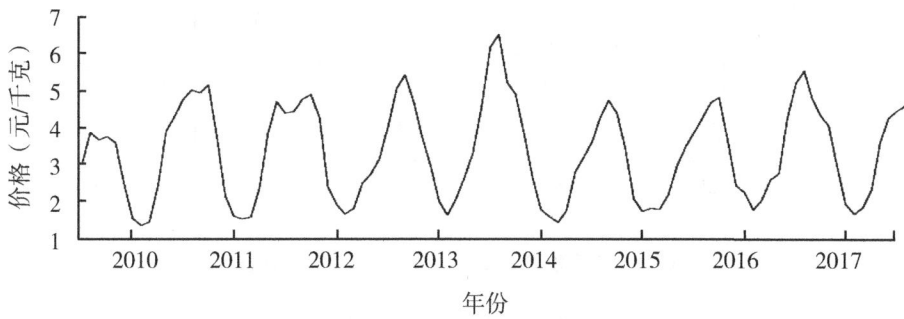

图1　西瓜大宗价格月度序列走势

（数据来源：农业部信息中心）

其中剔除掉季节因子的序列记为 Wmelon_SA。季节因子序列的走势见图2，表明西瓜月度价格序列具有稳定的周期为12的季节周期。

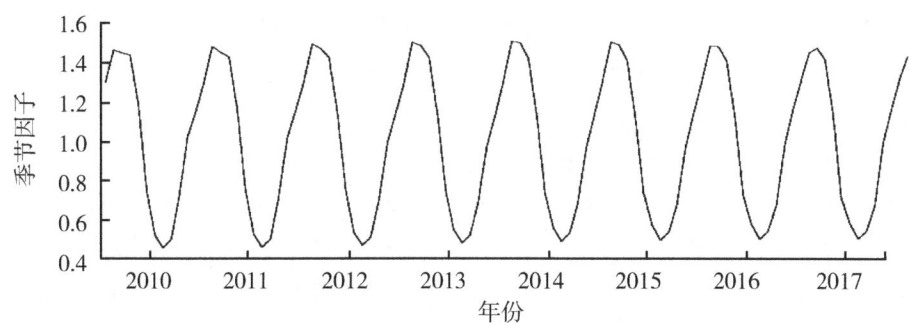

图2　季节因子序列走势

CensusX12 时间序列分解不能将趋势因子和循环因子分离出来，进一步采用对 Wmelon_TC 序列进行滤波分解，得到西瓜价格的趋势序列和循环序列，长期来看 2010—2013 年期间西瓜价格逐渐上升，随后缓慢下降，直到 2015 年价格开始有所回升，但整体变化幅度不大（图3）。

1.3　西瓜价格波动的预测分析

1.3.1　SARIMA 模型

纯季节性 SARIMA（P, D, Q）模型中，季节差分仅仅消除时间序列的季节成分，自回归或者移动平均仅消除不同周期和相同周期点之间的相关，因而可以建立乘积季节模型 SARIMA（p, d, q）×（P, D, Q）^{s}，基本形式如下。

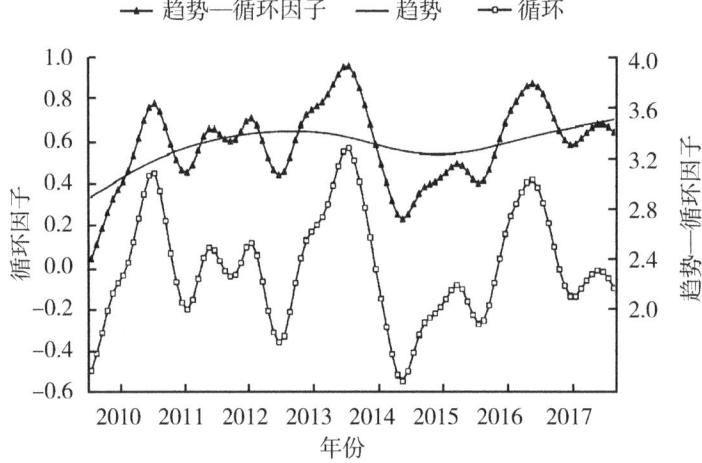

图3 西瓜价格趋势—循环因子序列的分解

$$\Phi(B)U(B^S)\nabla^d\nabla_S^D y_t = \Theta(B)V(B^S)\varepsilon_t$$

式中，B 表示滞后算子，∇ 表示差分，S 表示季节周期，d 表示差分阶数，D 表示季节差分阶数。

$\Phi(B) = 1 - \phi_1 B - \cdots \phi_p B^p$，是自回归滞后算子多项式；

$\Theta(B) = 1 - \theta_1 B - \cdots - \theta_q B^q$，是移动平均滞后算子多项式；

$U(B^S) = 1 - \Gamma_1 B^S - \Gamma_2 B^{2S} - \cdots - \theta_p B^{ps}$，是季节自回归滞后算子多项式；

$V(B^S) = 1 - H_1 B^S - H_2 B^{2S} - \cdots - H_Q B^{QS}$，是季节移动平均滞后算子多项式；

$\nabla^d = (1-B)^d$，表示 d 阶差分；

$\nabla_S^D = (1-B^S)^D$，表示 D 阶季节差分。

该研究对西瓜价格原始序列首先进行了一阶季节差分，由于序列仍然存在长期趋势等非季节趋势，对序列再次进行了一阶差分，观察此时价格序列的自相关和偏自相关图，最终建立了 ARI-MA（0，1，2）×（0，1，2）^{12} 模型，参数估计结果见表2，在 0.05 的显著性水平下，4 个参数均通过了检验，并且残差序列也通过了白噪声检验，说明模型对原序列信息提取充分，模型拟合效果良好。

表2 SARIMA 模型的参数估计结果

变量	系数	标准差	t 统计量	P 值
MA（1）	0.157 6	0.068 7	2.295 1	0.024 3
MA（2）	-0.792 1	0.072 2	-10.975 3	0.000 0
SMA（12）	-1.601 5	0.047 2	-33.940 2	0.000 0
SMA（24）	0.698 1	0.037 7	18.498 9	0.000 0
R^2		0.773 2	AIC	0.420 6
$\bar{R}^2$		0.764 8	SBC	0.535 5
Log likelihood		-13.874 0	DW 统计量	2.048 9

1.3.2 季节因子分离模型

对季节调整后的西瓜价格序列 Wmelon_SA 进行建模，其中：Wmelon_SA = Wmelon/Wmelon_SF。

已经从原始序列中剔除掉了季节因子。建立 ARIMA 模型，参数估计结果见表3，在0.05的显著性水平下，4个参数均通过了 t 检验，并且残差序列也通过了白噪声检验，说明模型对原序列信息提取充分，模型拟合效果良好。

表3 季节分离模型参数估计结果

变量	系数	标准差	t 统计量	P 值
MA（2）	-0.317 8	0.095 8	-3.317 7	0.001 5
MA（12）	-0.304 1	0.095 0	-3.201 6	0.002 1
SMA（24）	-0.459 0	0.101 6	-4.516 4	0.000 0
SMA（1）	-0.334 4	0.118 4	-2.824 9	0.006 2
R^2		0.454 0	AIC	0.407 9
$\bar{R}^2$		0.430 3	SBC	0.533 4
Log likelihood		-10.889 0	DW 统计量	1.929 3

1.3.3 模型拟合效果分析

对比 ARIMA（0, 1, 2）×（0, 1, 2）^{12} 和季节分离模拟的拟合效果，发现后者 AIC 准则和 SBC 准则更小。分别运用2模型对2012年2月至2018年2月的西瓜价格序列进行预测，拟合效果见图4，除了2014年1月西瓜价格异常高，2个模型的拟合值与实际值相差较大外，其余月份的差异都不大。

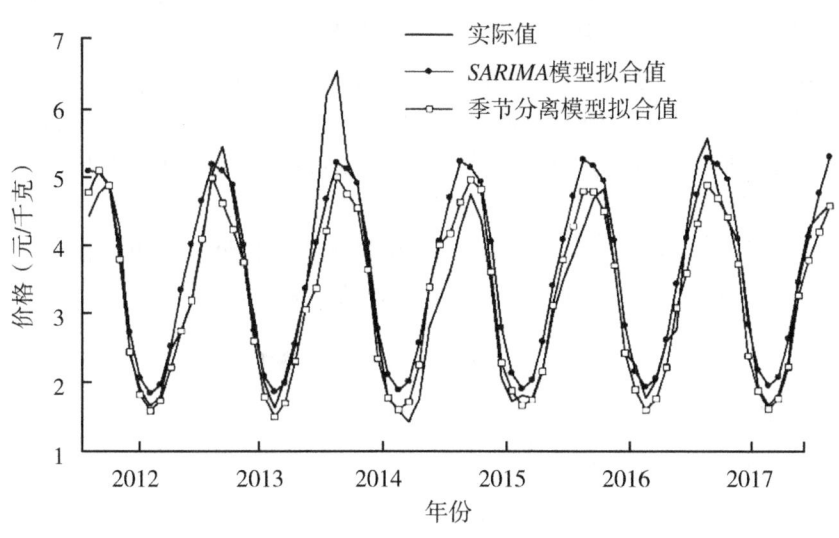

图4 模型拟合效果对比

进一步用平均绝对百分比误差（MAPE）来对 2 个模型的预测精度，定义为：

$$MAPE = 1/样本数 \sum 预测值-实际值/实际值$$

ARIMA（0，1，2）（0，1，2）^{12} 模型预测结果的 MAPE 值为 12.83%，而季节因子分离模型的预测结果的 MAP 值为 9.01%，小于 10% 说明该模型的预测精度较 SARIMA 模型较高。

2 西瓜价格波动的预警分析

农产品与居民的生活息息相关，根据价格的波动情况选择科学的警情指标，对农产品价格等进行监测预警，有重要的现实意义。对于价格波动剧烈的产品，需要消费者、生产者以及相关政府部门的关注，采取有效的措施规避风险，稳定价格市场。唐江桥等以居民消费价格指数的平均波动率作为警限，对中国鸡蛋的价格进行了监测预警。考虑到 CPI 反映的是一般消费品和服务项目价格水平的平均变动情况，对鸡蛋价格的监测不够精确，该研究借鉴了王会娟等以玉米价格的平均变动率为警限来监测预警玉米价格的变化，进而构建了西瓜价格的预警系统。

2.1 预警系统的构建

该研究以西瓜价格收益率为预警指标：

$$WmelonR_t = LnWmelon_t - LnWmelon_{t-1}$$

式中，$Wmelon_t$ 和 $Wmelon_{t-1}$ 分别代表西瓜在 t 月和第 $t-1$ 月的价格，$WmelonR_t$ 表示西瓜价格收益率。

2010 年 1 月至 2018 年 2 月西瓜价格的平均收益率 $\mu=0.20$，标准差 $\sigma=0.31$。对西瓜价格收益率进行 Jarque-Bera 正态检验，检验统计量的值为 1.18，伴随概率值为 0.55，因而在 0.05 的显著性水平下认为西瓜价格收益率呈正态分布。根据正态分布的 3σ 原理以及西瓜价格的波动特征，设定了西瓜价格收益率波动的警限范围和警情状态。在西瓜价格平均收益率的上下 1 个标准差范围内，即 $[\mu-\sigma, \mu+\sigma]$ 可以认为西瓜价格波动正常，是不需要进行预警的区间；若西瓜价格平均收益率超过 1 个标准差但在 2 个标准差范围内，即 $[\mu-2\sigma, \mu-\sigma)$ 或者 $(\mu+\sigma, \mu+2\sigma]$，可以认为西瓜价格偏低或者偏高，需要进行轻度预警；若西瓜价格平均收益率超过 2 个标准差，即 $(-\infty, \mu-2\sigma)$ 或者 $(\mu+2\sigma, +\infty)$，可以认为西瓜价格呈现重度偏低或者重度偏高，需要进行重度预警。表 4 列出了西瓜价格预警的警限、警度、信号灯及市场状态。

表 4 西瓜价格波动的警限与警情

警限范围	警情状态	信号灯	市场状态
$(-\infty, -0.42)$	负向重警	白灯	收益率重度偏低
$[-0.41, -0.11)$	负向轻警	蓝灯	收益率偏低
$[-0.11, 0.51]$	无警	绿灯	收益率稳定

(续表)

警限范围	警情状态	信号灯	市场状态
(0.51, 0.82]	正向轻警	黄灯	收益率偏高
(0.82, +∞)	正向重警	红灯	收益率重度偏高

2.2 预警结果分析

运用季节因子分离模型对 2018 年 3 月至 2019 年 12 月的西瓜价格进行预测,需要该段时间内的季节因子序列,实际问题是该序列未知。该研究借鉴了赵姜等的方法,用最近 3 年相应月份的季节因子平均值作为预测期的季节因子值,对西瓜价格进行预测。西瓜价格预测值及警情设定见表 5,2018 年 3—4 月西瓜价格开始有所下降,但未见异常,价格收益率稳定;2018 年 5—8 月即将进入夏季,西瓜产量逐渐增加,价格下降也更为明显,价格监测进入负向预警状态;2018 年 6 月由于价格下降过快进入了重度预警区间,价格收益率偏低。2018 年 9 月至 2019 年 4 月西瓜价格逐渐有所回升,但价格变化都在合理区间内,无须预警。随着 2019 年 5 月来临,西瓜消费再次进入旺季,西瓜产量逐渐增加,价格下降也更为明显,价格监测再次进入负向预警状态,2019 年 9 月之后价格开始回升,收益率稳定,无须预警。

表 5　2018 年 3 月至 2019 年 12 月西瓜价格的预测和预警结果

时间	预测值	价格收益率	警情	信号灯	市场状态
2018 年 3 月	4.84	0.05	无警	绿灯	收益率稳定
2018 年 4 月	4.65	-0.04	无警	绿灯	收益率稳定
2018 年 5 月	3.63	-0.25	负向轻警	蓝灯	收益率偏低
2018 年 6 月	2.30	-0.46	负向重警	白灯	收益率重度偏低
2018 年 7 月	1.88	-0.20	负向轻警	蓝灯	收益率偏低
2018 年 8 月	1.66	-0.13	负向轻警	蓝灯	收益率偏低
2018 年 9 月	1.75	0.05	无警	绿灯	收益率稳定
2018 年 10 月	2.16	0.21	无警	绿灯	收益率稳定
2018 年 11 月	3.22	0.40	无警	绿灯	收益率稳定
2018 年 12 月	3.84	0.18	无警	绿灯	收益率稳定
2019 年 1 月	4.21	0.09	无警	绿灯	收益率稳定
2019 年 2 月	4.67	0.11	无警	绿灯	收益率稳定
2019 年 3 月	4.81	0.05	无警	绿灯	收益率稳定
2019 年 4 月	4.64	-0.04	无警	绿灯	收益率稳定

(续表)

时间	预测值	价格收益率	警情	信号灯	市场状态
2019年5月	3.65	-0.24	负向轻警	蓝灯	收益率偏低
2019年6月	2.33	-0.45	负向重警	白灯	收益率重度偏低
2019年7月	1.89	-0.21	负向轻警	蓝灯	收益率偏低
2019年8月	1.63	-0.15	负向轻警	蓝灯	收益率偏低
2019年9月	1.75	0.07	无警	绿灯	收益率稳定
2019年10月	2.19	0.22	无警	绿灯	收益率稳定
2019年11月	3.16	0.37	无警	绿灯	收益率稳定
2019年12月	3.72	0.16	无警	绿灯	收益率稳定

3 结论与建议

该研究通过描述性统计分析，并采用Cen-susX12季节调整方法和HP滤波法剖析了2010年1月至2018年2月我国西瓜的波动规律，采用SARIMA模型和季节分离模型进行拟合比对，以西瓜价格收益率为预警指标，构建了西瓜价格的预警系统。研究发现，我国西瓜月度价格呈正态分布，存在明显的季节周期，2010—2013年价格逐渐上升，随后缓慢下降，直到2015年价格开始有所回升。季节分离模型输出的西瓜价格预测值和实际价格比较接近，除2014年1月外，拟合值与实际值基本吻合，预测效果良好，因此运用该模型预测的西瓜价格数据适合进行风险预警研究。

当警情处于白色区域时，意味着西瓜价格明显下跌，西瓜产业出现亏损。政府应该采用宽松政策，加大对西瓜产业的收入补贴力度，必要时可以执行最低限价，保证瓜农的基本利益，稳定市场秩序，防止混乱局面出现。适时对困难种植户发放生活补贴，缓解其因价格下降造成的生活困难。行业组织指导种植户特别是中小规模户密切关注市场行情，合理安排生产，避免盲目性。

当警情处于蓝色区域时，表明西瓜价格呈现走低状态，政府应充分发挥职能作用，建立销售信息快速反应窗口，具体分析影响因素，积极采取应对方案。如果是由于短期内的西瓜供给量增大，政府应该引导瓜农、运销专业户、中介组织，在稳定现有销售市场的同时，积极开拓并有序进入新的市场，保证西瓜生产者的基本利益。行业组织可帮助种植户制定个性化促销方案和建议，拓宽销售渠道，同时引导农户进入保险市场，管理价格风险。

当警情处于绿色区域时，说明西瓜价格水平较为合理，政府可根据市场供求情况和行业发展走势，进一步完善监督管理机制，树立市场观念，打造西瓜品牌，确保西瓜价格持续平稳或处于合理范围内波动。行业协会可向种植户提供业务指导、技术培训、经验交流等多功能服务。

当警情处于黄色区域时，西瓜价格处于走高阶段。当处于该区域时，政府需要积极查找原因,是由于农副产品价格上涨引发的联动效应,是冷藏、油价、租金、人工等成本推动,还是商家储果待售牟利导致,并根据不同原因采取相应的措施。种植户、行业协会、龙头企业、批发商、零售商应加快建立紧密合作关系,降低西瓜的集散成本,使西瓜价格在市场价格中得以更真实的反映。

当警情处于红色区域时,意味着西瓜价格急速上涨,政府在必要时可实施最高限价措施,减小消费者因价格上涨而利益受损的程度。行业协会应该积极引导种植户,避免盲目应对西瓜价格上涨,无序增加种植面积从而导致产量暴涨,引发价格大幅下跌,给西瓜产业带来不必要的损失。

专题三 中国西瓜甜瓜生产者行为分析

报告一 农户露地西瓜甜瓜绿色防控技术采纳行为分析

杨玉莹 毛世平 林青宁

近年来，我国农产品质量安全问题与农业污染问题日益严峻，过度依赖和施用化学农药是其主要源头和诱因。据国家统计局数据显示，2015年我国农药使用量达到178.3万吨，居世界第一。过度依赖化学农药不仅造成了严重的环境污染和食品安全问题，也制约了我国农户品的贸易出口。在此背景下，中华人民共和国农业农村部于2015年3月在全国启动了"农药零增长行动"，加快绿色防控技术推广，力争到2020年全国主要农作物绿色防控总体覆盖率达60%以上，优势农作物产区绿色防控技术普及率达80%以上。然而，绿色防控技术在我国的应用水平仍然不高，将其常规化使用的人数并不多，这已成为制约农业可持续发展的瓶颈问题之一。2020年，中央一号文件中提到，要继续"加大农业面源污染防治力度，实施农药零增长行动"。西瓜甜瓜产业是我国现代农业发展的支柱产业之一，在优化农业结构、增加农民收入、改善人们生活质量、促进社会经济发展等方面发挥着重要作用。西瓜甜瓜作为传统的优势农作物，具有品种引领作用突出、技术应用范围广泛、区域化种植特色明显、休闲及采摘功能突出和品牌全国知名等特点，并且河南省及山东省西瓜、甜瓜单位面积产量和品质均处于全国领先水平，不断追求"质优、境佳、标清、效高"的产业发展目标，因此对农户绿色防控技术采纳行为进行研究，对于绿色植保技术的研究与示范推广方面具有重要意义。

1 农户露地西甜瓜绿色技术采纳意愿与行为分析

绿色防控技术，是在2006年全国植保工作会议上提出"公共植保、绿色植保"理念的基础上，根据"预防为主、综合防治"的植保方针，结合现阶段植物保护的现实需要和可采用的技术措施，形成的一个技术性概念。其内涵就是按照"绿色植保"理念，采用农业防治、物理防治、生物防治以及科学农药等技术，达到有效控制农作物病虫害，确保农作物生产安全、农产品质量安全和农业生态环境安全，促进农业增产、增收的目的。针对不同类型的绿色防控技术，农户的采纳意愿和采纳行为常常发生悖离。

1.1 农业防治技术

农业防治技术主要包括轮作、嫁接、覆盖地膜、套袋、摘心、打杈、深埋或焚烧落地瓜果等。对农户的农业防治技术采纳情况进行调研发现，对于轮作技术，未采纳过的农户数为 35 人，采纳过的农户数为 93 人，采纳过轮作的农户所占比例较大，为 73.23%；在未采纳过轮作的农户中，不愿意采纳的农户数为 26 人，愿意采纳的农户数为 9 人，不愿意采纳的农户数占比较大，为 74.29%；在采纳过轮作的农户中，不愿意采纳的农户数为 3 人，愿意采纳的农户数为 90 人，愿意采纳轮作的农户数所占比例较大，为 96.77%；愿意采纳轮作的农户数为 99 人，而实际采纳过轮作的农户数仅为 93 人，农户在该技术上的采纳意愿与采纳行为发生悖离。对于嫁接技术，未采纳过的农户数为 0 人，采纳过的农户数为 128 人，采纳过轮作的农户所占比例较大，为 100.00%，这与提高瓜苗的成活率以及病虫害的防治不无关系；在采纳过嫁接的农户中，不愿意采纳的农户数为 10 人，愿意采纳的农户数为 118 人，愿意采纳轮作的农户数所占比例较大，为 92.19%；愿意采纳轮作的农户数为 118 人，而实际采纳过轮作的农户数为 128 人，农户在该技术上的采纳意愿与采纳行为发生悖离，这可能与实际生产过程中嫁接需要投入较多的劳动力有关（表 1）。

表 1 农户农业防治技术采纳意愿与行为情况

| 技术 | 采纳行为 | 采纳意愿 | | 合计 |
		不愿意采纳	愿意采纳	
轮作	未采纳过	26	9	35
	采纳过	3	90	93
嫁接	未采纳过	0	0	0
	采纳过	10	118	128

1.2 科学用药技术

科学用药技术主要包括交替、轮换、精准使用农药，使用高效、低毒、低残留农药等。对农户的科学用药技术采纳情况进行调研发现，对于农药的交替使用技术，未采纳过的农户数为 10 人，采纳过的农户数为 118 人，采纳过农药的交替使用的农户所占比例较大，为 92.19%；在未采纳过农药的交替使用的农户中，不愿意采纳的农户数为 4 人，愿意采纳的农户数为 6 人，愿意采纳的农户数占比较大，为 60.00%；在采纳过农药的交替使用的农户中，不愿意采纳的农户数为 0 人，愿意采纳的农户数为 118 人，愿意采纳农药的交替使用的农户数所占比例较大，为 100.00%；愿意采纳农药的交替使用的农户数为 124 人，而实际采纳过农药的交替使用的农户数仅为 118 人，农户在该技术上的采纳意愿与采纳行为发生悖离。对于低毒、低残留的农药使用技术，未采纳过的农户数为 8 人，采纳过的农户数为 120 人，采纳过低毒、低残留的农药的农户所占比例较大，为 93.75%；在未采纳过低毒、低残留的农药使用的农户中，不愿意采纳的农户数为 4 人，愿意采纳的农户数为 4 人，各占 50.00%；在采纳低毒、低残留的农药使用的农户中,不愿意采纳的农户数为 0 人,愿意采纳的农户数为 120 人,愿意采纳的农户数所占比例达到 100.00%;愿意采纳低毒、低残留农药的农户数为 124 人,而实际采纳过低毒、低残留的农户数为 120 人,农户在该技术上的采纳意愿与采纳行为发生悖离,这与"化肥农药零增长行动""推广高效低毒低残留农药"的政策有很大关联(表2)。

表 2 农户科学用药技术采纳意愿与行为情况

技术	采纳行为	采纳意愿		合计
		不愿意采纳	愿意采纳	
农药的交替使用	未采纳过	4	6	10
	采纳过	0	118	118
低毒、低残留农药使用	未采纳过	4	4	8
	采纳过	0	120	120

1.3 物理防治技术

物理防治技术主要包括防虫网、黄板、银灰膜、杀虫灯、性诱剂、色光板等。对农户的物理防治技术采纳情况进行调研发现,对于防虫网技术,未采纳过的农户数为 57 人,采纳过的农户数为 71 人,采纳过防虫网的农户所占比例较大,为 55.47%;在未采纳过防虫网的农户中,不愿意采纳的农户数为 19 人,愿意采纳的农户数为 38 人,愿意采纳的农户数占比较大,为 66.67%;在采纳过防虫网的农户中,不愿意采纳的农户数为 6 人,愿意采纳的农户数为 65 人,愿意采纳防虫网的农户数所占比例较大,为 91.55%;愿意采纳防虫网的农户数为 103 人,而实际采纳过防虫网的农户数仅为 71 人,农户在该技术上的采纳意愿与采纳行为发生悖离。对于黄板技术,未采纳过的农户数为 51 人,采纳过的农户数为 77 人,采纳过黄板的农户所占比例较大,为 60.16%;在未采纳过黄板的农户中,不愿意采纳的农户数为 24 人,愿意采纳的农户数为 27 人,愿意采纳的农户数占比较大,为 52.94%;在采纳过黄板的农户中,不愿意采纳的农户数为 6 人,愿意采纳的农户数为 68 人,愿意采纳防虫网的农户数所占比例较大,为 88.31%;愿意采纳黄板的农户数为 95 人,而实际采纳过黄板的农户数仅为 77 人,农户在该技术上的采纳意愿与采纳行为发生悖离。对于银灰膜技术,未采纳过的农户数为 88 人,采纳过的农户数为 40 人,未采纳过银灰膜的农户所占比例较大,为 68.75%;在未采纳过银灰膜的农户中,不愿意采纳的农户数为 39 人,愿意采纳的农户数为 49 人,愿意采纳的农户数占比较大,为 55.68%;在采纳过银灰膜的农户中,不愿意采纳的农户数为 8 人,愿意采纳的农户数为 32 人,愿意采纳银灰膜的农户数所占比例较大,为 80.00%;愿意采纳银灰膜的农户数为 81 人,而实际采纳过银灰膜的农户数仅为 40 人,农户在该技术上的采纳意愿与采纳行为发生悖离(表3)。

表 3 农户物理防治技术采纳意愿与行为情况

技术	采纳行为	采纳意愿		合计
		不愿意采纳	愿意采纳	
防虫网	未采纳过	19	38	57
	采纳过	6	65	71
黄板	未采纳过	24	27	51
	采纳过	9	68	77
银灰膜	未采纳过	39	49	88
	采纳过	8	32	40

1.4 生物防治技术

生物防治技术主要包括性诱剂、人工释放瓢虫、捕食螨、小花蝽、小黑蛛、星豹蛛、突花蛛等天敌控害。对农户的防治技术采纳情况进行调研发现，对于性诱剂技术，未采纳过的农户数为119人，采纳过的农户数为9人，未采纳过性诱剂的农户所占比例较大，为92.97%；在未采纳过性诱剂的农户中，不愿意采纳的农户数为69人，愿意采纳的农户数为50人，不愿意采纳的农户数占比较大，为57.98%；在采纳过性诱剂的农户中，不愿意采纳的农户数为1人，愿意采纳的农户数为8人，愿意采纳性诱剂的农户数所占比例较大，为88.89%；愿意采纳性诱剂的农户数为58人，而实际采纳过农药的交替使用的农户数仅为9人，农户在该技术上的采纳意愿与采纳行为发生悖离。对于人工释放瓢虫等天敌控害技术，未采纳过的农户数为122人，采纳过的农户数为6人，未采纳过人工释放瓢虫等天敌控害的农户所占比例较大，为95.31%；在未采纳过人工释放瓢虫等天敌控害的农户中，不愿意采纳的农户数为74人，愿意采纳的农户数为48人，不愿意采纳的农户数所占比例较高，为60.66%；在采纳人工释放瓢虫等天敌控害的农户中，不愿意采纳的农户数为1人，愿意采纳的农户数为5人，愿意采纳的农户数所占比例较高，为83.33%；愿意采纳人工释放瓢虫等天敌控害的农户数为53人，而实际采纳过人工释放瓢虫等天敌控害的农户数为6人，农户在该技术上的采纳意愿与采纳行为发生悖离（表4）。

表 4 农户生物防治技术采纳意愿与行为情况

技术	采纳行为	采纳意愿		合计
		不愿意采纳	愿意采纳	
性诱剂	未采纳过	69	50	119
	采纳过	1	8	9
人工释放瓢虫等天敌控害	未采纳过	74	48	122
	采纳过	1	5	6

2 农户露地西甜瓜绿色技术采纳行为影响因素分析

2.1 数据来源及样本基本情况

本报告所采用的数据来源于 2020 年 10—12 月在河南省开封市、山东省青州市农村地区的抽样调查数据，共获取有效问卷 128 份，调研农户均为露地西甜瓜种植户。调研样本的基本信息见表 5。

从表 5 可见，性别的均值为 0.89，标准差为 0.32，最小值为 0，最大值为 1；年龄的均值为 49.38 岁，标准差为 12.83，最小值为 23 岁，最大值为 78 岁；家庭劳动力的均值约为 5 人，标准差为 2.03，最小值为 1 人，最大值为 8 人；农业收入的均值为 2.87 万元，标准差为 4.63，最小值为 1 万元，最大值为 50 万元；受教育程度的均值为 2.65，均值为 0.86，最小值为 1（没上学），最大值为 4（高中/职高）；农产品种植面积的均值为 14.49 亩，标准差为 13.32，最小值为 1 亩，最大值为 10 亩；种植农产品年限的均值为 26.16 年，均值为 12.67，最小值 1 年，最大值为 55 年；是否加入农民专业合作组织的均值为 0.23，标准差为 0.47，最小值为 0，最大值为 1；是否当过村干部的均值为 2.68，标准差为 0.68，最小值为 1（以前当过），最大值为 3（没当过）。

表 5 调研样本及其家庭基本情况

类型	均值	标准差	最小值	最大值
性别	0.89	0.32	0	1
年龄	49.38	12.83	23	78
家庭劳动力	5.11	2.03	1	8
农业收入	2.87	4.63	1	50
受教育程度	2.65	0.86	1	4
农产品种植面积	14.49	13.32	1	10
种植农产品年限	26.16	12.67	1	55
是否加入农民专业合作组织	0.23	0.47	0	1
是否当过村干部	2.68	0.68	1	3

2.2 模型选择与变量设置

2.2.1 模型选择

运用 Ordered Logit 模型进行实证分析，因变量 Y 代表农户绿色防控技术采纳行为，是一个多分类有序变量，本文将未采纳任何子技术的农户归为一类，设置因变量 $Y=0$；将采纳除任何 1 种子技术的农户归为 1 类，设置因变量 $Y=1$；将采纳其他任何 2 种子技术的农户归为 1 类，设置因变量 $Y=2$；将采纳其他任何 3 种子技术的农户归为 1 类，设

置因变量 $Y=3$；将采纳全部 4 种子技术的农户归为 1 类，设置因变量 $Y=4$。

$$Y^* = X\beta + \varepsilon; \varepsilon/X \sim \text{Logit}(0, 1) \quad (1)$$

$$y = \begin{cases} 0, & \text{若 } y^* \leqslant r_0 \\ 1, & \text{若 } r_0 < y^* \leqslant r_1 \\ 2, & \text{若 } r_1 < y^* \leqslant r_2 \\ 3, & \text{若 } r_2 < y^* \leqslant r_3 \\ 4, & \text{若 } r_3 < y^* \leqslant r_4 \end{cases} \quad (2)$$

式（1）、式（2）中，Y^* 为不可观测的潜变量，代表农户采纳绿色防控技术的效用，Y 为可观测的结果变量。X 代表影响农户绿色防控技术采纳的解释变量矩阵，β 代表解释变量对因变量的影响系数，ε 为随机扰动项，且服从 Logistic 分布。因变量 Y 取哪一个值主要取决于潜变量 Y^* 与切点之间的关系。农户采纳绿色防控技术的概率组如下：

$$P(Y = 0 \mid X) = P(Y^* \leqslant r_0 \mid X) = \frac{1}{1 + \exp(r_0 - X\beta)}$$

$$P(Y = i \mid X) = P(r_{i-1} < Y^* \leqslant r_i \mid X) = \frac{1}{1 + \exp(r_0 - X\beta)} - \frac{1}{1 + \exp(r_{i-1} - X\beta)};$$
$$i = 1, 2, 3$$

$$P(Y = 4 \mid X) = P(Y^* < r_3 \mid X) = 1 - \frac{1}{1 + \exp(r_3 - X\beta)} \quad (3)$$

根据式（3）推导出极大似然估计量，即 Ordered Logit 模型。利用 Ordered Logit 模型可以估计出潜变量 Y^* 落入不同切点区间的概率。

2.2.2 变量设置

变量定义和统计性描述见表 6。

表 6 变量定义和统计性描述

变量名称	变量定义及赋值	均值	标准差
被解释变量			
农户绿色防控技术采纳行为	未采纳任何种子技术=0；仅采纳 1 种子技术=1；采纳 2 种子技术=2；采纳 3 种子技术=3；采纳 4 种子技术=4	2.64	0.78
政策激励			
技术培训	参加过绿色防控技术培训=1；未参加过=0	0.21	0.41
政府补贴	获得过绿色防控技术补贴=1；未获得=0	0.01	0.09
社会网络			
与家庭成员的交流程度	很少交流=1；偶尔交流=2；一般=3；较多交流=4；经常交流=5	4.67	0.79

（续表）

变量名称	变量定义及赋值	均值	标准差
与亲友邻居的交流程度	很少交流=1；偶尔交流=2；一般=3；较多交流=4；经常交流=5	2.38	1.47
与农资店员交流程度	很少交流=1；偶尔交流=2；一般=3；较多交流=4；经常交流=5	3.02	1.42
农户个人特征			
性别	男=1；女=0	0.89	0.32
年龄	按农户实际年龄计算（岁）	49.37	12.83
受教育程度	没上学=1；小学=2；初中=3；高中/职高=4；大学及以上=5	2.65	0.86
家庭经营特征			
家庭劳动力	家庭劳动力数量（人）	5.11	2.03
农业收入	家庭一年的农业收入（万元）	2.87	4.63
土地规模	土地亩数（亩）	14.49	13.32

2.3 实证结果与分析

2.3.1 政策激励的影响

技术培训、政府补贴均通过了1%的显著性检验且其系数为正，说明政策激励机制显著促进了农户对绿色防控技术的采纳。与技术培训相比，获得政府补贴的农户更倾向于采纳绿色防控技术，这说明政府补贴是农户采纳绿色防控技术的主要驱动力。

2.3.2 社会网络的影响

与家庭成员的交流程度、与农技员的交流程度、与农资店员的交流程度均系数为正，即对农户采纳绿色防控技术具有正向影响，但三者均为通过5%的显著性水平检验。可能由于经常与家人技术交流，农户间差异很小，导致变量不显著；农户与邻里长期生活在同一村庄社区，思维方式与种植习惯很接近，导致变量不显著，而农户去的农资店也是在村庄内部，种植习惯差异性小。

2.3.3 农户个人特征的影响

性别、受教育程度的系数均为正，年龄的系数为正，这三项均未通过显著性检验，可能的原因是样本差异不明显，导致以上变量对因变量的影响不显著。

2.3.4 家庭生产经营特征的影响

家庭劳动力通过了10%的显著性水平检验且其系数为负，说明家庭劳动力越多，采纳绿色防控技术的可能性越小，可能是由于在劳动力越充足的家庭，对绿色防控技术的需求与关注度都不高。Ordered Logit 模型估计结果见表7。

表7 Ordered Logit 模型估计结果

变量名称	系数	标准误	Z 值	P 值
政策激励				
技术培训	0.14	0.47	0.30	0.00
政府补贴	1.95	1.76	1.11	0.00
社会网络				
与家庭成员的交流程度	0.13	0.23	0.57	0.57
与亲友邻居的交流程度	0.11	0.16	0.67	0.50
与农资店员交流程度	0.01	0.16	0.06	0.66
农户个人特征				
性别	0.39	0.55	0.70	0.59
年龄	−0.01	0.02	−0.34	0.74
受教育程度	0.11	0.24	0.47	0.64
家庭经营特征				
家庭劳动力	−0.19	0.12	−1.63	0.10
农业收入	−0.02	0.04	−0.43	0.66
土地规模	−0.01	0.02	−0.24	0.81
切点				
cut1	−4.69	1.72		
cut2	−3.27	1.60		
cut3	−1.08	1.55		
cut4	2.26	1.58		
模型整体判别指标				
Pseudo R^2	0.033			
LR chi^2 (11)	8.97			
Number of obs	126			

3 政策建议

3.1 灵活革新监管方式，稳步提升培训效果

技术培训仍是农户认知绿色防控技术有效性的根本路径，但要注重变革植保站等政府相关部门的培训方式和方法，通过合理的制度设计来促进绿色市场的规范化和可持续发展，切实提升绿色防控技术的覆盖率。

3.2 积极发挥市场作用，扎实促进优质优价

要加强绿色农产品供给市场的管制，实现绿色农产品的优质优价原则，发挥市场的

引导作用,在绿色农产品溢价基础上,提升农户的经济效益,使绿色防控技术的潜力增大。

3.3 积极转变教育模式,充分发挥示范作用

既要帮助农户学习先进的知识和技术,更要培育农户的自我学习能力,形成从知识输入到技术输出的转变。同时要积极发挥示范户的辐射作用,带动农户深入了解并采纳绿色防控技术。加大农村公共教育投资力度,提高农民综合文化素质。同时,加强绿色防控宣传培训,增强农户的环境安全意识和减施农药的积极性。

报告二 生产方式、农业社会化服务与合作社加入意愿

——来自新疆维吾尔自治区吐哈盆地哈密瓜种植户的考察

王钿 王晓琼 刘国勇 巴·哥尔拉

我国新疆吐哈盆地作为哈密瓜主产区，拥有悠久的历史，种植哈密瓜早已成为当地农户家庭收入的主要来源。近年来，随着社会经济发展吐哈盆地哈密瓜产业也朝着现代农业方向发展。目前，吐哈盆地哈密瓜生产形成了以合作社与精深加工企业项目相互对接的现代农业经营机制和种植管理模式，延长的产业链让传统哈密瓜经营焕发生机，不仅为当地哈密瓜农民专业合作社发展带来机遇，也进一步增加了当地瓜农收入，还带动实现了哈密瓜产业的效益增长，提升了吐哈盆地哈密瓜的品牌效应，对研究新疆哈密瓜产业未来发展具有非常重要的借鉴意义。主流文献研究表明，农民专业合作社的发展已成为促进小农户与现代农业有机衔接的重要内容。同时，农户入社意愿对合作社健康可持续发展的作用尤其明显。因此，如何提高吐哈盆地哈密瓜种植户入社意愿，实现吐哈盆地哈密瓜合作社健康可持续发展，已成为促进哈密瓜种植户与现代农业有机衔接过程中亟需解决的问题。

总的来说，从长期看，及时把握新疆吐哈盆地哈密瓜种植户的真实需求，围绕农户入社意愿取向，从现代农民的视角探讨哈密瓜生产方式、农业社会化服务对农户加入合作社意愿取向的影响，不仅有利于优化相关部门的决策机制，为制定农民专业合作社发展政策提供理论参考，还能为促进小农户与现代农业有机衔接、乡村振兴战略实施、实现农业农村可持续发展做出贡献。

1 理论分析与研究假说

1.1 社会认知理论下农户入社意愿形成的内在逻辑

在农户入社意愿研究方面，主流文献通常关注宏观制度对农户入社意愿产生的约束作用。当前，农业生产技术变化日新月异，农业社会化服务组织与时俱进，对新时期哈密瓜种植户入社认知产生了重要影响。由此，基于社会认知理论研究哈密瓜生产方式、农业社会化服务与农户入社意愿的关系很有必要。

班杜拉的社会认知理论指出，人的认知、意愿和行为与所处环境之间存在联系。社会认知理论作为一种用来解释社会学习过程的理论，主要关注人的信念、记忆、期望、动机、自我强化及其意愿取向等认知因素。意愿取向是个体对自身因素及外部环境变化做出的理性反映，是个体价值观发展的最终结果与表现形式。外部环境和意愿的交互作用则反映个体在不同情境下产生的认知行为对社会系统产生影响，并形成社会认知机制和意愿机制。在这种机制下，个体通过与外部环境进行沟

通获取的技术、信息或服务对自我既有认知进行调整,并形成某种情境下处理事务的意愿取向。当今社会知识体系更新日新月异,与外界的交流程度和对新技术、新概念、新服务的需求程度能够使个体的知识结构和意愿结构形成新的感知,一方面可以使个体形成一定的意愿取向,增加处理事务的能力;另一方面,包括政策、技术、理念、服务等在内的资料,也会使外部环境发生变化,最终集中作用于农户入社意愿形成的内在逻辑之中。

1.2 研究假设

基于认知理论的分析,结合吐哈盆地哈密瓜种植的实际情况,对农户入社意愿潜在的主要约束要素进行归纳,将农户哈密瓜生产方式、农业社会化服务作为核心自变量,分析其与哈密瓜种植户入社意愿的关系。

哈密瓜种植户入社行为的发生隐含着重要的行为发生学意义。农户入社行为选择与否决定着其哈密瓜种植未来的产出效益和经济收益,取决于农户对当前先进农业生产方式与农业社会化服务等因素的认可程度。新古典经济学的厂商理论指出,种植户经营行为的发生取决于其自身包括的学习能力、认知能力、决策能力以及信息获取能力等在内的各类行为能力。即无论是对哈密瓜品种选择、播种方式与栽培技术的把握程度,还是农业社会化服务的利用效果,均来自于农户对以上要素的理性认知与分析。正是这种理性认知能力,使农户能够在经营过程中从技术发展趋势与农业社会化服务情况、家庭生产能力与地区特点等的状况作出理性判断,从而实现加入哈密瓜合作社的有效决策。上述分析表明,哈密瓜种植户是否加入哈密瓜合作社,源于种植户对哈密瓜种植未来收入最大化的理性分析,实现于对哈密瓜生产技术及农业社会化服务利用的理性认知。哈密瓜生产方式决定了种植户加入合作社理性决策的内部刚性约束大小,为种植户加入意愿提供基础,农业社会化服务为哈密瓜种植理性决策提供获取外部信息的可能,进而增强种植户加入合作社的动力。

基于上述分析,根据种植户加入合作社的真实情况,本研究提出如下假设:在哈密瓜生产方式特征方面,受吐哈盆地哈密瓜一年两熟的经营模式影响,种植户对优质哈密瓜品种和先进播种方式的需求增强了其加入合作社的意愿;受吐哈盆地气候、病虫害和栽培方式多元化影响,哈密瓜种植户的栽培方式选择降低了其加入合作社的意愿。在社会化服务特征方面,随着各级部门科技"三下乡"带动影响,政府农技推广服务对种植户产生入社意愿的推动作用较强;受利益最大化驱使,农资企业技术指导服务对种植户入社意愿的推动作用不强。

2 数据来源、样本特征与模型选择

2.1 数据来源

本研究所使用的数据来自 2016—2018 年对我国新疆吐哈盆地哈密瓜种植户实地综合调查数据(表1),调查涉及吐哈盆地3个县(区)9个乡镇520户哈密瓜种植户。2016—2018 年调查农户数量依次为 203 户、162 户、155 户。通过剔除漏答、模糊、丢失的样本，最终得到有效样本507份，有效率为97.50%。

表1 被调查瓜农地区分布

调查地点	所属乡镇	调查户数	占比（%）
吐鲁番市高昌区	二堡乡	20	3.94
	恰特卡勒乡	70	13.81
	三堡乡	70	13.81
吐鲁番市鄯善县	达浪坎乡	22	4.34
	鲁克沁镇	73	14.40
	吐峪沟	15	2.96
哈密市下辖乡	花园乡	111	21.89
	南湖乡	126	24.85
合计		507	100.00

数据来源：调查问卷整理所得。

2.2 样本特征

受访的507户哈密瓜种植户中愿意加入合作社的农户占68.84%。从生产方式选择来看，在哈密瓜品种选择中有438户农户选择早中熟品种，占比为86.40%；有359户农户选择直播播种，占比为70.61%；有314户农户选择设施栽培，占比为61.93%，表明吐哈盆地哈密瓜生产中设施栽培的比重较高。从农业社会化服务情况来看，有217户获得过企业社会化服务，占比为42.92%；有276户接受政府公益服务，占比为54.44%，说明政府农技推广服务在吐哈盆地的农业社会化服务中占主导地位。从农户技术获得感情况看，有429户对农业技术的需求超过两项，占比为84.62%，同时，3年间农户对现行技术不满足的比例依次为59.23%、74.54%、77.84%，说明农户在现行哈密瓜生产技术不满足的情况下对先进的哈密瓜生产技术的需求较高。从农户特征和家庭情况看，309户家庭中有两口人为务农人口的占60.95%；年龄在40岁以上的农户有375人，占比为73.96%；家庭哈密瓜种植面积在3.34公顷以下的农户有381户，占比为71.45%，说明小农户仍然是吐哈盆地哈密瓜生产的主力军。

2.3 模型选择

本研究设定因变量为"农户是否愿意加入哈密瓜专业合作社"。被调查农户需要在"愿意"和"不愿意"之间做出决策来表明他们对加入哈密瓜专业合作社所持的态度。由于农户是否愿意加入哈密瓜。

专业合作社属于典型的二元离散变量，故采用二元Logistic模型。因此，设定因变量为农户是否愿意加入哈密瓜合作社的意愿（Int），"$Int=1$"时表示农户愿意加入合作社，"Int=0"时表示农户不愿意加入合作社。同时由于农户对加入哈密瓜合作社的意愿与包括哈密瓜生产方式、农业社会化服务以及农户家户特征在内的多维因素的影响密切相关。根据研究假说，设定农户哈密瓜生产方式和农业社会化服务为核心自变量，并控制哈密瓜技术获得感与家户特征变量。建立的回归模型表达式如下：

$$\mathrm{Int}_i = a_{1m} \sum_{m=1} pro_{im} = a_{2n} \sum_{n=1} soc_{in} + a_{3p} \sum_{p=1} con_{pi} + \varepsilon_i \tag{1}$$

式（1）中：Int 表示哈密瓜农户入社意愿的概率。pro_{im}、SOC_{in} 分别表示农户对哈密瓜生产方式与农业社会化服务采纳程度，con_{pi} 表示控制变量，具体包括农户的技术获得感与家户特征变量，P 表示第 P 个子变量；a_0 为常数项，$a_{1m} \sim a_{3p}$ 为待估计系数，ε_i 为误差项，i 表示第 i 个居民。具体变量选取见表2。

表2 样本特征与变量选取

类型	变量	变量	定义与占比（10%）	平均值	标准差
解释变量	生产方式	哈密瓜品种选择（X1）	0=中晚熟（13.60）；1=早中熟（86.40）	0.86	0.34
		哈密瓜播种方式（X2）	0=育苗（29.39）；1=直播（70.61）	0.71	0.46
		哈密瓜栽培方式（X3）	0=设施栽培（61.93）；1=露地栽培（38.07）	0.38	0.49
	农业社会化服务	农资企业技术指导服务（X4）	0=没有获得（57.08）；1=获得过（42.92）	0.43	0.50
		政府农技推广服务（X5）	0=没有接受过（45.56）；1=接受过（54.44）	0.46	0.50
控制变量	技术获得感	生产技术需求度（X6）	实际观测值	4.96	2.27
		现行生产技术满足度（X7）	实际观测值	17.81	4.53
	家户特征	务农人口（X8）	实际观测值	2.45	1.10
		农户年龄（X10）	实际观测值	45.49	9.78
		种植面积（X9）	实际观测值（取对数）	0.85	0.25

数据来源：调查问卷整理所得。

3 实证结果与分析

本研究采用二元 Logistic 模型对我国新疆吐哈盆地哈密瓜主产区 507 份调查样本数据进行分析，为了确保模型估计结果的有效性，首先对自变量的多重共线性进行检验。从最终显示结果看，VIF 值均小于 2.10，远远小于 10。这表明自变量之间不存在多重共线性，符合 Logistic 回归的基本要求，有进一步分析的价值。随后对样本数据进行回归运算，结果显示因变量与核心自变量之间的显著性较高（表3）。

表 3 二元 Logistic 模型估计结果

变量	基本回归结果	基本回归结果	基本回归结果
	VIF	Coef.(S.E.)	dy/dx (S.E)
哈密瓜品种选择	1.16	0.53*	0.09
		(0.32)	(0.06)
哈密瓜播种方式	1.70	1.33***	0.22***
		(0.32)	(0.06)
哈密瓜栽培方式	1.56	-1.03***	-0.18***
		(0.29)	(0.05)
农资企业技术指导服务	1.46	-1.90***	-0.32***
		(0.33)	(0.06)
政府农技推广服务	1.88	1.13***	0.20***
		(0.28)	(0.05)
控制变量		已控制	
LR chi^2		95.54	
Prob>chi^2		0.00	
Log likehood		-266.78	
Obs	507	507	507

注：***、**、* 分别表示在 0.01、0.05、0.1 的水平上差异显著；括号内为标准误。

3.1 从农户哈密瓜生产方式特征的影响来看

哈密瓜品种选择、播种方式分别对农户入社意愿的影响在 0.1、0.01 的显著性水平上正向显著，而哈密瓜栽培方式对农户入社意愿的影响在 0.01 的显著性水平上负向显著，模型估计结果与理论分析相符，即选择早中熟品种、直播播种方式与设施栽培的农户入社意愿更强。可能的原因是，吐哈盆地哈密瓜一年两熟，选择早中熟品种的农户播种育苗定植时间往往在 3 月中旬左右，是吐哈盆地气象灾害频发期，因此，选择早熟品种农户入社意愿更强。哈密瓜直播在 7 月初左右进行，吐哈盆地正值高温季节，地温过高易出现烂种现象以及诱发病虫害，对哈密瓜生产危害较大，为获取防治信息而进行技术交流以规避风险，因此，选择直播的农户入社意愿更强。而设施栽培单棚规模小、技术含量高、投入成本大、经营风险高，利用设施栽培的农户为了寻求互助合作具有强烈的内生动力，入社意愿就更强烈。

3.2 从农户哈密瓜农业社会化服务的影响特征看

农资企业技术服务对农户入社意愿的影响在 0.01 显著性水平上负向显著，而政府农技推广服务对农户入社意愿的影响在0.01显著性水平上正向显著，模型估计结果与理论分析相符。可能的原因是，近年来随着土地流转速度加快，哈密瓜规模化种植不断发展。农资企业为了扩大市场利用其技术优势对哈密瓜种植户进行技术服务，因大规模种植农户社会资源占有率高，农资企业对其技术需求给予满足，因此，大规模种植户入社意愿较低。而未受农资企业服务的小农户在政府不断推动新型职业农民培训、产业体系技术服务、科技特派员科技下乡服务的同时，对哈密瓜合作社的了解程度更高，入社意愿就会更强烈。

4 结论与建议

4.1 结 论

本研究基于社会认知理论，运用二元Logistic回归模型，以我国新疆吐哈盆地507个哈密瓜种植户的调查数据为支撑，实证分析生产方式、农业社会化服务与合作社加入意愿的关系。研究表明，受吐哈盆地气候因素影响，选择早中熟品种、直播播种方式与设施栽培的哈密瓜种植入社意愿更强；受哈密瓜种植规模影响，规模大的农户受农资企业较全面的技术服务，使其入社动力不足；受政府科技下乡服务的影响，合作组织满足了小农户技术需求的愿望使其入社动力较强烈。

4.2 建 议

4.2.1 提升瓜农对合作社相关政策的有效认知

各级部门应有针对性地加大力度对合作社相关政策进行宣传普及，积极开展关于合作组织的政策宣讲，提高农户对合作社相关政策的知晓率和认知度。在此基础上，形成相应的长效宣传保障机制，确保今后能够及时有效地消除农户在加入合作社组织方面的疑惑和顾虑，增强农户对合作组织的认知水平、提高农户加入合作社的获得感、幸福感和安全感，进而增加吐哈盆地哈密瓜种植户入社意愿。

4.2.2 培育瓜农适度规模经营意识与行为

通过平整土地和农田基础设施建设，进一步加大农田土地治理力度，完善现代农业经营水平，积极引导吐哈盆地小农户加快适度规模经营发展。鼓励吐哈盆地合作经营组织形式创新，利用适度规模经营效应带动政府、企业、合作组织等主体建立互动耦合协调机制，提高哈密瓜种植的现代化经营水平，满足小农户对先进农业生产技术与农业社会化服务的需求愿望，进而增加吐哈盆地哈密瓜种植户入社意愿。

4.2.3 推进哈密瓜合作社内部组织创新升级

合作社内部自我革新是其能否吸引瓜农入社的重要环节，合作社生产运行的规范性、技术操作的科学性、发展的可持续性直接关系哈密瓜种植户切身利益。因此，需要相关部门组织引导吐哈盆地合作社组织针对自身问题积极创新管理制度、转变发展方式、引进先进经营理念、打破"圈子"文化，形成具有创新活力的哈密瓜专业合作社，进而增加吐哈盆地哈密瓜种植户入社意愿。

专题四　世界西瓜甜瓜产业发展

报告一　世界西瓜甜瓜产业发展和贸易

孙立新　王晓君　毛世平　吴敬学

西甜瓜是世界主要水果之一，属于高效园艺类作物范畴。尤其在亚洲地区，西甜瓜作为重要的农作物，是许多国家发展现代农业的支柱产业之一。

1　国际西甜瓜产业发展

21世纪以来，西甜瓜产业进入快速增长阶段，种植面积和产量持续增加。联合国粮农组织数据库数据显示，2018年西瓜收获面积为324.38万公顷，总产量由2001年的8 346.02万吨增加到2018年的10 397.47万吨，是世界上产量最高的水果。2018年世界甜瓜收获面积为104.71万公顷，总产量由2001年的2 011.48万吨增加到2018年的2 735.20万吨。国际西甜瓜生产效率不断提高，西瓜单产由2001年的25.59吨/公顷增加到2018年的32.05吨/公顷，甜瓜单产由2001年的19.47吨/公顷增加到2018年的26.12吨/公顷（表1）。

表1　国际西甜瓜生产情况

年份	西瓜			甜瓜		
	面积（万公顷）	产量（万吨）	单产（吨/公顷）	面积（万公顷）	产量（万吨）	单产（吨/公顷）
2001	326.09	8 346.02	25.59	103.31	2 011.48	19.47
2002	330.98	9 045.69	27.33	107.65	2 185.78	20.30
2003	344.49	8 857.16	25.71	108.46	2 174.07	20.05
2004	323.96	8 821.49	27.23	104.17	2 180.42	20.93
2005	325.17	9 117.74	28.04	111.30	2 333.49	20.97
2006	333.85	9 364.80	28.05	112.28	2 415.95	21.52
2007	322.78	8 671.97	26.87	110.86	2 479.98	22.37
2008	314.60	8 926.89	28.38	110.13	2 537.42	23.04
2009	316.55	9 151.45	28.91	110.18	2 583.11	23.44
2010	320.66	9 353.60	29.17	111.98	2 596.77	23.19
2011	320.57	9 457.27	29.50	110.01	2 583.91	23.49

(续表)

年份	西瓜			甜瓜		
	面积（万公顷）	产量（万吨）	单产（吨/公顷）	面积（万公顷）	产量（万吨）	单产（吨/公顷）
2012	313.05	9 616.01	30.72	107.72	2 579.76	23.95
2013	315.36	9 753.25	30.93	106.08	2 623.85	24.73
2014	316.54	9 920.11	31.34	105.82	2 605.95	24.63
2015	318.18	10 105.40	31.76	103.76	2 554.41	24.62
2016	321.81	10 243.48	31.83	107.96	2 656.31	24.60
2017	318.03	10 325.81	32.47	105.09	2 662.66	25.34
2018	324.38	10 397.47	32.05	104.71	2 735.20	26.12

数据来源：联合国粮农组织数据库（FAOSTAT）2020-02-20。

国际西甜瓜种植主要分布在亚洲，其中中国是世界上西甜瓜产量最高的国家。国际西甜瓜种植主要分布在亚洲，其次为美洲和欧洲，2018年亚洲西瓜收获面积233.51万公顷，占世界总收获面积的72.00%；甜瓜收获面积为72.39万公顷，占世界总收获面积的69.13%（表2）。中国是世界上西甜瓜生产产量最高的国家，2018年中国西瓜和甜瓜产量分别为6 302.46万吨和1 278.82万吨，占全世界总产量的60.62%和46.75%。

表2 2018年世界各洲西甜瓜生产情况

地区	西瓜		甜瓜	
	收获面积（万公顷）	产量（万吨）	收获面积（万公顷）	产量（万吨）
亚洲	233.51	8 425.26	72.39	1 996.18
美洲	27.85	696.70	16.03	372.59
非洲	34.68	635.63	6.66	151.49
欧洲	27.83	620.40	8.82	191.99
大洋洲	0.50	19.48	0.81	22.95

数据来源：联合国粮农组织数据库（FAOSTAT）2020-02-20。

2 国际西甜瓜生产率分析

与世界西瓜生产主要国家土耳其、伊朗、埃及、美国和巴西相比，中国西瓜单产在全球处于相对较高水平；与世界甜瓜生产主要国家土耳其、伊朗、印度、美国和埃及相比，中国甜瓜单产在全球处于最高水平，达到令世人瞩目的程度。

2.1 西瓜土地产出率的比较

自2004年以来，中国西瓜土地产出率（单产）不断提高，近3年中国西瓜土地产出率（单产）为41.35吨/公顷，仅略低于土耳其，略高于美国和埃及，远高于伊朗和巴西，是伊朗的1.40倍，巴西的1.80倍（表3）。

表3 西瓜土地产出率国际比较 （单位：吨/公顷）

年份	中国	土耳其	伊朗	埃及	美国	巴西
2004—2006	34.89	33.88	24.06	26.91	31.10	20.45
2007—2009	35.32	36.60	23.18	29.53	34.45	22.11
2010—2012	37.49	39.70	25.13	29.90	34.76	22.03
2013—2015	39.49	40.50	27.43	31.62	34.41	22.87
2016—2018	41.35	41.96	29.75	31.12	40.37	22.50

数据来源：联合国粮农组织。

从单产增长率看，1961—2018年，中国西瓜单产增长了2.40倍，与土耳其（增长2.40倍）相当、高于埃及（增长0.30倍），低于伊朗（增长3.10倍）、美国（增长2.70倍）和巴西（增长9.40倍）（图1）。巴西单产增长率高的主要原因是气候非常有利于西瓜的种植，巴西8月的多降雨减少了灌溉的需求，大大降低了西瓜的生产成本。

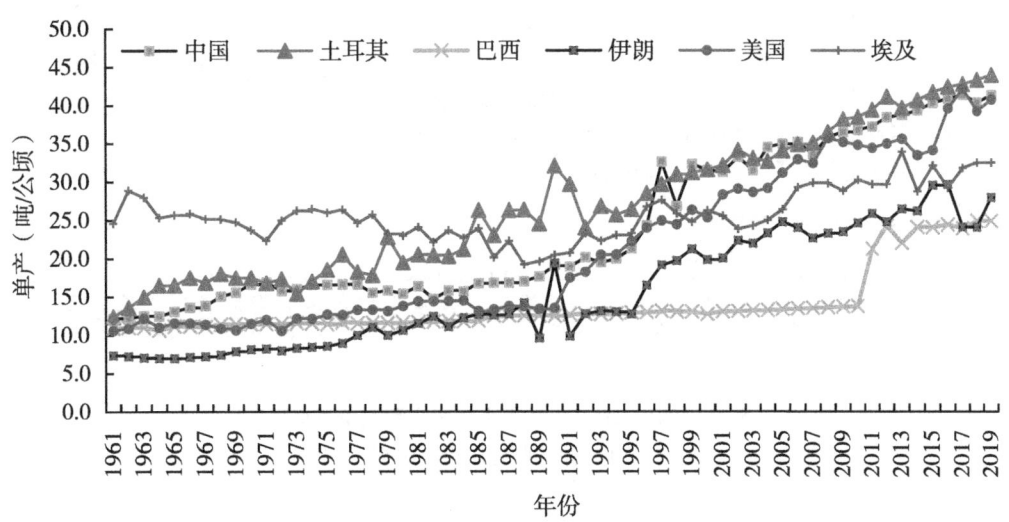

图1 1961—2018年世界主要国家西瓜单产情况
（数据来源：联合国粮农组织）

2.2 甜瓜土地产出率的比较

自2004年以来，中国甜瓜土地产出率（单产）不断提高，近3年我国甜瓜土地产出率（单产）为34.89吨/公顷，高于美国、埃及、土耳其、伊朗和印度，是美国的1.20倍、埃及的1.30倍、土耳其的1.60倍、印度的1.60倍、伊朗的1.70倍（表4）。

表4 甜瓜土地产出率国际比较

年份	中国	土耳其	伊朗	印度	美国	埃及
2004—2006	25.99	19.50	17.42	21.45	26.19	22.01
2007—2009	30.35	20.12	18.19	21.74	29.24	24.46
2010—2012	31.10	20.68	18.90	20.50	28.46	25.19
2013—2015	32.62	21.61	19.40	20.59	28.45	27.38
2016—2018	34.89	22.10	20.23	21.84	28.88	26.64

数据来源：联合国粮农组织。

从单产增长率看，1961—2018年，中国甜瓜单产增长了2.30倍，高于土耳其（增长0.80倍）、印度（增长0.60倍）、美国（增长1.30倍）和埃及（增长0.40倍），低于伊朗（增长2.40倍）（图2）。

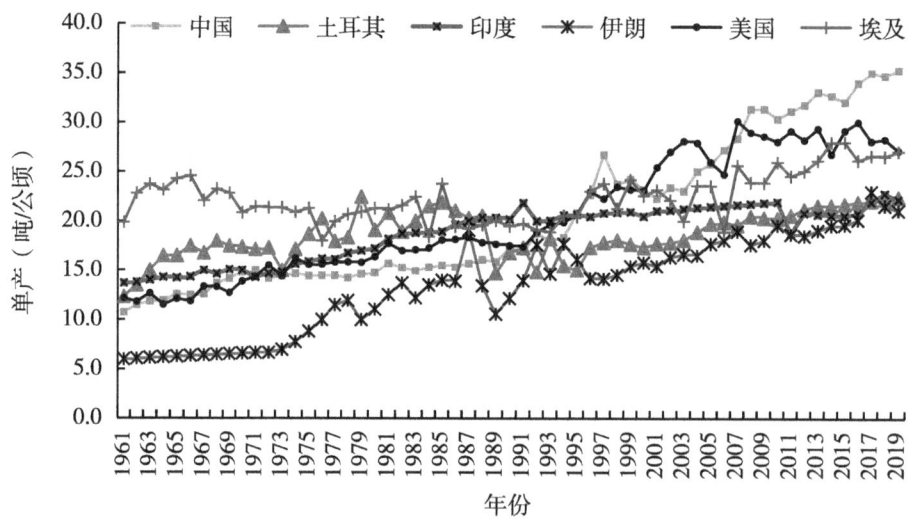

图2 1961—2018年世界主要国家甜瓜单产情况
（数据来源：联合国粮农组织）

3 国际西甜瓜贸易

国际西甜瓜贸易量不断增加，2001—2017年西瓜年均增速保持在6.00%以上，甜瓜年均增速保持在2.00%以上。联合国粮农组织数据库数据显示，2017年国际西瓜出口总量为414.20万吨，出口总额为16.19亿美元，主要出口国家为伊朗、西班牙和墨西哥；进口总量为396.71万吨，进口总额为17.02亿美元，主要进口国为美国、伊拉克和德国。2017年国际甜瓜出口总量为239.91万吨，出口总额为16.20亿美元，主要出口国家为西班牙、危地马拉和巴西；进口总量为227.41万吨，进口总额为18.45亿美元，主要进口国家为美国、荷兰和法国（表5）。

表5 2001—2017年世界西甜瓜贸易情况

时间	西瓜				甜瓜			
	出口数量（万吨）	出口金额（亿美元）	进口数量（万吨）	进口金额（亿美元）	出口数量（万吨）	出口金额（亿美元）	进口数量（万吨）	进口金额（亿美元）
2001	140.54	3.65	150.70	4.39	168.69	7.63	156.59	8.46
2002	165.84	3.94	157.49	4.07	171.84	7.44	163.40	8.26
2003	170.31	5.34	168.51	5.59	189.76	9.29	180.06	10.45
2004	205.33	6.16	170.72	5.53	183.11	9.53	175.50	10.80
2005	216.98	6.93	189.73	6.43	200.99	10.70	187.89	12.34
2006	234.53	8.27	203.35	8.19	205.51	11.06	202.53	13.63
2007	254.79	9.12	206.27	8.49	221.78	13.28	205.58	15.45
2008	266.07	10.82	225.26	10.06	206.22	13.96	197.55	15.98
2009	282.74	11.32	231.03	9.92	215.61	13.36	200.85	15.39
2010	318.34	12.79	246.99	11.03	219.64	13.93	194.84	15.17
2011	274.17	11.64	242.23	10.82	207.07	13.70	201.22	16.50
2012	297.33	12.59	257.08	11.11	219.73	14.46	190.94	15.04
2013	281.54	13.64	259.65	13.12	214.32	16.04	199.41	17.41
2014	368.56	15.05	306.57	14.14	233.52	16.37	204.13	17.27
2015	329.68	13.62	317.00	14.44	224.15	15.50	210.01	16.88
2016	407.10	14.93	393.85	15.86	241.66	16.22	228.50	18.55
2017	414.20	16.19	396.71	17.02	239.91	16.20	227.41	18.45

数据来源：联合国粮农组织数据库（FAOSTAT）2020-02-20。

中国是世界西甜瓜最大生产国，但西甜瓜进出口贸易量在世界的比重不大，国际市场变动对国内市场的影响不大。中国西瓜主要以进口为主，2017年中国西瓜进口量占世界进口总量的5.65%，且比重呈明显下降趋势；中国西瓜出口数量占世界总出口数量比重一直维持在1%左右，2017年比重为1.06%。中国甜瓜一直为净出口，2017年中国甜瓜出口数量占世界总出口数量的2.73%，进口数量占世界总进口数量的0.79%，且甜瓜进出口总体呈现出口增加、进口基本稳定的趋势（表6）。

表6 2001—2017年中国西甜瓜贸易情况

年份	西瓜				甜瓜			
	出口数量（万吨）	占世界比重（%）	进口数量（万吨）	占世界比重（%）	出口数量（万吨）	占世界比重（%）	进口数量（万吨）	占世界比重（%）
2001	1.44	1.03	8.86	5.88	0.36	0.21	1.72	1.10
2002	1.92	1.16	12.34	7.83	0.88	0.51	1.69	1.04
2003	2.83	1.66	9.06	5.38	1.69	0.89	1.41	0.78
2004	3.10	1.51	11.52	6.75	2.05	1.12	1.50	0.86
2005	3.58	1.65	19.91	10.49	3.04	1.51	2.18	1.16
2006	3.66	1.56	21.42	10.53	3.64	1.77	1.15	0.57
2007	3.68	1.44	22.86	11.08	2.65	1.20	1.12	0.55
2008	3.43	1.29	26.22	11.64	3.31	1.61	1.28	0.65
2009	5.86	2.07	30.07	13.01	4.45	2.06	1.48	0.74
2010	5.14	1.62	34.54	13.98	5.67	2.58	1.42	0.73
2011	4.83	1.76	45.04	18.59	5.44	2.63	1.43	0.71
2012	5.86	1.97	45.23	17.59	5.67	2.58	1.44	0.76
2013	6.10	2.17	28.06	10.81	5.92	2.76	1.50	0.75
2014	5.66	1.54	24.70	8.06	5.13	2.20	1.41	0.69
2015	3.40	1.03	23.00	7.26	7.78	3.47	1.39	0.66
2016	3.10	0.76	23.47	5.96	7.77	3.22	1.50	0.66
2017	4.39	1.06	22.43	5.65	6.55	2.73	1.80	0.79

数据来源：联合国粮农组织数据库（FAOSTAT）2020-02-20。

报告二 世界西瓜甜瓜产业竞争力分析

王志丹 吴敬学

西甜瓜是世界农业的重要水果作物,自 20 世纪 90 年代以来,世界的西瓜甜瓜产业进入快速发展阶段,西瓜甜瓜的产量整体呈现出波动性增长的发展态势。

1 世界西瓜甜瓜总产量及地理分布

1.1 世界西瓜总产量及地理分布

根据联合国粮农组织数据库的统计数据显示,世界西瓜的总产量从 2010 年的 9 353.60 万吨增长到 2018 年的 10 393.13 万吨,9 年的时间增长了 11.11%,年均增长率为 1.00%。世界西瓜总产量及其在各大洲的分布如图 1、表 1 所示。

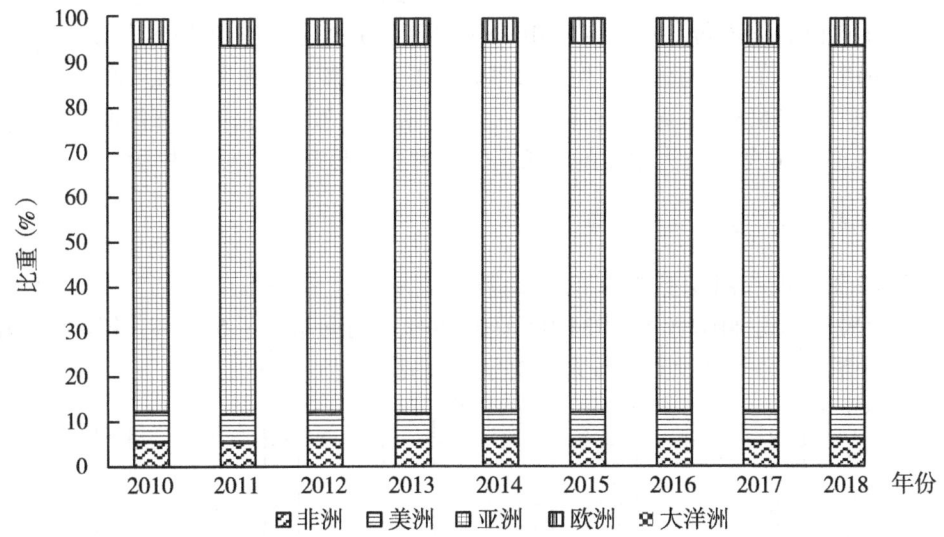

图 1 2010—2018 年世界西瓜生产地区分布情况

表 1 2010—2018 年世界西瓜生产及地区分布情况 (单位:万吨)

年份	世界	非洲	美洲	亚洲	欧洲	大洋洲
2010	9 353.60	516.95	620.33	7 681.24	520.00	15.08
2011	9 457.27	499.58	605.26	7 778.75	559.09	14.58
2012	9 616.01	570.58	592.05	7 894.35	543.01	16.02
2013	9 753.25	559.77	595.27	8 024.70	556.30	17.21
2014	9 920.11	613.90	603.76	8 166.73	518.05	17.67

(续表)

年份	世界	非洲	美洲	亚洲	欧洲	大洋洲
2015	10 097.68	607.32	607.42	8 307.32	557.51	18.11
2016	10 241.43	613.61	645.79	8 380.65	582.78	18.59
2017	10 322.55	566.63	694.69	8 461.27	580.64	19.33
2018	10 393.13	635.63	696.70	8 420.92	620.40	19.48

亚洲一直是世界西瓜的最重要产地，其西瓜产量占世界西瓜总产量的80.00%以上，位居首位。亚洲西瓜产量从2010年的7 681.24万吨增加到2018年的8 420.92万吨，增长幅度达到9.63%，年均增长率达到1.00%；美洲西瓜生产位居第二位，产量从2010年的620.33万吨增加到2018年的696.70万吨，增长幅度达到了12.31%，年均增长率达到了1.00%。其在世界西瓜产量所占比重也从2010年的6.63%增加到2018年的6.70%，增长了1.08%；非洲西瓜生产位居第三位，产量从2010年的516.95万吨增加到2018年的635.63万吨，增长幅度达到了22.96%，年均增长率达到了3.00%。其在世界西瓜产量所占比重也从2010年的5.53%增加到2018年的6.12%，增长了10.66%；欧洲西瓜生产位居第四位，产量从2010年的520.00万吨增加到2018年的620.40万吨，增长幅度达到了19.31%，年均增长率达到了2.00%。其在世界西瓜产量所占比重也从2010年的5.56%增加到2018年的5.97%，增长了7.37%；大洋洲的西瓜产量非常小，虽然相比2010年有较大程度的增长，但在世界西瓜产量中所占的份额依然非常小。

1.2 世界甜瓜总产量及地理分布

根据联合国粮农组织数据库的统计数据显示，世界甜瓜的总产量从2010年的2 596.77万吨增长到2018年的2 734.92万吨，9年的时间增长了5.32%，年均增长率为1.00%。世界甜瓜总产量及其在各大洲的分布如图2、表2所示。

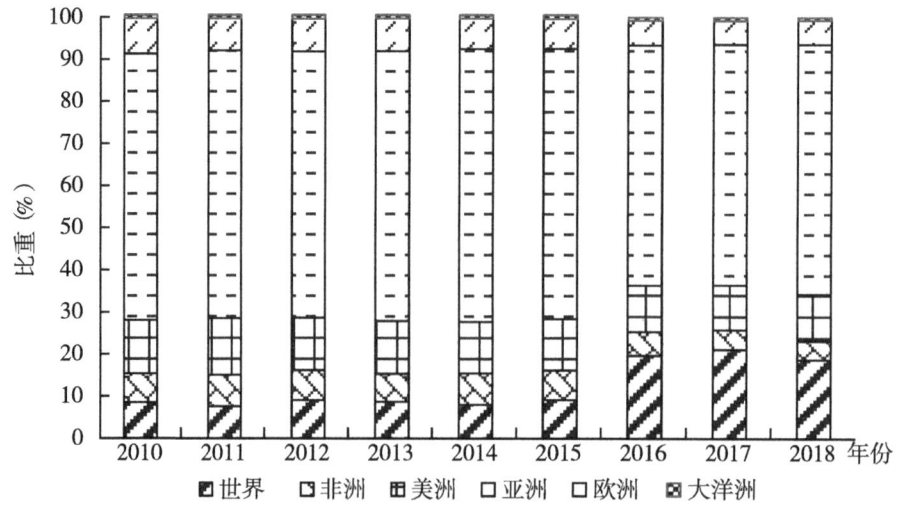

图2 2010—2018年世界甜瓜生产地区分布情况

表 2　2010—2018 年世界甜瓜生产及地区分布情况　　（单位：万吨）

年份	世界	非洲	美洲	亚洲	欧洲	大洋洲
2010	2 596.77	192.94	362.35	1 794.94	237.20	9.32
2011	2 583.91	209.42	377.31	1 776.60	212.38	8.20
2012	2 579.76	200.70	354.75	1 793.74	220.59	9.98
2013	2 623.85	190.80	361.39	1 840.21	221.95	9.50
2014	2 605.95	209.44	348.01	1 836.47	203.32	8.71
2015	2 553.78	197.57	344.02	1 803.31	198.87	10.02
2016	2 656.31	188.58	362.90	1 886.73	193.67	24.43
2017	2 662.45	156.89	359.30	1 930.25	189.20	26.81
2018	2 734.92	151.49	372.59	1 995.90	191.99	22.95

亚洲一直是世界甜瓜的最重要产地，其甜瓜产量占世界甜瓜总产量的70.00%左右，位居首位。亚洲甜瓜产量从2010年的1 794.94万吨增加到2018年的1 995.90万吨，增长幅度达到11.20%，年均增长率达到了1.00%，其在世界甜瓜产量所占的比重也从2010年的69.12%增加到2018年的72.98%，增长了5.58%；美洲甜瓜生产位居第二位，产量从2010年的362.35万吨增加到2018年的372.59万吨，增长幅度达到了2.82%；欧洲甜瓜生产位居第三位，产量从2010年的237.20万吨减少到2018年的191.99万吨，减幅19.06%，年均增长率-3.00%；非洲甜瓜生产位居第四位，产量从2010年的192.94万吨减少到2018年的151.49万吨，减幅21.49%，年均增长率-3.00%；大洋洲的甜瓜产量非常小，虽然相比2010年有较大程度的增长，但在世界甜瓜产量中所占的份额非常小。

2　西瓜甜瓜产业国际竞争力比较分析

中国是世界西瓜甜瓜第一生产大国，西瓜产量约占世界西瓜生产总量的60.00%以上，甜瓜产量约占世界甜瓜生产总量的40.00%以上。然而，与西瓜甜瓜产量的国际地位极不匹配的是，中国的西瓜甜瓜国际贸易发展相对缓慢，西瓜甜瓜总贸易量分别仅占世界西瓜甜瓜总贸易的4.00%和2.00%左右，远远落后于西班牙、美国等欧美洲国家。为了进一步拓展国际市场，提升中国西甜瓜产业的国际竞争力，本报告利用联合国粮农组织数据库（FAOSTAT）中2010—2018年世界主要西瓜甜瓜出口国的进出口数据，对中国西瓜甜瓜产业的国际竞争力进行评价和比较，并运用迈克尔·波特（Michael Porter）的产业竞争力理论，重点从生产要素、国内需求、相关与支持性产业和产业组织4个方面，探讨影响中国西瓜甜瓜产业国际竞争力的主要因素，并提出提升中国西瓜甜瓜产业国际竞争力的对策建议。

2.1　指标与数据来源

基于数据的可获取性和指标的科学性，本报告采用进出口数据评价法，所选取的指标包括：国际市场占有率、贸易竞争指数两个指标。西瓜产业国际竞争力比较分析方面，选取的参照国家包括西班牙、墨西哥、美国3个国家。长期以来，这3个国家基本上一直位于世界西瓜出口总额排序前5名，占世界西瓜出口总额的35.00%左右。西班牙和墨西哥一直位居世界西瓜出口前2位，美国虽然是西瓜进口大国，但同时也是西瓜出口贸易发展显著的国家，因而本报告选取这3个国家作为参照国来对中国西瓜产业国际竞争力进行比较分析。甜瓜产业国际竞争力比较分析方面，选取的参照国家包括危地马拉、西班牙、荷兰、美国4个国家。长期以来，这4个国家基本上一直位于世界甜瓜出口总额排序前5名，因而本报告选取这四个国家作为参照国来对中国甜瓜产业国际竞争力进行比较分析。

2.2 研究方法

2.2.1 国际市场占有率

国际市场占有率（Market Share）是指一国某一产品的出口额在世界同类产品出口额中所占的比重，是反映某一产品国际竞争力的最直接指标。所占的比重越大说明该国这一产品的出口竞争力、开拓国际市场的能力越强。其计算公式为：

$$M_{ij} = \frac{X_{ij}}{X_{wj}} \times 100\%$$

公式中，M_{ij}代表i国（地区）j类产品的国际市场占有率，X_{ij}代表i国（地区）j类产品在国际市场上的出口额，X_{wj}代表世界j类产品的出口总额。

2.2.2 贸易竞争力指数

贸易竞争力指数（Trade Competition Index）是指在一定时期内，一国某一产品的净出口值与其进出口总额的比值，其值介于–1和+1之间，主要反映某国生产的某种产品相对于世界市场上供应该产品的其他国家优劣势的程度。若该值为正值，表明该国是净出口国，比值越接近1，说明该国该产品处于生产效率的竞争优势，国际竞争力越强。若该比值为负值，表明该国是净进口国，比值越接近–1，说明该国该产品处于竞争劣势，竞争力越弱。其计算公式为：

$$TCI_{ij} = \frac{X_{ij} - M_{ij}}{X_{ij} + M_{ij}}$$

公式中，TCI_{ij}表示i国（地区）j类产品的贸易竞争力指数，X_{ij}和M_{ik}分别表示i国（地区）j类产品的出口额和进口额。

2.3 中国西甜瓜产业国际竞争力比较结果分析

2.3.1 中国西瓜产业国际竞争力比较结果分析

通过对中国西瓜国际市场占有率的比较结果分析表明（图3）：一方面，中国西瓜的国际市场占有率在2010—2018年期间总体呈现出螺旋式增长发展态势。2010—2014年期间，中国西瓜的国际市场占有率由1.00%逐年稳步提高到3.09%，年均增长率达到了20.18%的较好水平，但到了2015年又出现大幅下降，西瓜国际市场占有率仅为1.79%，下降幅度达到了41.97个百分点，随后则又呈现出逐年提高的发展态势，2018

年中国西瓜的国际市场为2.21%；另一方面，与墨西哥、西班牙和美国等3国相比较而言，中国西瓜的国际市场占有率显著偏低。以2018年为例，中国西瓜的国际市场占有率为2.21%，而同期墨西哥、西班牙和美国的西瓜国际市场占有率则分别高达13.78%、26.64%和6.54%，分别是中国西瓜国际市场占有率的6.23倍、12.04倍和2.96倍，可见差距十分明显。

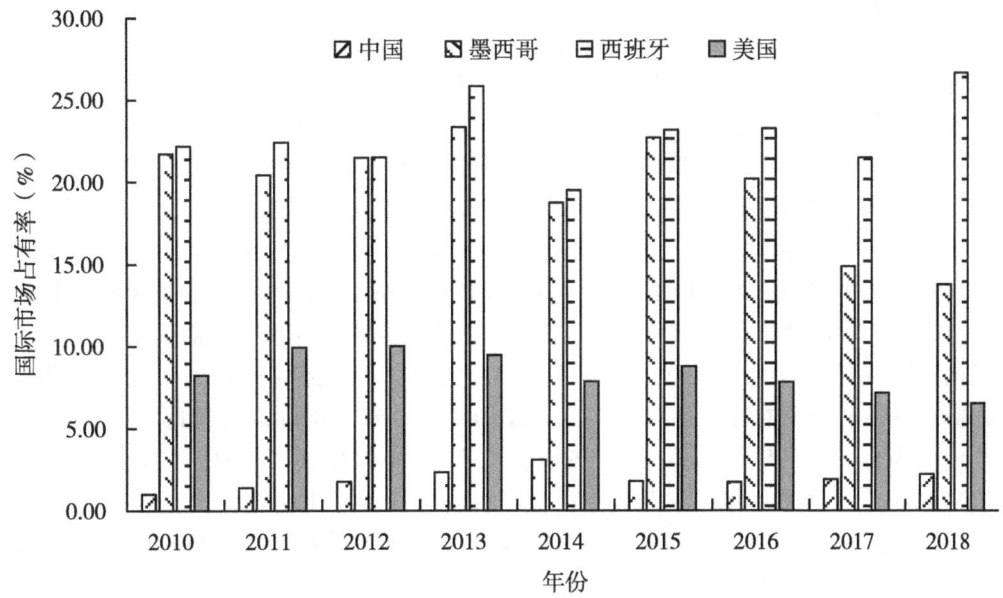

图3　2010—2018年中国西瓜国际市场占有率比较

通过对中国西瓜贸易竞争力指数的比较结果分析表明（图4）：一方面，虽然目前中国西瓜依然处于生产效率的竞争劣势，但是随着近年来中国西瓜产业的不断快速发展，其产业国际竞争力已经得到了稳步增强。中国西瓜贸易竞争力指数由2010年的

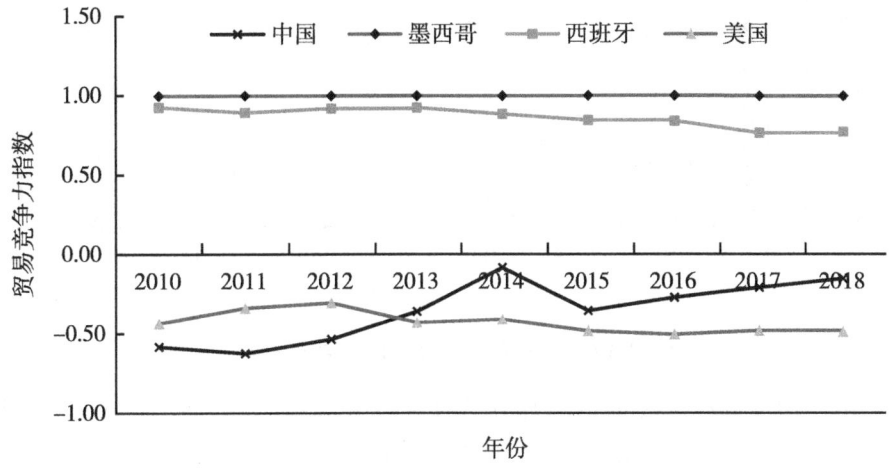

图4　2010—2018年中国西瓜贸易竞争力指数比较

−0.58提升到2018年的−0.15，提升了73.67个百分点，其中2014年达到了−0.08的最高纪录。而且，自2013年以来，中国西瓜的贸易竞争力指数始终高于美国，2018年中国西瓜的贸易竞争力指数高出美国同期指数69.67个百分点；另一方面，墨西哥和西班牙的西瓜贸易竞争力指数为正值，说明处于生产效率的竞争优势，而中国和美国的西瓜贸易竞争力指数为负值，说明处于生产效率的竞争劣势。这也在某种程度上说明，中国西瓜的贸易竞争力指数还有很大的提升空间。

2.3.2 中国甜瓜产业国际竞争力比较结果分析

通过对中国甜瓜国际市场占有率的比较结果分析表明（图5）：一方面，随着近年来国家对于甜瓜产业重视程度的不断提高，以及现代农业西甜瓜产业技术体系建设专项的深入实施，使得中国的甜瓜产业得到了长足的发展。2010—2018年，中国的甜瓜国际市场占有率呈现出先增后减的发展态势显著提高。先是由2010年的2.09%提升到2016年的9.04%，超过了荷兰（8.48%）和美国（7.47%）的甜瓜国际市场占有率，但随着近年来中国甜瓜生产成本上升、而市场销售价格下降，生产收益整体上基本呈下降发展态势，中国甜瓜进出口贸易也受到一定程度的影响，导致中国甜瓜国际市场占有率又随后下降到2018年的4.72%的水平；另一方面，我们还应该看到，目前中国的甜瓜国际市场占有率还有很大的提升空间。2010—2018年，中国甜瓜国际市场占有率的平均值仅为5.05%，与危地马拉（9.60%）、荷兰（9.41%）、西班牙（21.46%）和美国（8.48%）尚存在一定的差距。特别是与甜瓜出口大国相比较而言，差距则更为显著。2018年，中国的甜瓜国际市场占有率仅为4.72%，而危地马拉和西班牙的甜瓜国际市场占有率则达到了12.29%和21.13%，分别相差7.57个和16.41个百分点。

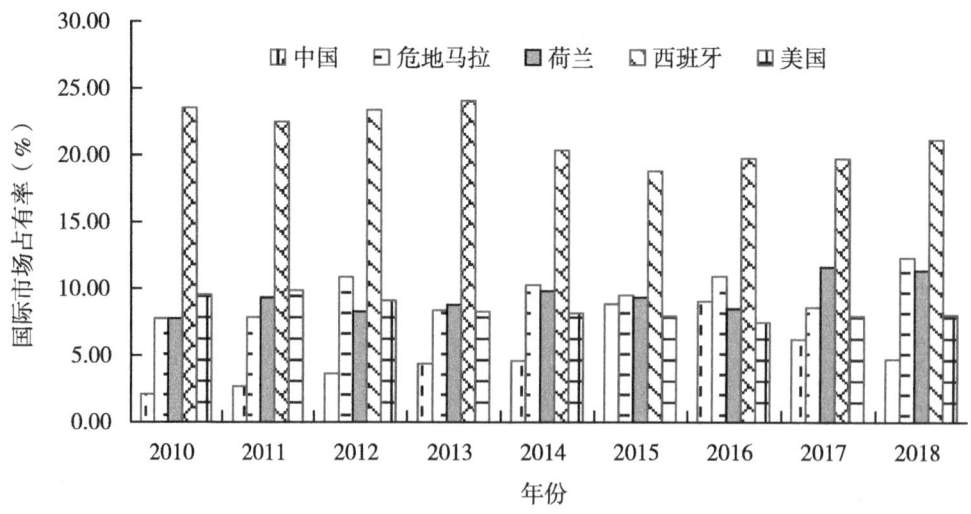

图5 2010—2018年中国甜瓜国际市场占有率比较

通过对中国甜瓜贸易竞争力指数的比较结果分析表明（图6）：一方面，随着近年来中国甜瓜产业的快速、稳定发展，中国甜瓜的贸易竞争力指数也总体呈现出先增后减的波动性发展态势。2010—2018年，中国甜瓜贸易竞争力指数由0.42逐步提高到

0.52,增加了23.68%,已经远超荷兰、美国;另一方面,中国、西班牙、危地马拉等三国的甜瓜贸易竞争力指数为正值,说明处于生产效率的竞争优势,而美国、荷兰的甜瓜贸易竞争力指数为负值,说明处于生产效率的竞争劣势。究其原因:主要是由于中国本身就是世界甜瓜生产大国,且中国甜瓜国际贸易的单项贸易特征比较明显,以出口贸易为主,进口贸易的数量和金额都相对较少,从而导致中国甜瓜的贸易竞争力指数明显高于美国和荷兰。从另外一个角度来看,这也意味着中国的甜瓜出口贸易还具有很大的发展潜力。

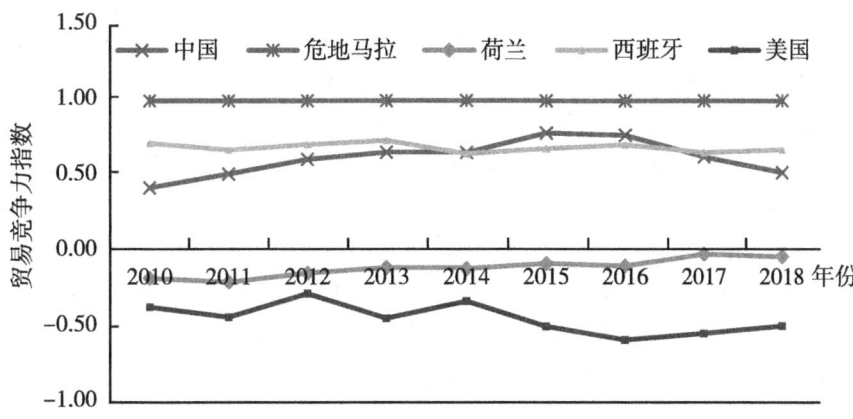

图6 2010—2018年中国甜瓜贸易竞争力指数比较

3 影响中国西瓜甜瓜产业国际竞争力的主要因素

迈克尔·波特(Michael Porter)的竞争力理论认为产业国际竞争力取决于生产要素、需求条件、相关与支持性产业、产业组织4个内生决定因素,以及政府和机遇2个外生辅助因素。本报告以Porter理论为基础,结合西瓜甜瓜的产业特性,重点从生产要素、国内需求、相关与支持性产业、产业组织4个方面,深入分析影响中国西瓜甜瓜产业国际竞争力的主要因素。

3.1 生产要素

生产要素对产业国际竞争力的决定会产生重要的影响。一方面,目前中国的西瓜甜瓜规模种植和机械化作业程度低,生产模式仍是依靠低成本的劳动力换取集约化生产的高利润,但随着近年来由于农药、化肥、劳动力等一般性生产要素投入成本不断增加,加之交通运输价格上涨、人民币汇率升值等不利因素,大大限制和压缩了中国西瓜甜瓜产业的利润空间,进一步削弱了中国西瓜甜瓜产业的国际竞争力;另一方面,由于目前中国西瓜甜瓜商品生产的技术支撑体系还不完善,以科研成果和人才为核心的专业型生产要素相对短缺,严重制约了中国西瓜甜瓜产业的竞争能力。西方发达国家已经建立了以政府主导的公益性研究和以企业主导的商业性利用之间的良性互动机制,农业科研机构与育种公司通过资源研究共享和经费定投合作机制,直接提升了商业育种水平与产业效益。而中国政府投资科研事业单位的定位则相对较模糊,几乎所有的西瓜甜瓜研究机构均属既接受政府经费资助，又因全额经费不足需进行成果转化与开发创收，同企业存在部分竞争，既影响了社会总体的公益性与商业性机构的合理区分与合作，又影响了研究与开发的效率及合力。

3.2 需求条件

国内需求市场也是形成产业国际竞争优势的关键因素，是产业发展的动力，它会刺激产品的改进和创新。从2012—2018年中国与西班牙、美国等欧美洲国家的国内需求市场情况来看（表3）：在国内消费总量方面，中国的西瓜甜瓜国内消费总量一直远远超过美国、西班牙等主要西瓜甜瓜出口国。2018年，中国的西瓜国内消费总量为6 321.66万吨，分别是西班牙和美国的190.95倍和27.80倍。甜瓜国内消费总量为1 275.34万吨，分别是西班牙和美国的36.98倍和9.64倍；在人均消费量方面，中国的人均西甜瓜消费量也是位居前列。2018年，中国人均西瓜消费量为43.32千克，分别是西班牙和美国的6.11倍和6.23倍。人均甜瓜消费量为8.74千克，分别是西班牙和美国的1.18倍和2.16倍。比较分析不难得出：一方面，中国作为世界西甜瓜的第一生产大国，同时也有着巨大的西瓜甜瓜国内消费需求市场，有利于鼓励瓜农扩大西瓜甜瓜种植规模，凭借着内需市场对规模经济的影响及市场预期需求而催生西瓜甜瓜产业的国际竞争优势；另一方面，虽然中国的人均西瓜甜瓜消费量较高，但相对于西班牙、美国等发达国家还存在一定的差距。随着我国人民收入水平的进一步提高，西瓜甜瓜的国内需求市场还有较大的增长空间，有利于中国西瓜甜瓜产业国际竞争力的提升。

表3 2012—2018年中国、西班牙、美国西甜瓜国内需求市场情况

国家	国内消费总量（万吨）						人均消费量（千克/人）					
	西瓜			甜瓜			西瓜			甜瓜		
	2012	2015	2018	2012	2015	2018	2012	2015	2018	2012	2015	2018
中国	6 092.80	6 308.48	6 321.66	1 072.92	1 119.12	1 275.34	43.05	43.86	43.32	7.58	7.78	8.74
西班牙	37.72	43.30	33.11	51.28	33.14	34.49	8.01	9.28	7.09	10.90	7.10	7.39
美国	192.40	209.45	227.42	128.22	125.24	132.30	6.13	6.53	6.95	4.08	3.90	4.04

资料来源：根据联合国粮农组织数据库（FAOSTAT）相关数据整理计算而得。国内消费总量=国内生产量+进口量-出口量，由于西甜瓜主要以鲜食为主，因而未考虑库存因素。

3.3 相关与支持性产业

相关与支持性产业的存在为国家竞争优势提供了一个优势网络。该网络通过由上而下的扩散流程和相关产业内的提升效应而形成。因此，西瓜甜瓜产业的相关与支持性产业是否具有国际竞争力，对促进和增强中国西瓜甜瓜产业的国际竞争优势具有重要意义。在西瓜甜瓜育种方面，由于我国西瓜甜瓜种业发展基础较为薄弱，体系尚未健全，育种研究的深度和广度与国际相比差距较大，导致目前我国的西瓜甜瓜生产多以中熟、丰产品种为主，而在抗性、优质、特色等方面缺少突破性的优良品种，品种更新明显滞

后、结构相对单一,加之种子市场质量监督体系不够完善,严重影响了中国西瓜甜瓜种业与发达国家种子公司的竞争能力;在西瓜甜瓜销售流通方面,甜瓜销售流通还基本停留在传统自然经济的产销流通模式上。我国的西甜瓜是以鲜销为主,而目前我国的农产品物流是以常温物流或自然物流形式为主,西瓜甜瓜在物流过程中的损失很大。加之物流运输基础设施落后、管理信息系统网络不健全等不利因素,致使西瓜甜瓜的生产环节与流通环节严重脱节,不仅损害了瓜农的利益,也削弱了中国西瓜甜瓜产业的市场竞争力。

3.4 产业组织

目前我国西瓜甜瓜生产经营的组织化、标准化、产业化程度较低,容易在竞争中遭受损失。第一,我国西瓜甜瓜的生产经营方式还是以个人或家庭承包种植经营为主,瓜农既是生产者又是经营者,由于缺乏企业化运作,生产和经营高度分散,生产技术管理水平很难提高。瓜农多以片面追求高产为主,田间管理多采用大肥大水的粗放式管理模式,不注意有机肥和氮磷钾的合理使用,生产标准化程度普遍不高,致使甜瓜质量差异较大,经济效益较低;第二,大部分西瓜甜瓜产销合作组织还处于初级阶段,对瓜农在种植、管理、销售等方面还无法给予必要的引导。尤其在销售方面,不能形成统一格局,瓜农在同采购商的谈判往往单打独斗,得不到市场定价权,瓜农在销售终端得不到最大利益,影响了瓜农的生产积极性;第三,西瓜甜瓜加工销售企业核心竞争力不强,缺乏包装、商标和品牌意识,产业链条过短,产品增值程度偏低,获取市场信息渠道不畅,与瓜农之间的利益联结机制还不完善。

4 提升中国西瓜甜瓜产业国际竞争力的对策建议

4.1 积极发展产业化经营,提高标准化生产水平

积极发展产业化经营,采取"公司+基地+合作组织+瓜农"的模式,将分散的瓜农组织起来,加快建立统一管理、统一农资、统一种苗、统一技术、统一培训、统一品牌、统一包装、统一销售的"八统一"产供销一条龙的服务与运行机制,使得西瓜甜瓜的生产、加工、销售三者之间能够有机地联系起来。要在西瓜甜瓜重点产区成立专业合作组织,积极开展产前、产中、产后服务,提高标准化生产水平,鼓励和引导广大农户使用绿色、安全、循环的先进生产技术成果,确保西瓜甜瓜的产品质量。要不断发展壮大西瓜甜瓜加工销售龙头企业。加快培育和发展一批规模化的高标准西瓜甜瓜生产示范基地。建立起龙头企业与瓜农之间稳定的购销关系和利益联结机制,充分发挥其在产、供、销各环节中对瓜农的生产指导、提供产销信息服务、创立品牌、促进标准化生产等方面的积极作用,这样既能充分发挥集团优势和区域优势,促进科技成果转化,又能有效地辐射带动瓜农,降低瓜农的生产和市场风险,提高产业经济效益。

4.2 加强政府和市场引导,开拓西甜瓜销售流通新模式

政府相关部门要加快建立覆盖重点县乡、龙头企业、专业大户、农产品批发市场、

中介组织、科研单位的信息网络,及时准确采集、分析、整理、发布西瓜甜瓜的生产和市场等相关信息,指导瓜农根据市场需求合理安排西瓜甜瓜生产。要改变传统生产销售模式,不断积极开拓新的西瓜甜瓜销售流通模式。大力发展订单农业,通过"瓜农与西瓜甜瓜加工销售龙头企业""瓜农与专业批发市场""瓜农与专业合作组织""瓜农与经销公司、经纪人、客商"之间签订甜瓜生产购销合同,切实保障瓜农利益,有效降低瓜农的生产和市场风险。积极开发"农超对接""农批对接"以及"互联网+"等现代新型物流模式,减少中间流通环节,降低物流成本,提高瓜农的直接经济效益。鼓励西甜瓜销售企业采用休闲观光采摘、网上直销、城市配送等多种营销手段,从而解决瓜农的销售难题。

4.3 完善科技创新体系,强化科技支撑力度

积极培育科技创新主体,优化科技资源配置,促进产、学、研、销相结合,加强技术集成,提高自主创新能力。整合研究资源,加大科研资金投入力度,以培育优质新品种及关键技术为主,重点培育具有优质、抗病、易坐瓜、不畸形等优质特性的西瓜甜瓜新品种。加快研究不同品种、不同生态条件、不同市场需求的综合栽培技术规程,逐步推广标准化、规范化的现代高效栽培技术体系,使西瓜甜瓜产业的持续发展真正转移到主要依靠科技进步的轨道上来。加强科技推广力度,建立和健全西瓜甜瓜产业科技示范推广体系,重点抓好西瓜甜瓜新品种、新技术推广,促进科研成果的商品化和产业化转化,提高科技对西瓜甜瓜产业发展的支撑力度,不断提高中国西瓜甜瓜的国际市场竞争力。

报告三 中日韩甜瓜产业发展比较分析与提升对策

石鑫岩 景 琦 王志敏 刘春青 王志丹

甜瓜因其在食用性上营养丰富、香甜多汁和在种植性上栽培周期短、技术操作简单、效益显著等特点，成为世界重要的高效园艺类水果作物。自20世纪90年代以来，世界甜瓜产业发展进入了快速增长时期，甜瓜的种植面积、生产总量和产值都不断攀高。亚洲一直是世界甜瓜的最大主产区，占世界甜瓜产量的60.00%以上。其中，中日韩三国因地理位置相近、生活习俗与饮食习惯相仿，巨大的市场发展空间使得近年来中日韩甜瓜产业实现了快速发展，在生产、消费、贸易等方面也均表现出不同的发展特点。通过对中日韩甜瓜产业发展的比较，深刻剖析3个国家之间在甜瓜产业发展中存在的主要差异及其产生根源，合理借鉴日韩两国的成功经验，这对于进一步促进中国甜瓜产业的健康、可持续发展具有十分重要的现实意义。

1 中日韩甜瓜产业发展情况比较

1.1 甜瓜生产方面

中国无论在种植面积还是在生产总量方面都是世界甜瓜第一大主产国，占世界甜瓜总产量的50.00%以上，特别是进入"十二五"以来，中国的甜瓜产业得到了长足发展，种植面积和生产总量均呈稳步递增的发展态势。甜瓜种植面积和生产总量分别由2012年的41.54万公顷和1 338.58万吨，增加到2016年的47.94万公顷和1 600.96万吨，年均增长率分别达到了3.65%和4.58%。相比之下，由于受耕地、气候、劳动力等生产条件制约，日本和韩国的甜瓜生产规模则明显偏小。日本和韩国的甜瓜种植面积分别由2011年的0.82万公顷和0.59万公顷，缩减到2016年的0.70万公顷和0.53万公顷，分别减少了14.63%和10.17%。甜瓜产量也分别由2011年的18.04万吨和18.00万吨，缩减到2016年的15.82万吨和16.17万吨，分别减少了12.31%和10.17%（表1）。而且，随着近年来中国在高品质甜瓜育种、病虫害防治、栽培种植技术以及生产设施条件方面取得了飞速进步，使得在甜瓜单产水平方面要显著高于日本和韩国同期单产水平。2016年，中国的甜瓜单产水平达到了33 396.1千克/公顷，分别高出日本和韩国48.35%和8.90%（图1）。

表1 2011—2016年中日韩三国甜瓜生产情况比较

年份	生产总量（万吨）			种植面积（万公顷）		
	中国	日本	韩国	中国	日本	韩国
2011	1 726.30	18.04	18.00	59.20	0.82	0.59
2012	1 338.58	17.63	18.67	41.54	0.79	0.58

(续表)

年份	生产总量（万吨）			种植面积（万公顷）		
	中国	日本	韩国	中国	日本	韩国
2013	1 441.16	16.87	17.66	42.85	0.76	0.55
2014	1 482.64	16.76	15.82	44.41	0.73	0.55
2015	1 534.65	15.80	16.11	46.63	0.71	0.54
2016	1 600.96	15.82	16.17	47.94	0.70	0.53

数据来源：联合国粮农组织数据库（FAOSTAT）。

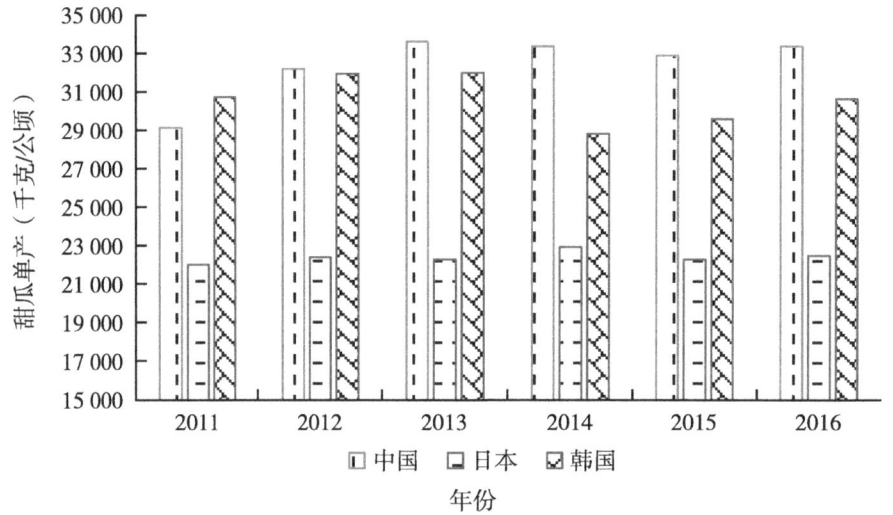

图 1　2011—2016 年中日韩三国甜瓜单产水平比较

1.2　甜瓜消费方面

从中日韩甜瓜消费量情况来看：国内消费量方面，中国是世界甜瓜第一消费大国。2013 年，中国的甜瓜国内消费量达到了 1 436.74 万吨，同比 2012 年增加了 7.67%。相比之下，日本和韩国的甜瓜国内消费量则要明显偏小，2013 年分别仅为 20.13 万吨和 17.69 万吨（表 2）；人均消费量方面，中国的人均甜瓜消费量也是远超日本和韩国。2013 年，日本和韩国的人均甜瓜消费量分别仅为 1.57 千克/人和 3.53 千克/人，而中国的人均甜瓜消费量则是达到了 10.16 千克/人，分别是日本和韩国的 6.47 倍和 2.88 倍，这也充分说明未来中国的甜瓜产业还是具有非常巨大的发展空间。

表 2　2011—2013 年中日韩三国甜瓜消费量比较

年份	国内消费量（万吨）			人均消费量（千克/人）		
	中国	日本	韩国	中国	日本	韩国
2011	1 722.29	21.33	18.04	12.32	1.66	3.63

(续表)

年份	国内消费量（万吨）			人均消费量（千克/人）		
	中国	日本	韩国	中国	日本	韩国
2012	1 334.35	20.60	18.68	9.49	1.60	3.74
2013	1 436.74	20.13	17.69	10.16	1.57	3.53

注：国内消费总量=国内生产量+进口量-出口量，且由于西瓜主要以鲜食为主，因而未考虑库存因素。[1]

与此同时，我们也应该看到，虽然日本和韩国的甜瓜生产规模不及中国，但其甜瓜产业经济效益却要远高于中国。近年来，日本和韩国在栽培土壤改良、新品种研发、种植技术、病虫害防护、产后保鲜储存以及流通加工等方面加大了科研投入力度，大大提高了甜瓜自身品质和产品附加值。加之，当地农协组织对于上市甜瓜有着严格的鉴定标准，如甜瓜的甜度、形状、颜色、香味等未达到规定标准就会被处理掉，淘汰率比较高，从而导致日本和韩国的甜瓜市场价格一直居高不下，天价甜瓜更是屡见不鲜。以日本著名的甜瓜品牌——夕张王甜瓜（Yubari King Melon）为例，为了保持夕张王甜瓜的质量和对品牌的信任，夕张市的农业合作社会在收获时将所有甜瓜都运送到分类区域进行质量检验，根据形状（理想的是完美的球形）、甜度（16.00%～19.00%）、网状（优选微小和微妙的网格）、颜色、香味（令人陶醉的）等方面的差异，把甜瓜划分为优良、优秀、精选、极品四个等级。每年夕张市农业合作社只有3.00%的甜瓜可能符合精选的资格，极品的一般也就1～2个，将被授予"瓜王"在市场上进行拍卖，起拍价为30万日元。而夕张市当地甜瓜售卖价格在4 000～10 000日元（平均约合人民币300元）。

1.3 甜瓜国际进出口贸易方面

一方面，从中日韩甜瓜国际进出口贸易情况来看，均表现出明显的单项贸易特征。中国是世界甜瓜的第一主产国，特别是近年来在生产技术差别化和新品种开发方面取得了飞速进步，甜瓜产业国际竞争力得到了大幅提升，甜瓜国际贸易出口量逐年递增。2013年，中国的甜瓜贸易净出口量和贸易顺差分别达到了44 177.00吨和5 585.00万美元，比2011年分别增长了10.31%和128.43%。而日本和韩国则是属于甜瓜国际贸易净进口国，2013年日本和韩国的甜瓜净进口量分别达到了32 599.00吨和313.00吨。其中值得一提的是，虽然2011—2013年韩国甜瓜的进口量大于出口量，但其出口额却始终大于进口额，2013年韩国甜瓜贸易顺差达到了252.70万美元（表3、表4）；另一方面，从中日韩甜瓜出口贸易条件来看，中国的甜瓜出口平均价格要明显低于日本和韩国。2013年，中国的甜瓜出口平均价

---

[1] 截至目前，联合国粮农组织数据库（FAOSTAT）关于甜瓜国际贸易方面的相关数据仅更新到2013年。为了保持所采用的数据前后口径统一，因此，本文对于甜瓜消费和贸易方面的数据分析也仅止于2013年。

格仅为1 187.51美元/吨,而日本和韩国的甜瓜出口平均价格则分别高达8 344.26美元/吨和3 346.39美元/吨,分别是中国的7.03倍和2.82倍,贸易条件差距之大可见一斑(图2)。

表3 2011—2013年中日韩三国甜瓜国际进出口贸易量情况

年份	出口量（吨）			进口量（吨）			净出口量（吨）		
	中国	日本	韩国	中国	日本	韩国	中国	日本	韩国
2011	54 389.00	40.00	1 525.00	14 340.00	32 948.00	1 941.00	40 049.00	-32 908.00	-416.00
2012	56 687.00	85.00	1 603.00	14 449.00	29 652.00	1 746.00	42 238.00	-29 567.00	-143.00
2013	59 191.00	122.00	1 123.00	15 014.00	32 721.00	1 436.00	44 177.00	-32 599.00	-313.00

注：净出口量计算结果若为正值，表示出口量大于进口量，反之亦然。

表4 2011—2013年中日韩三国甜瓜国际进出口贸易额情况

年份	出口额（万美元）			进口额（万美元）			贸易差额（万美元）		
	中国	日本	韩国	中国	日本	韩国	中国	日本	韩国
2011	3 662.60	46.20	406.10	1 172.10	3 820.10	152.20	2 490.50	-3 773.90	253.90
2012	5 267.30	82.00	488.60	1 267.80	3 672.10	143.80	3 999.50	-3 590.10	344.80
2013	7 029.00	101.80	375.80	1 444.00	3 433.80	123.10	5 585.00	-3 332.00	252.70

注：贸易差额计算结果若为正值，表示出口额大于进口额，属于贸易顺差，反之则属于贸易逆差。

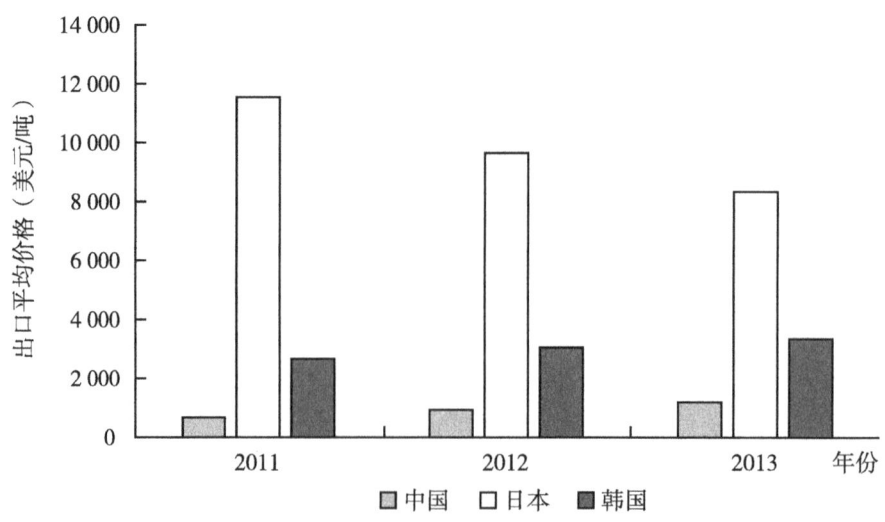

图2 2011—2013年中日韩三国甜瓜出口贸易平均价格情况

2 日本和韩国甜瓜产业发展的成功经验

2.1 农协组织的管理与指导作用至关重要

日本和韩国的农业生产经营都具有土地细碎化程度高、农业劳动力老龄化严重、耕地规模经营利用率偏低等特点,而日韩两国的甜瓜产业之所以能在如此诸多不利条件下实现可持续发展,在很大程度上得益于农协的管理与指导。日本和韩国的农协不仅仅是个简单的经济组织,它还兼有协助政府部门向下贯彻落实相关农业发展政策和向上代表农民同政府部门表达群众诉求的双向职能,是政府部门管理和指导农业发展的重要平台和手段。作为甜瓜生产与流通的实际组织者和瓜农与市场之间的重要桥梁,从产前甜瓜产量、栽培品种以及上市时间等生产计划的统一制定,到产中资金信贷、生产物资、栽培技术等生产要素的统一供应,再到产后甜瓜上市标准、加工包装、物流配送、市场营销等关键环节的统一服务,农协都发挥了重要的管理与指导作用。甚至在保持国内农产品价格体系、维护农民利益方面,农协也拥有十分重要的发言权。

2.2 政府部门的政策支持体系提供了重要政策保障

随着日本和韩国国民经济的快速发展,对于农业的政策支持力度也在随之不断加大,都已建立起了包括价格支持、收入补贴、直接支付等在内的相对比较完善的政策支持体系。比如:价格支持方面,韩国政府针对园艺类农产品建立了调整性收储机制,当农产品市场价格跌至成本价格以下时,就会从政府设立的农渔产品价格稳定基金中对农户进行直接补贴,从而保证了农产品市场价格的相对稳定;资金信贷方面,韩国政府会通过农协组织向农民提供低息贷款,中间产生的利息差额全部由政府来进行补贴,而且农协由此产生的利润也会以指导事业费的形式返还给农民,相当于对农民收入进行间接补贴;农业保险方面,日本政府为了减少农民的保险费用,对于参加农业保险的农户,不论强制保险或自愿保险都可以享受政府对保险费的补贴。一般情况下承担保险责任的保额比例为:共济组合10%~20%,联合会20%~30%,政府50%~70%,遇有特大灾害,政府承担80%~100%的保险赔款。

2.3 农业科研和推广体系的科技创新提供了重要技术支撑

日本的农业科研和推广体系比较完善,科研机构主要是由国立和地方公立科研机构、大学、民间科研机构三部分组成。中央政府和地方政府对农业科研经费的投入强度较大,约占农业国内生产总值的2.2%,农业推广服务则主要通过政府改良及事业和农协的营农指导来开展工作。韩国则是以立法的形式设立了农村振兴厅,全面负责韩国的农业科研和推广工作,形成了由农村振兴厅统一管理和指导全国农业科研、教育和农技推广工作的机构体系。农村振兴厅下设11个专业研究所、11个农业大学和1个种子管理所,各道、市、郡等地也设立了相应的组织机构。近年来,日本和韩国在栽培土壤改良、新品种研发、种植技术、病虫害防护、产后保鲜储存以及流通加工等方面取得了飞速进步,为日韩甜瓜产业发展提供了有力的技术支撑。

3 促进中国甜瓜产业发展的政策建议

3.1 加快新型经营主体培育，提高产业组织化程度

加快培育农民合作社、种植大户、家庭农场、农业企业等新型农业经营主体，并在金融信贷、土地流转、税收减免、资金补贴等方面给予一定的优惠政策，大力发展"公司（合作社）+基地+农户"的合作模式，紧紧围绕甜瓜产业的产前、产中、产后等关键环节，积极开展农资供应、种植指导、标准化生产、加工包装、物流配送、市场营销、品牌创建等相关服务。支持大型连锁超市与农民合作社等开展"农超对接"。鼓励瓜农与农业企业、农民合作社、专业协会等签订合同发展订单甜瓜，加快形成产、加、销一体化的利益共同体，不断提高甜瓜产业化组织程度，进一步调和小生产与大市场的矛盾，有效解决生产与销售脱节的问题，增强甜瓜生产抵御自然灾害与市场风险的能力，不断提高中国甜瓜产业发展的市场竞争力。

3.2 加快产业支持政策制定，完善政策支持保障体系

甜瓜产业的发展离不开政府部门的政策扶持，因此要进一步完善中国甜瓜产业健康发展的政策保障体系。加大政府部门在甜瓜基础设施建设中的投入力度，重点在甜瓜优势产区的甜瓜育种、集约化育苗设施建设、设施栽培基地建设、病虫害测报网络建设、市场信息网络建设、产品质量建设、品牌申报等方面给予资金扶持和补贴。加快建立由政府或行业主导的甜瓜生产、流通和销售要素动态监测机制，为生产者、经营者提供可靠的公益性生产、市场权威信息指导。在政府主管部门的主导下，通过建立和完善甜瓜产品安全生产技术保障体系，积极开展"无公害产品生产示范基地"创建活动。鼓励银行业金融机构加大对甜瓜产业发展的信贷支持力度，按照风险可控的原则，加大对甜瓜生产的信贷支持，并对流通体系建设提供中长期信贷支持。增加商业性、合作性金融对甜瓜产业的贷款规模，大力发展小额信贷，鼓励发展适合甜瓜产业的微型金融服务，提高甜瓜产业发展重点环节建设的融资能力。

3.3 加快新技术和新品种研发，优化甜瓜产品结构

紧紧围绕甜瓜产业发展过程中存在的技术难题，广泛联合科研院所、大专院校、农业企业等不同科技创新主体，积极开展甜瓜科技攻关、生产协作、技术集成、推广示范。加快选育区域适应性好、抗病虫害能力强的甜瓜新品种，积极研发病虫害新型生物防治技术。从成熟度检测技术、甜瓜汁饮料加工技术、鲜切加工技术、活性成分提取技术、预冷与保鲜技术、冷链流通保鲜技术以及耐储藏与运输型新品种筛选等关键环节入手，着力解决甜瓜加工流通环节中常见的不耐储藏、运输损耗率高、产品附加值低等问题。在满足市场需求多样性上，针对不同消费群体在口感、外形、便食性、功能性等方面的不同消费偏好，不断改善甜瓜果实品质，同时还可以在甜瓜鲜食以外的其他方面诸如功能性物质提取、果酒酿造等消费形式上进行尝试和探索，不断优化甜瓜产品结构，进一步提升甜瓜产品的商品附加值。

专题五　中国西瓜甜瓜主产省（区）调研报告

报告一　河南省西瓜甜瓜产业经济发展调研报告（2019—2020）

张　扬

河南省开封市与滑县是西甜瓜的主要种植区域，2019年和2020年西甜瓜种植户平均劳动力分别为5人与3人，大部分家庭有外出务工劳动力且多以季节性为主。西甜瓜种植是他们的主要家庭收入来源。种植户多以男性为主且文化程度低，种植以自有土地为主，只有个别农户有转入土地。西瓜种植以露地为主且以春季瓜为主，甜瓜生产以塑料大棚为主，分为春秋两季瓜；西甜瓜平均每亩收入2万元左右。在种植过程中，主要使用磷酸二铵、尿素等化肥和鸡粪有机肥，同时使用除草剂和除虫剂，浇灌以田间浇灌为主，在种植收载环节有雇用劳动力，工价为每小时70元左右。2019年种植户都认为化肥会提高瓜的产量但过量使用会造成各种污染，不利于土地可持续发展；有机肥有助于西甜瓜品质提升但是成本过高。

1　河南省西甜瓜生产情况

1.1　河南省西甜瓜种植情况

中国的西甜瓜产业无论是生产面积，还是总产量均处在世界第一位。河南省地处中原地区，西甜瓜生产历史悠久，瓜农种植经验丰富，是我国西甜瓜生产的主产区，也是我国西甜瓜产业发展的优势区域之一。河南西瓜以其脆、甜、香等特有风味享誉全国，是河南省具有特色的名优产品之一。西甜瓜在河南省农业生产中占有重要地位。河南省大棚西瓜生产主要分布在开封、郑州、周口和商丘等地，主要品种有京欣系列，黑皮大果无籽西瓜等类型。甜瓜生产主要分布在开封、周口、濮阳、商丘和驻马店等地，栽培的品种有伊丽莎白、瑞雪2号、中甜1号、玉金香、雪蜜、白沙蜜等。2020年，全省西甜瓜种植面积达30万公顷，产量超过1 600万吨，其中西瓜种植面积和产量均居全国第一位，占全国27%左右；甜瓜种植面积和产量稳居全国前5位，其中种植面积近5万公顷，居全国第三位。河南省西甜瓜生产栽培方式呈现出多样化，一般以露地、塑料大中棚栽培为主，也有采用地膜覆盖、小拱棚、日光温室等设施种植方式。大中棚西瓜一般12月底到翌年2月初播种、嫁接育苗，2月中旬到3月定植，5月初开始上市收获。小棚西瓜一般2月中下旬播种，3月、4月初定植，7月开始上市，西瓜整体上市时间为5月至9月。甜瓜主要上市供应时间为5月初到10月底,分为春季瓜和秋季瓜两茬。

近几年来,随着科技的发展,新品种、新技术的不断更新,在全省形成了各具特色的优势产区,涌现出一大批知名品牌,如汴梁西瓜、兰考蜜瓜、夏邑西瓜、八里香甜瓜等通过国家地理标志产品认证,并涌现出优质高效设施西瓜甜瓜特色示范基地,有力地促进了河南省西瓜甜瓜产业的可持续性发展。

1.2 河南省西甜瓜市场价格波动分析

2020年,受新冠肺炎疫情等因素的影响,全国各种商品的市场价格都受到较大影响。西甜瓜种植面积、田间管理没有受到太大影响,但是对市场销售影响较大。5月初,西甜瓜刚刚上市的时间,受新冠肺炎疫情等因素影响,全国公路交通、铁路交通及人员流动、市场交易与往年相比都受到较大影响,外地大客户购买量减少,产品销售区域大幅度缩小,主要集中在当地及较近的周边区域。在西甜瓜产量和市场供应量没有受到太大的影响下,市场销售区域、销售量相对减少,局部出现了供大于求的现象,与往年相比,西甜瓜市场波动较大,下降幅度较多。下半年,随着全国各行各业逐步恢复正常工作、生产、生活秩序,各种商品价格逐步恢复平稳。总体上来讲,西甜瓜价格上半年下降明显,下半年恢复正常且整体处于平稳状态。

2 调查区概况及样本分布

2.1 样本农户家庭人口基本情况

由表1可知,2019年与2020年西甜瓜种植农户家庭人口平均为5人。2019年滑县225户西甜瓜种植农户中,家庭人口数量最多为14人,家庭劳动力最多为12人,非农劳动力最多为8人,常年在家务农户最多为6人;2020年开封市133户西甜瓜种植农户中,家庭人口数量最大为18人,家庭劳动力最多为8人,非农劳动力最多为5人,常年在家务农户最多为5人。

表1 2019年被调研农户家庭人口情况

(单位:人)

时间和地区	人口/劳动力	样本数	最小值	最大值	平均值
2019年河南省滑县	家庭人口	225	2	14	5
	家庭劳动力	225	2	12	4
	非农劳动力	86	0	8	2
	常年务农	225	1	6	2
2020河南省开封市	家庭人口	133	1	18	5
	家庭劳动力	133	1	8	3
	非农劳动力	133	0	5	1
	常年务农	133	1	5	1

由表 2 可知，大部分西甜瓜种植农户非农收入较低。2019 年滑县 142 户农户非农收入为 5 000 元（含）以下，非农收入在 5 000~1 万元（含）的农户，比重超过了 75%；2020 年开封市，54 户农户非农收入为 1 万元以下，比重 40.60%。这表明西甜瓜种植农户家庭收入主要还是来自务农收入。

表 2　2019 年西甜瓜种植农户非农收入情况

代码	分组	2019 年滑县		2020 年开封市	
		计数（个）	比重（%）	计数（个）	比重（%）
A	5 000（含）元以下	142	63.10	25	18.80
B	5 000~1 万元（含）	29	12.90	29	21.80
C	1 万~2 万元（含）	35	15.60	30	22.60
D	2 万~5 万元（含）	10	4.40	36	27.10
E	5 万~10 万元（含）	6	2.70	13	9.80
F	10 万元以上	3	1.30		

由表 3 可知，参与调查的西甜瓜种植户以男性为主。2019 年滑县被调查人员男性为 194 人，占比 86.70%；2020 年开封市被调查人员男性为 117 人，占比 88.00%（表 3）。从西甜瓜种植户年龄看，其 2019 年滑县 30~60 岁（含）共有 169 户，其中西瓜和甜瓜分别 85 户和 84 户，占比分别为 66.40% 和 86.60%；2020 年，开封市 30~60 岁（含）共有 97 户，占比为 72.90%。西甜瓜种植户大多数为初中以下文化程度。从调研数据来看，2019 年滑县西瓜种植具有初中文化程度的有 68 人，比重超过了 53.10%，甜瓜种植户 90% 以上的种植户都是初中以下学历水平；2020 年，开封市西瓜种植具有初中文化程度以下的有 115 人，比重超过了 86.50%。2019 年滑县西瓜种植 10 年以下仅有 46 人，占比 35.90%；甜瓜种植户与此刚好相反甜瓜种植 10 年以上，比重为 79.40%；2020 年开封市有 87.20% 的种植年限在 10 年以上（表 3）。

表 3　西甜瓜种植户的基本情况

类别	分组	2019 年滑县西瓜		2019 年滑县年甜瓜		2020 年开封市西甜瓜	
		计数（个）	比重（%）	计数（个）	比重（%）	计数（个）	比重（%）
性别	女性	17	13.30	14	14.40	16	12.10
	男性	111	86.70	83	85.60	117	88.00
年龄阶段	30 岁(含)以下	6	4.70	4	4.10	7	5.30
	30~60 岁（含）	85	66.40	84	86.60	97	72.90
	60 岁以上	37	28.90	9	9.30	29	21.80

(续表)

类别	分组	2019年滑县西瓜		2019年滑县年甜瓜		2020年开封市西甜瓜	
		计数（个）	比重（%）	计数（个）	比重（%）	计数（个）	比重（%）
文化程度	没上过学	13	10.20	3	3.10	16	12.10
	小学	36	28.10	19	19.60	33	24.80
	初中	68	53.10	70	72.10	66	49.60
	高中/职高	11	8.60	5	5.20	18	13.50
村干部	以前当过	10	7.80	4	4.10	16	12.00
	现在是	7	5.50	2	2.10	11	8.30
	没当过	111	86.70	91	93.80	106	79.70
种植年限	10年以下	46	35.90	77	79.40	17	12.80
	10~30年	53	41.40	18	18.60	77	57.90
	30年以上	29	22.70	2	2.00	39	29.30
是否从事过非农行业	没有从事过	104	81.20	82	84.50	43	32.30
	从事过	24	18.80	15	15.50	90	67.70

2.2 样本农户家庭经营土地情况

2020年开封市，在133户样本中，种植总面积最多为100亩，最小的只有2亩（表4）。无论是西瓜还是甜瓜种植地块较分散，主要是在5块以内。

表4 2020年开封市西甜瓜种植地块分布情况

地块数（个）	计数（户）	比重（%）
1	13	9.80
2	10	7.50
3	18	13.50
4	17	12.80
5	23	17.30
6	18	13.50
7	11	8.30
8	9	6.80
9	7	5.30

(续表)

地块数（个）	计数（户）	比重（%）
10	6	4.50
11	1	0.70

西甜瓜种植户的种植土地主要是以自有土地为主，有少量种植户有土地的转入和转出。2019年滑县全部利用自有土地经营的有156户，西瓜和甜瓜种植户分别为96户和60户；2020年开封市，全部利用自有土地经营的有125户，比重达到93.98%（表5、表6）。

表5　西甜瓜种植总面积描述性统计情况

（单位：户、亩）

调查区域	项目	户数	最小值	最大值	平均值	标准差
2019年滑县	土地总面积	225	2	110	11.48	11.53
	自有土地	223	2	50	8.25	5.54
2020年开封市	土地总面积	133	2	100	15.28	13.68
	自有土地	133	1	100	14.49	13.32

表6　西甜瓜种植户自有土地占总种植面积情况

比例	2019年滑县西瓜		2019年滑县甜瓜		2020年开封市西甜瓜	
	计数（户）	占比（%）	计数（户）	占比（%）	计数（个）	占比（%）
50%以下	17	13.28	24	24.74	2	1.51
50%~99%	15	11.72	13	13.40	6	4.51
100%	96	75.00	60	61.86	125	93.98

由表7可知，2019年滑县有65户西甜瓜种植农户有转入土地，转入平均面积为11.11亩，最大面积达到100亩，最小的只有2亩。每亩转入平均租金为1 086.67元，最大租金和最小租金分别为1 500元和600元，土地流转租金差异较大。2020年开封市有8个西甜瓜种植农户有转入土地，转入平均面积为3.48亩，最大面积达到50亩，最小的只有2亩。每亩转入平均租金为121.9元，最大租金和最小租金分别为400元和143元，土地流转租金差异较大。

表7　西甜瓜种植户土地流转经营情况

（单位：亩、个、元/亩）

项目	2019年滑县					2020年开封市				
	样本数	最小值	最大值	平均值	标准差	样本数	最小值	最大值	平均值	标准差
转入土地	65	2	100	11.11	17.18	8	2	50	3.48	17.18

(续表)

项目	2019年滑县					2020年开封市				
	样本数	最小值	最大值	平均值	标准差	样本数	最小值	最大值	平均值	标准差
租金	60	600	1 500	1 086.67	190.42	8	143	400	121.9	19.42

由表8可知，2019年滑县有136个农户采用塑料大棚的种植方式。户均2.93个塑料大棚，其中拥有最多大棚数量是11个，最少的仅有1个。塑料大棚平均使用年限为8.07年，其中使用年限最长的达到了20年。棚均占地面积2.69亩，最大的达到了15亩。塑料大棚的占地面积不同，建造成本也有非常大的差别。西甜瓜种植大棚平均建造成本3万元，最大的为12万元，最小的为0.5万元。棚均维护成本为0.49万元，维护成本最大棚为6万元。

2020年开封市有26个农户采用塑料大棚的种植方式。户均2.19个塑料大棚，其中拥有最多大棚数量是9个，最少的仅有1个。塑料大棚平均使用年限为9.65年，其中使用年限最长的达到了25年。棚均占地面积仅2.05亩，最大的达到了15亩。塑料大棚的占地面积不同，建造成本也有非常大的差别。西甜瓜种植大棚平均建造成本2.76万元，最大的为30万元，最小的为0.4万元。棚均维护成本为0.52万元，维护成本最大棚为6万元。

表8 西甜瓜种植户塑料大棚基本情况

项目	2019年滑县					2020年开封市				
	样本数（户）	最小值	最大值	平均值	标准差	样本数（户）	最小值	最大值	平均值	标准差
塑料大棚个数（个）	136	1	11	2.93	1.51	26	1	9	2.19	1.74
已经使用年数（年）	136	1	20	8.07	4.24	26	1	25	9.65	4.34
占地面积（亩）	136	1	15	2.69	1.84	26	0.2	15	2.05	1.74
建造成本（万元/个）	136	0.5	12	3	2.68	26	0.4	30	2.76	5.68
每年维护成本（万元/个）	136	0	6	0.49	0.64	26	0	6	0.52	0.64

2.3 样本农户家庭种植作物情况

2.3.1 粮食作物

粮食作物以种植冬小麦为主。有158户西甜瓜种植户粮食作物种植是小麦，比重达97.53%，只有很少一部分农户在春秋季选择玉米。这与河南省自然禀赋直接相关。

为了便于分析种植户粮食种植面积情况，把粮食作物的种植面积划分为3个层次，分别为10亩以下、10~20亩和30亩以上。

从粮食作物种植面积来看，2019年滑县，84.57%的农户种植在10亩以下，种植面积在 10~20 亩的占 9.88%，种植面积在 30 亩以上占比为 5.55%。详见表 9。

表 9　西甜瓜种植户粮食作物种植情况

品类	分类	2019 年滑县	
		样本数（户）	比重（%）
粮食作物	小麦	158	97.53
	玉米	4	2.47
	水稻	0	0.00
种植面积分类	10 亩以下	137	84.57
	10~20 亩	16	9.88
	30 亩以上	9	5.56

2.3.2　经济作物

西甜瓜种植农户种植的经济作物主要有蔬菜、大蒜、大豆、花生、芝麻和水果等，从调查结果看，2019 年滑县主要以种植蔬菜的最多，占比为 49.18%，其次以种植水果为主，有 14 户，比重为 22.95%；2020 年开封市，主要以种植大蒜的最多，占比为 55.93%，其次以种植水果为主，有 60 户，比重为 50.85%，其他的经济作物种植较少（表 10）。

从种植面积看，经济作物种植整体面积较小。2019 年滑县，种植面积在 5 亩以下的有 38 户，超过了 60% 以上。2020 年开封市，种植面积在 5 亩以下的有 95 户，超过了 80% 以上（表 10）。

表 10　西甜瓜种植农户经济作物种植情况

品类	分类	2019 年滑县		2020 年开封市	
		样本数（户）	比重（%）	样本数（户）	比重（%）
经济作物	蔬菜	30	49.18	8	6.78
	大豆	4	6.56	4	3.39
	花生	5	8.20	83	70.34
	芝麻	1	1.64	3	2.54
	水果	14	22.95	60	50.85
	其他（大蒜）	7	11.48	66	55.93
种植面积	5 亩以下	38	62.30	95	80.51
	5~10 亩	19	31.15	19	31.15
	10 亩以上	4	6.56	4	6.56

从粮食作物和经济作物种植整体情况看，粮食作物种植户远超过经济作物种植户，

2019年滑县分别为162户和61户,平均种植面积分别为8.50亩和5.48亩;粮食作物种植面积最大为80亩,最小的为0.4亩,经济作物种植面积最大的为15亩,最小的为0.1亩。2020年开封市,粮食作物和经济作物种植户分别为67户和118户,平均种植面积分别为5.04亩和8.53亩;粮食作物种植面积最大为17亩,最小的为0.9亩,经济作物种植面积最大的为27亩,最小的为1亩(表11)。

表11 粮食作物和经济作物种植面积描述性统计

(单位:户、亩)

项目	样本数	最小值	最大值	平均值	标准差
2019年滑县粮食作物种植	162	0.4	80	8.50	10.47
2019年滑县经济作物种植	61	0.1	15	5.48	3.13
2020年开封市粮食作物种植	67	0.9	17	5.04	9.46
2020年开封市经济作物种植	118	1	27	8.53	3.43

2.4 样本农户家庭借贷基本情况

在所调查的西甜瓜种植户中,从借贷金额上看,都是以小额借贷为主。2019年滑县只有15户有借贷情况,平均借贷资金为5.79万元,借贷最大金额为15万元,最小的只有0.30万元;2020年开封市,只有20户有借贷情况,平均借贷资金为6.06万元,借贷最大金额为50万元,最小的只有0.20万元(表12)。

表12 西甜瓜种植户借贷情况

(单位:户、万元)

调查区域	样本数	最小值	最大值	平均值	标准差
2019年滑县借贷	15	0.30	15	5.79	3.58
2020年开封市借贷	25	0.20	50	6.06	10.87

3 调查农户西甜瓜投入产出分析

3.1 西甜瓜产出情况

河南省开封市西甜瓜种植生产主要是春季瓜,西瓜种植品种主要以龙卷风、甜王、美都、西玉等为主;河南省滑县西瓜种植生产主要是春季瓜,西瓜种植品种主要以龙卷风、博赛、998、8424、京欣和超威等为主;甜瓜种植春季瓜和秋季瓜两季,种植品种主要以黄皮、网纹、脆梨和宝典等为主。

河南省滑县与开封市农户西瓜种植方式主要采用露地和塑料大棚两种。

2019年,河南省滑县采用露地种植西瓜的有35户,平均种植面积为6.21亩,最大种植为19亩,最小为1亩。每亩平均产量为2 181.43千克,最大亩产量最高为

15 000 千克，最小产量为 500 千克，平均销售额为 1.41 万元，销售收入最高达到 15 万元。2020 年，河南省开封市采用露地种植西甜瓜的有 108 户，平均种植面积为 7.39 亩，最大种植为 100 亩，最小为 0.20。每亩平均产量为 2 085.65 千克，最大亩产量最高为 5 000 千克，最小产量为 300 千克，平均销售额为 2.18 万元，销售收入最高达到 75 万元（表 13）。

表 13 露地西瓜种植情况描述性统计情况

样本数（户）	项目	2019 年滑县西瓜				样本数（户）	项目	2020 年开封市西甜瓜			
		最小值	最大值	平均值	标准差			最小值	最大值	平均值	标准差
35	面积（亩）	1	19	6.21	4.36	108	面积（亩）	0.20	100.00	7.39	10.14
35	单产（千克/亩）	500	15 000	2 181.43	2 570.97	108	单产（千克/亩）	300.00	5 000.00	2 085.65	1 077.90
35	销售收入（万元）	0.1	15	1.41	2.60	108	销售收入（万元）	0.00	75.00	2.18	7.52

2019 年，河南省滑县采用塑料大棚种植方式的有 41 户，每个大棚的平均面积为 5.44 亩，最大的为 15 亩，最小大棚只有 1 亩。亩均产量为 3 363.42 千克，最大产量为 7 500 千克，最小产量仅有 1 000 千克。从销售收入看，平均销售收入为 2.94 万元，收入最高达到了 8 万元，最少的只有 0.50 万元；2020 年，河南省开封市采用塑料大棚种植方式的有 25 户，每个大棚的平均面积为 3.97 亩，最大的为 30 亩，最小大棚只有 1 亩。亩均产量为 2 404.08 千克，最大产量为 5 000 千克，最小产量仅有 1 千克。从销售收入看，平均销售收入为 4.04 万元，收入最高达到了 50 万元，最少的也只有 0.30 万元（表 14）。

表 14 塑料大棚西瓜种植情况描述统计情况

样本数（户）	项目	2019 年滑县西瓜				样本数（户）	项目	2020 年开封市西甜瓜			
		最小值	最大值	平均值	标准差			最小值	最大值	平均值	标准差
41	面积（亩）	1	15	5.44	3.06	25	面积（亩）	1.00	30.00	3.97	5.64
41	单产（千克/亩）	1 000	7 500	3 363.42	1 225.00	25	单产（千克/亩）	2.00	5 000.00	2 404.08	1 391.12
41	销售收入（万元）	0.5	8	2.94	1.89	25	销售收入（万元）	0.30	50.00	4.04	9.66

3.2 西甜瓜物质投入情况

3.2.1 西甜瓜生产方式

西甜瓜的栽培方式主要有单种和套种两种方式。从 2019 年河南省滑县的调查结果看，甜瓜都采用的单种的方式，西瓜采用单种和套种两种方式，分别为47户和81户。从2020年河南省开封的调查结果看，西瓜采用单种和套种两种方式，分别为41户和92户，主要套种玉米、花生和甘薯。

种植方式主要有露地和设施两种方式。2019年河南省滑县西瓜种植户分别采用露地和设施的分别为86户和42户；甜瓜种植户都采用的塑料大棚为主的设施种植方式；2020年河南省开封市种植户分别采用露地和设施的分别为108户和25户，比重分别为81.20%和18.80%。

从是否嫁接来看，2019年河南省滑县有78家西瓜种植户没有采用嫁接的方式，采用嫁接种植户的有50户；而甜瓜种植户大部分都没有采用嫁接的方式，有95户，仅有1户采用嫁接的方式；2020年河南省开封市有126户种植户采用嫁接的方式，没采用嫁接种植户的只有7户，其比重分别94.70%和5.30%。嫁接用的砧木主要是南瓜（表15）。

表15 西甜瓜的生产方式分类统计情况

分类	项目	2019年滑县西瓜		2019年滑县甜瓜		2020年开封市西甜瓜	
		计数（户）	比重（%）	计数（户）	比重（%）	计数（个）	比重（%）
栽培方式	单种	47	36.72	96	100.00	41	30.80
	套种	81	63.28	0	0.00	92	69.20
种植方式	露地	86	67.19	0	0.00	108	81.20
	设施	42	32.81	96	100.00	25	18.80
是否嫁接	否	78	60.94	95	98.96	7	5.30
	是	50	39.06	1	1.04	126	94.70

3.2.2 种子投入情况

西甜瓜种苗来源有两种方式，2019年河南省滑县购买种子自己育苗每亩平均13.82千克，平均费用为85.48元；2020年河南省开封市每亩平均购买瓜苗约1 106棵，每棵平均0.96元；购买种子自己育苗每亩平均280.25千克，平均费用为2.66元；每亩平均购买瓜苗约开封市763棵，每棵平均1.27元（表16）。

表16 西甜瓜种植户种子投入情况

项目	种苗来源方式	每亩用量		
		平均值	最大值	最小值
2019年滑县	自己育苗（千克）	13.82	400	0.10
	购买瓜苗（棵）	1 106	4 000	15.00
2020年开封市	自己育苗（千克）	280.25	1 000.00	0.25
	购买瓜苗（棵）	763	3 000.00	250.00

(续表)

项目	种苗来源方式	单位费用（元）		
		平均值	最大值	最小值
2019年滑县	自己育苗（元）	85.48	4 000	0.10
	购买瓜苗（棵）	0.96	23	0.10
2020年开封	自己育苗（元）	2.66	22.00	0.20
	购买瓜苗（棵）	1.27	7.20	0.10

3.2.3 生产物质投入情况

3.2.3.1 有机肥使用情况

2019年河南省滑县有32户西甜瓜种植户使用有机肥菌粪，平均每亩使用量为5.91袋，平均每袋的费用为74.81元；2020年河南省开封市有8户西甜瓜种植户使用有机肥菌粪，即仅有6%的西甜瓜种植户使用了菌粪，平均每亩使用量为6.21袋，平均每袋的费用为75.33元。从总体上看，菌粪使用普遍较小（表17）。

表17 西甜瓜种植户鸡粪、有机肥菌粪使用使用情况

时间和地区	粪肥种类	用量/价格	调研户数	最小值	最大值	平均数	标准偏差
2019年滑县	鸡粪	袋/亩	174	50	50.00	11.04	8.18
		元/袋	174	5.00	100.00	18.39	14.67
	有机肥菌粪	袋/亩	32	1.00	15.00	5.91	3.84
		元/袋	32	10.00	125.00	74.81	24.62
2020年开封市	鸡粪	袋/亩	114	0.50	50.00	9.04	7.18
		元/袋	114	5.00	100.00	23.32	12.67
	有机肥菌粪	袋/亩	8	1.00	16.00	6.21	4.23
		元/袋	8	10.00	130.00	75.33	23.62

3.2.3.2 除草剂、除虫剂使用情况

2019年河南滑县有87户西甜瓜种植户使用了除草剂，每亩平均使用2.18次，平均每亩费用为61.36元。

2020年，河南省开封市有117个西甜瓜种植户使用了除草剂，每亩平均使用2.04次，平均每亩费用为48.17元（表18）。

表18 除草剂、除虫剂使用情况

时间和地区	调研户数（户）	用量（价格）	平均数
2019年滑县	87	除草剂（次/亩）	2.18
	87	除草剂费用（元/亩）	61.36

(续表)

时间和地区	调研户数（户）	用量（价格）	平均数
2019年滑县	181	除虫剂次（次/亩）	5.07
	181	除虫剂费用（元/亩）	84.19
2020年开封市	117	除草剂（次/亩）	2.04
	117	除草剂费用（元/亩）	48.17
	116	除虫剂次（次/亩）	3.27
	116	除虫剂费用（元/亩）	59.06

3.2.3.3 消耗品费用

西甜瓜种植过程中使用设备主要有套袋、地膜和大棚膜等几种，而套袋主要用甜瓜的种植管理过程。2019年滑县共有59个种植户使用了套袋，平均每亩使用约2 138个，平均每个袋的费用为0.16元。2020年开封市共有11个种植户使用了套袋，平均每亩使用881个，平均每个袋的费用为0.755元。每亩最大使用量为3 000.00个，最小使用量为100个（表19）。

表19 甜瓜种植管理过程中套袋使用数量及费用

时间和地区	数量/费用	调研农户（户）	平均数
2019年滑县	套袋数量（个/亩）	59	2 138.14
	单个费用（元/个）	59	0.16
2020年开封市	套袋数量（个/亩）	11	881.00
	单个费用（元/个）	11	0.75

地膜和大棚膜在西甜瓜种植过程中都有使用，但大棚膜主要用甜瓜种植过程中。2019年滑县西瓜种植中每亩平均使用地膜6.64千克，平均每千克费用为46.00元；平均每亩使用大棚膜为91.45千克，平均每千克为12.52元，甜瓜种植中每亩使用地膜17.35千克，平均每千克为35.66元；平均每亩使用大棚膜152.89千克，平均每千克69.36元（表20）。

表20 2019年滑县西甜瓜种植中各种消耗品使用情况（平均数）

品种	地膜（千克/亩）	地膜费用（元/千克）	大棚膜（千克/亩）	大棚膜费用（元/千克）
西瓜	6.64	46.00	91.45	12.52
甜瓜	17.35	35.66	152.89	69.36

3.3 西甜瓜劳动力投入情况

3.3.1 春季播种

春季播种环节，2019年滑县平均参与播种的人数为2.54人，最大人数12.00人，最小人数为1.00人，平均用2.51天，共完成5.12亩；2020年河南省开封市在播种过程中，共有117户嫁接的方式，平均参与人数2.48人，最大人数10.00人，最小人数为1.00人，平均使用了3.88天，平均完成5.75亩（表21）。

表21 春季播种自有劳动力使用描述性统计

时间和地区	项目	调研户（户）	平均数
2019年滑县春季播种	春季播种人数（人）	156	2.54
	用天数（天）	156	2.51
	完成亩（亩）	156	5.12
2020年开封市春季播种	春季播种人数（人）	117	2.48
	用天数（天）	117	3.88
	完成亩（亩）	117	5.75

3.3.2 吊瓜

在甜瓜种植管理环节，为了保证甜瓜外形和颜色等，还需要投入人力参与吊瓜。在春季瓜管理过程中，平均有2.4人参与，用了3.09天共同完成3.62亩；在秋季瓜管理过程中，有43个种植户参与吊瓜，平均投入2.42人，用了2.36天共完成了3.91亩。春季瓜和秋季瓜投入人力量大体相当；2020年开封市平均有2.36人参与，用了9.86天共同完成4.91亩（表22）。

表22 甜瓜管理过程中吊瓜用工情况

时间和地区	季节	项目	调研农户（户）	平均数
2019年滑县	春季	吊瓜人数（人）	59	2.41
		用天数（天）	59	3.09
		完成亩数（亩）	59	3.62
	秋季	吊瓜人数（人）	43	2.42
		用天数（天）	43	2.36
		完成亩数（亩）	43	3.91
2020年开封市	—	吊瓜人数（人）	14	2.36
		用天数（天）	14	9.86
		完成亩数（亩）	14	4.91

3.3.3 套袋

套袋是甜瓜管理过程中重要的一个环节。春季瓜的管理过程中,平均参与套袋2.49人,用了2.65天共完成了4.08亩;在秋季瓜的套袋中,平均投入2.60人,用了2.58天共完成了4.38亩。春季瓜和秋季瓜套袋投入人力基本相当,但秋季套袋比春季投入人多,用天数较少但完成亩数多;2020年开封市平均参与套袋2.60人,用了8.07天共完成了3.80亩(表23)。

表23 甜瓜管理过程中套袋用工情况

时间和地区	季节	项目	调研农户(户)	平均数
2019年滑县	春季	套袋人数(人)	43	2.49
		用天数(天)	43	2.65
		完成亩数(亩)	42	4.08
	秋季	套袋人数(人)	33	2.60
		用天数(天)	33	2.58
		完成亩数(亩)	33	4.38
2020年开封市	—	套袋人数(人)	15	2.60
		用天数(天)	15	8.07
		完成亩数(亩)	15	3.80

3.3.4 雇用劳动力情况

2019年滑县有124户种植户在西甜瓜种植过程使用了雇工,通过调研当地雇工的工价在48~100元,大部分都在70元左右,从调研结果看,平均雇用工价为66.90元;西甜瓜种植户平均雇用4.77个劳动力,如果按平均雇工价66.90元的话,平均雇工支出700元;甜瓜主要有秋季瓜,其中种植秋季瓜的39户有雇工,平均雇用4.15人,其中最大雇工人数为8人(表24)。

表24 西甜瓜种植管理中雇工使用情况

时间/地点	季节	项目	样本数量(户)	最小值	最大值	平均数
2019年滑县	春季瓜	人数(人)	124	2.00	15.00	4.77
		用天数(天)	124	0.20	10.00	2.19
		完成亩数(亩)	124	1.00	60.00	9.00
	秋季瓜	人数(人)	39	2.00	8.00	4.15
		用天数(天)	39	0.50	5.00	1.49
		完成亩数(亩)	39	1.00	24.00	6.90

4 调查农户西甜瓜病虫害绿色防控技术情况分析

4.1 对农药和调节剂使用

西甜瓜种植过程中，农户使用除草剂和除虫剂最多（图1）。从调查结果看，2019年滑县有47.14%的种植户和85.90%的西甜瓜种植户分别使用过除草剂和除虫剂，其次是生长调节剂的使用量较多达到了13.66%，对着色剂使用最少，仅占2.20%。同时使用除草剂和除虫剂的占比为32.40%。

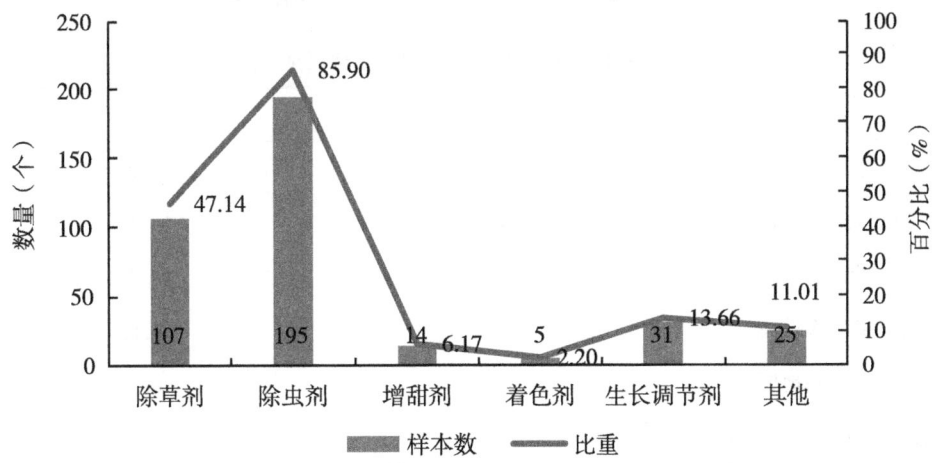

图1 2019年滑县西甜瓜种植中农药和调节剂使用情况

在西甜瓜种植管理过程中，2020年开封市有72个农户选用了抗病虫品种、健康种子及种苗的方式防治病虫害，比重达到了54.10%，也就是说有一半农户喜欢通过此方式防病治病（图2），其中有48.10%的农户选用抗病虫害的种子，有6.10%的喜欢选用健康的种子以达到防治病虫害的目的。

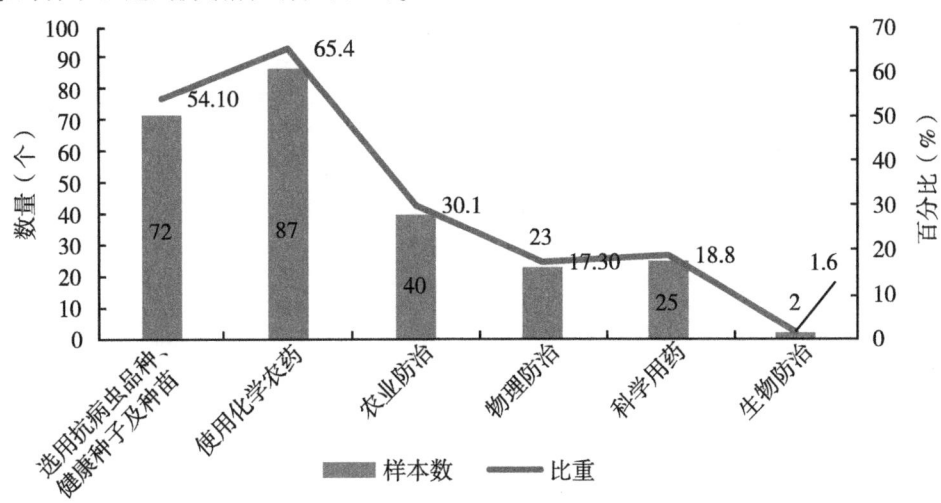

图2 2020年开封市西甜瓜种植中农药和调节剂使用情况

4.2 化肥使用情况

西甜瓜种植户大部分是根据土地状况和自己经验确定化肥使用量的（表25），比重为64.44%，有24.89%种植户是根据化肥销售人员建议确定化肥使用量，有16.00%的种植户是依据化肥包装上的标识来确定化肥使用量的，有11.56%是根据技术推广人员的建议确定化肥使用量的。与说明书相比，有65.80%的种植户认为化肥的使用量不多，有31.50%的种植户认为过量使用化肥会降低土壤肥力的，33.00%种植户认为会导致农产品品质下降，31.60%的种植户认为会造成化肥流失破坏环境。

表25 2019年滑县种植户如何确定化肥使用量

选项	样本数（户）	比重（%）
化肥包装上的标识	36	16.00
依据土地状况和自己经验	145	64.44
参照邻里	9	4.00
化肥销售人员建议	56	24.89
按照公司基地要求	1	0.44
按照技术推广员建议	26	11.56

报告二 河北省西瓜甜瓜产业经济发展调研报告（2020）

杨　念

1　河北省西甜瓜生产情况

河北省地处华北平原，地貌多样，有山地、坝上高原、丘陵、平原、盆地等，其中平原面积辽阔，约占地表总面积的30.49%。得益于平坦的地势、肥沃的土壤，平原地区耕作历史悠久，各类自然土壤已熟化为农业土壤，是全省的主要农产区。河北省地跨中温带和暖温带，属大陆性季风气候，四季分明，日照条件好，适宜西瓜甜瓜产业发展。

如表1所示，2010—2017年，河北西瓜甜瓜种植面积由2010年的5 410.4公顷增加到2017年的95 366.07公顷，占全国西瓜甜瓜总面积的比例也由0.76%增长到10.91%；产量由2010年的29.60万吨增加到2017年的542.12万吨，其占全国西瓜甜瓜产量的比例也由0.84%增长到12.76%。

2010年，河北西瓜播种面积2 986.67公顷，占全国播种面积59.98万公顷的0.50%，产量18.47万吨，占全国产量3 123.29万吨的0.59%；2019年播种面积为61 483.00公顷，占全国播种面积68.36万公顷的8.99%，产量376.11万吨，占全国产量3 456.00万吨的10.88%。

表1　2010—2019年河北省西瓜甜瓜生产情况

种类	年份	全国		河北		河北省在全国占比		单产	
		面积（万公顷）	产量（万吨）	面积（公顷）	产量（万吨）	面积（%）	产量（%）	全国（吨/公顷）	河北（吨/公顷）
西瓜	2010	59.98	3 123.29	2 986.67	18.47	0.50	0.59	52.07	61.83
	2011	115.89	5 281.37	65 897.13	385.89	5.69	7.31	45.57	58.56
	2012	127.46	6 098.13	62 511.33	360.23	4.90	5.91	47.84	57.63
	2013	88.76	4 207.68	72 104.23	413.08	8.12	9.82	47.40	57.29
	2014	86.34	4 302.05	72 126.00	421.77	8.35	9.80	49.83	58.48
	2015	84.97	3 940.97	68 603.33	403.35	8.07	10.23	46.38	58.79
	2016	81.48	3 962.79	60 993.33	373.76	7.49	9.43	48.64	61.28
	2017	68.36	3 456.00	61 483.00	376.11	8.99	10.88	50.55	61.17
	2018	76.11	3 875.35	62 523.98	350.60	8.21	9.05	50.92	56.07

(续表)

种类	年份	全国		河北		河北省在全国占比		单产	
		面积（万公顷）	产量（万吨）	面积（公顷）	产量（万吨）	面积（%）	产量（%）	全国（吨/公顷）	河北（吨/公顷）
甜瓜	2010	11.31	400.93	2 423.73	11.13	2.14	2.78	35.46	45.92
	2011	25.09	906.97	19 804.93	92.06	7.89	10.15	36.15	46.48
	2012	37.33	1 311.75	27 606.00	136.22	7.39	10.38	35.14	49.34
	2013	23.24	864.51	29 646.67	159.85	12.75	18.49	37.19	53.92
	2014	22.26	846.37	31 833.27	160.32	14.30	18.94	38.02	50.36
	2015	23.69	907.91	32 665.33	164.33	13.79	18.10	38.33	50.31
	2016	23.19	909.22	28 654.27	149.77	12.36	16.47	39.21	52.27
	2017	19.03	791.27	33 883.07	166.01	17.80	20.98	41.57	49.00
	2018	23.06	918.68	33 454.63	182.13	14.51	19.83	39.84	54.44

数据来源：国家西甜瓜产业技术体系后台管理系统数据库。

2010年，河北甜瓜播种面积2 423.73公顷，占全国播种面积11.31万公顷的2.14%，产量11.13万吨，占全国产量400.93万吨的2.78%；2017年播种面积为33 883.07公顷，占全国播种面积19.03万公顷的17.80%，产量166.01万吨，占全国产量791.27万吨的20.98%。

2010—2018年，河北西瓜甜瓜的单位面积产量均高于全国平均水平。2010年河北西瓜单产为61.83吨/公顷，全国为52.07吨/公顷，高出全国9.76吨/公顷；2018年河北西瓜单产为56.07吨/公顷，全国为50.92吨/公顷，高出全国5.15吨/公顷。2010年河北甜瓜单产为45.92吨/公顷，全国为35.46吨/公顷，高出全国10.46吨/公顷；2018年河北甜瓜单产为54.44吨/公顷，全国为39.84吨/公顷，高出全国14.60吨/公顷。

2 调查区概况及样本分布

2.1 调查区自然社会经济概况

2.1.1 安次

安次区是河北省廊坊市辖区，地处河北省中北部，廊坊市区南部，下辖3个街道、4个镇、4个乡，总面积578.40平方千米。

2.1.2 清苑

2019年全区地区生产总值完成141.09亿元；一般公共预算收入完成7.78亿元；规模以上工业增加值完成17.80亿元；固定资产投资完成37.20亿元；社会消费品零售

总额完成87.50亿元；城镇、农村居民人均可支配收入分别达到33 987元和19 065元。

2.1.3 阜城

阜城县是河北省衡水市下辖县，位于河北省东南部，衡水市东北部，属黑龙港流域，总面积697平方千米。2018年全年生产总值突破1 700亿元，增长9.50%；规模以上工业增加值超过600亿元，增长10.50%以上；实现财政收入324.80亿元，增长17.20%；完成固定资产投资1 300亿元，增长22%；社会消费品零售总额950亿元，增长13%；城镇、农村常住居民人均可支配收入分别达30 100元、11 800元；工业转型升级专项行动深入实施，1—11月，规模以上工业增加值增长11.20%，居全省第二；净增规模以上工业企业64家，居全省首位。

农业现代化建设成效明显，粮食总产连续11年超百亿斤，规模以上农产品加工业产值780亿元，居全省首位。现代服务业发展势头良好，限额以上商贸企业发展到1 109家，电商主体发展到1万家，交易额突破1千亿元，实现进出口总额13.80亿美元，增长24%。

2.1.4 乐亭

2019年地区生产总值393亿元，同比增长7.50%；固定资产投资增长20%；一般公共预算收入15.70亿元，增长14.80%；社会消费品零售总额134亿元，增长9.50%；规模以上工业增加值增长9.50%；实际利用外资1.03亿美元；出口总值6.15亿元，增长52.10%；城镇居民人均可支配收入36 980元，增长8.50%；农村居民人均可支配收入17 570元，增长9.20%。

2.1.5 新乐

2019年新乐市地区生产总值完成124.40亿元；全部财政收入完成4.05亿元，城镇居民人均可支配收入、农民人均纯收入分别达到16 218元、8 169元，全社会固定资产投资完成125.40亿元；金融机构存款余额达到70.10亿元。

2.2 样本农户地区分布情况

调查样本西瓜农户主要分布在新乐、阜城和清苑，其中新乐占比37.31%，阜城占比30.23%，清苑占比32.46%（图1）。

调查样本甜瓜农户主要分布在清苑、乐亭和安次，其中清苑占比14.29%，乐亭占比25.97%，安次占比56.49%（图2）。

2.3 样本农户西甜瓜主要种植人基本情况

主要种植人的年龄分布、务农时间以及种植西甜瓜的年限分别如表2所示。

填写年龄的268位样本农户西瓜主要种植人是27~72岁，如表2所示，年龄分布较集中的是46~50岁、51~55岁，分别占比20.90%、19.03%；36~40岁、41~45岁、56~60岁三个年龄段人数较为接近，分别为42人、44人和36人，因此种植西瓜农户的中坚力量集中在36~60岁，占种植人总人数的85.45%。

填写年龄的134位样本农户甜瓜主要种植人年龄是29~67岁，如表2所示，年龄分布较为集中的是46~50岁，共计34人，占比25.37%；56~60、51~55和41~45三个年龄段的人数较为接近,依次为 26 人、25 人和 24 人,因此 41~60 岁农户是种植甜瓜的中坚力量,占种植总人数的 81.34%。

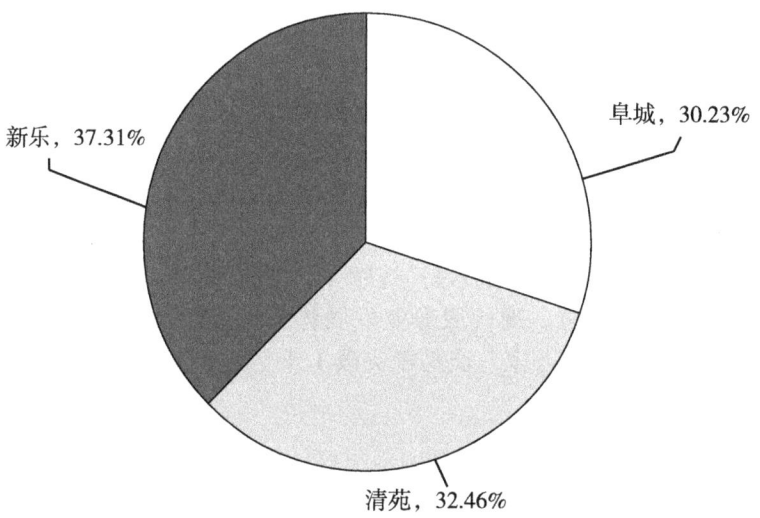

图 1　样本西瓜农户分布情况

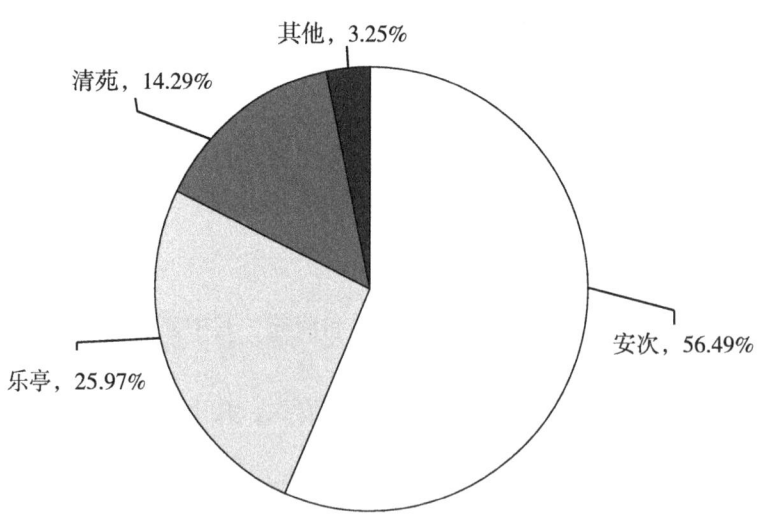

图 2　样本甜瓜农户分布情况

表 2　样本农户西甜瓜主要种植人年龄分布

年龄	西瓜		甜瓜	
	人数(人)	占比(%)	人数(人)	占比(%)
30 岁以下	1	0.36	1	0.75
30~35 岁	24	8.96	3	2.23

(续表)

年龄	西瓜		甜瓜	
	人数（人）	占比（%）	人数（人）	占比（%）
36~40 岁	42	15.67	9	6.72
41~45 岁	44	16.42	24	17.91
46~50 岁	56	20.90	34	25.37
51~55 岁	51	19.03	25	18.66
56~60 岁	36	13.43	26	19.40
61~65 岁	9	3.36	11	8.21
65 岁以上	5	1.87	1	0.75

268 位样本农户西瓜主要种植人全部为汉族；其中男性 214 人，占比 79.85%；共有 266 人填写文化程度，其中 1 人未上过学，49 人为小学文化程度，188 人为初中文化程度，27 人为高中或职高文化程度，1 人为大学及以上文化程度；66 人加入了农村专业合作组织，占比 24.63%；5 人以前当过村干部，7 人为现任村干部，254 人未当过村干部，有村干部经历的种植人为 12 人，占比 4.48%；党员有 16 人，非党员占 94.03%；28 人在 2019 年从事过非农业行业，占比 10.45%；共有 258 人在本村工作，9 人在本县非本乡工作，1 人在本省非本县工作。

154 位样本农户甜瓜主要种植人全部为汉族；其中男性 147 人，占比 95.45%；在填写文化程度的 150 人中，9 人未曾上过学，51 人小学文化程度，76 人初中文化程度，11 人为高中或职高文化程度，3 人大学及以上文化程度；63 人加入了农民专业合作组织，占比 42.86%；1 人以前当过村干部，4 人为现任村干部，149 人未当过村干部，有村干部经历的种植人只占 3.25%；党员 10 人，非党员占比 93.51%；4 人在 2019 年从事过非农行业，占比 2.59%；全部在本村工作。

2.4 样本农户家庭经营土地情况

甜瓜农户平均自有土地为 2~45 亩，户均 6.20 亩；转入土地为 1.5~50 亩，户均 7.14 亩；地租 200~1 500 元/亩，平均 778.38 元；只有 6 户有转出土地，平均 2.33 亩，地租 550 元/亩。

在使用大棚的 125 个样本甜瓜农户家庭中，有 92 户使用普通大棚，占比 73.60%；33 户使用温室大棚，占比 26.40%。共使用 143 个大棚，户均 1.14 个。

具体数量分布如表 3 所示，西瓜农户中拥有大棚的数量为 1~12 个，2 个大棚的家庭居多，占比达到了 42.86%，其次是 1 个，占比为 25.35%。甜瓜农户中拥有大棚的数量为 1~10 个，2 个大棚的家庭居多，占比达到了 44.06%，其次是 3 个，占比 23.08%。占地面积为 0.80~5 亩/个，平均 2.27 亩/个；建设成本为 0.60 万~15 万元/个，平均 2.71 万元/个；维护成本为 0.08 万~3.50 万元/个，平均 0.68 万元/个。

表3 家庭经营大棚数量分布

西瓜			甜瓜		
大棚个数（个）	家庭户数量（户）	占比（%）	大棚个数（个）	家庭户数量（户）	占比（%）
1	55	25.35	1	18	12.59
2	93	42.86	2	63	44.06
3	27	12.44	3	33	23.08
4	18	8.29	4	17	11.87
5	9	4.15	5	3	2.10
6	7	3.23	6	5	3.50
7	4	1.84	7	1	0.70
8	0	0.00	8	2	1.40
9	1	0.46	9	0	0.00
10	2	0.92	10	1	0.70
11	0	0.00			
12	1	0.46			

2.5 样本农户家庭作物种植情况

在西瓜农户粮食作物种植中，种植小麦的农户仅4人，平均种植面积为8.87亩；其余均种植玉米，平均种植面积为11.99亩。对于经济作物种植情况，农户们更倾向于蔬菜、大豆以及水果，其中仅有3人种植大豆，但其平均种植面积达22.17亩，82.60%的农户选择种植水果。

在甜瓜农户粮食作物种植中，大家都选择种植小麦和玉米这两种粮食作物，其中以种植玉米的农户居多。对于经济作物种植情况，农户们更倾向于蔬菜和水果的种植，其中种植棉花的甜瓜农户仅一人，种植花生的甜瓜农户仅两人。在大多数的甜瓜农户中种植水果的平均种植面积最大，为5.81亩。西瓜和甜瓜农户对于其他经济作物的种植选择均以水果为主（表4）。

表4 家庭经营作物种植情况

西瓜农户				甜瓜农户			
粮食作物		经济作物		粮食作物		经济作物	
作物名称	种植面积（亩）	作物名称	种植面积（亩）	作物名称	种植面积（亩）	作物名称	种植面积（亩）
小麦	8.87	蔬菜	10.73	1	5.77	蔬菜	4.79

(续表)

西瓜农户				甜瓜农户			
粮食作物		经济作物		粮食作物		经济作物	
作物名称	种植面积（亩）	作物名称	种植面积（亩）	作物名称	种植面积（亩）	作物名称	种植面积（亩）
玉米	11.99	大豆	22.17	2	4.13	大豆	4.76
		水果	10.58			花生	0.85
		其他	10.60			棉花	6.00
						水果	5.81

3 调查农户西甜瓜投入产出分析

3.1 调查农户西瓜投入产出分析

3.1.1 西瓜产出情况

西瓜种植的春季品种中，主要分为露地和设施2种种植方式。以露地为种植方式的西瓜中，主要有京欣800、瑞欣99、京欣、瑞欣、华欣800、99、甜王、西瓜、k8等几个品种。种植面积为2~22.20亩，平均9.62亩/户；地块数量1~6，平均2.40块/户；单产2 000~5 500千克/亩，平均3 907.22千克/亩。销售额为1.20万~12万元，平均4.76万元/户。

以设施为种植方式的西瓜中，主要有全美4k、绿宝、博洋9号、4k、全美4k绿宝、4k绿宝、甜王、k8、西瓜等几个品种。种植面积介于1.50~32亩，平均9.33亩/户；地块数量为1~7，平均2.06块/户；单产2 500~5 000千克/亩，平均3 431.19千克/亩。销售额为1万~43万元，平均8.43万元/户。

3.1.2 西瓜物质投入情况

在西瓜生产中，生产方式均为单种，71.55%的农户采用设施种植方式，97.56%的农户采用嫁接方式，58.55%的农户自己育苗，41.45%的农户购买种苗。

选用磷酸二铵的农户居多，平均46.93千克/袋，每袋的均价为163.64元。

使用的有机肥主要是羊、鸡、牛等禽畜的粪便，占比依次为48.77%、42.86%和8.37%。

除草剂每亩使用1~2次；每亩费用1~60元，平均10.53元。除虫剂每亩使用1~10次，平均2.60次；每亩费用7.5~200元，平均25.59元。其次使用杀菌剂，每亩使用1~6次，平均3.04次；每亩费用10~150元，平均37.49元。

采用地下水灌溉的238位农户中有99.16%采用大水漫灌，0.84%采用沟灌；采用地表水灌溉的234位农户中，采用漫灌、喷灌和滴灌方式的分别有0.43%、76.92%和22.65%。

3.1.3 西瓜种植收益分析

如表5所示，从种植茬口来看，春夏季为西瓜最主要的种植时节，播种面积和产量分别达到97.28%和98.48%，而秋冬茬的比例很小，每亩地产量水平也相对较低。

表5 西瓜生产结构

生产结构		播种面积占比（%）	产量占比（%）	单产（千克/亩）	收益占比（%）	成本占比（%）
茬口	春夏茬	97.28	98.48	3 282	97.77	96.94
	秋冬茬	2.72	1.52	1 814	2.23	3.06
播种方式	直播	21.91	21.05	3 048	14.26	14.91
	非嫁接育苗	23.66	21.97	2 946	23.08	23.08
	嫁接育苗	54.44	56.98	3 321	62.66	62.01
栽培方式	露地栽培	53.48	47.80	2 898	34.53	32.83
	小拱棚栽培	19.07	20.66	3 512	18.64	16.96
	大中棚栽培	27.18	31.24	3 727	45.88	49.49
	日光温室栽培	0.28	0.30	3 580	0.95	0.72
品种类型	早中熟	49.01	52.28	3 459	58.52	61.41
	中晚熟	21.50	21.57	3 253	17.67	15.31
	小型西瓜	2.12	2.40	3 662	3.55	3.52
	无籽西瓜	9.15	8.23	2 916	7.67	5.85

注：品种类型中尚有一部分为"品种类型不明"，因此表中4个品种类型的面积、产量、收益和成本的占比总和小于100%。

目前西瓜的播种方式是以嫁接育苗为主，其播种面积和产量均占总量的50%以上，而非嫁接育苗方式和直播比例相当。因为技术较为成熟，3种播种方式中，嫁接育苗的亩产水平相对较高，为3 321千克，而非嫁接育苗播种方式的亩产最低。

在栽培方式上多为露地营养钵育苗移栽，播种面积和产量占比最大，但亩产水平相对较低，为2 898千克。大中棚栽培容积大，气温比较稳定，光照条件好，能较好发挥早熟效应，产量和经济效益较高，亩产3 727千克，收益占比45.88%。

由于生活水平日益提高，对西瓜的消费不仅限于夏季，同时消夏的水果也不再是以西瓜为主，为了避免7月西瓜集中上市，造成价格低廉且销路不畅，因而推广了不同熟期的品种，从5月中下旬到11月底都有西瓜上市，既能满足消费者需求，也能使农民增产增收。目前，早中熟西瓜品种仍为最主要的推广品种，其播种面积和产量占比均在50%左右，中晚熟品种次之，而小型西瓜最少。就亩产水平而言，小型西瓜水平相对较高，为3 662千克，其余依次为早中熟、中晚熟和无籽西瓜。

3.2 调查农户甜瓜投入产出分析

3.2.1 甜瓜产出情况

甜瓜种植的春季品种中，主要有博洋九、脆甜、红线、花瓜、黄金道、金典、金红、金江、金珚红、金蜜、金瑞红、久红瑞、联华、绿宝、满堂红、浦阳九等品种。种植面积为1~20亩，平均5.51亩/户；地块数量1~8，平均2.03块/户；单产1 000~5 000千克/亩，平均3 490.46千克/亩。

甜瓜种植的秋季品种中，主要有玉菇、番茄、联华玉菇、联华金红、联华、金珚红、金江、金红、翠甜、醇蜜25号、菜瓜等品种。种植面积为2.50~20亩，平均5.92亩/户；地块数量1~4，平均1.86块/户；单产1 000~5 000千克/亩，平均3 012.45千克/亩。

3.2.2 甜瓜物质投入情况

在甜瓜生产中，生产方式均为单种，96.45%的农户采用设施种植方式，69.80%的农户采用非嫁接方式，59.26%的农户自己育苗，40.74%的农户购买种苗。

选用磷酸二铵的农户居多，平均45.50千克/袋，每袋的均价为198.70元。

使用的有机肥主要是猪、牛、鸡、羊等禽畜的粪便，占比依次为64.60%、17.70%、15.93%和1.77%。猪粪、牛粪、鸡粪平均每亩用量分别为615.43千克、1 000千克、1 230.77千克。

除草剂每亩使用1~7次，平均3.55次；每亩费用15~100元，平均60.27元。除虫剂每亩使用2~10次，平均4.21次；每亩费用16~1 200元，平均310.54元。杀菌剂和壮苗剂每亩使用2~10次，平均5.43次；每亩费用20~400元，平均每亩170元。

采用地下水灌溉的145位农户中有95.86%采用大水漫灌，4.14%采用沟灌；采用地表水灌溉的130位农户中，采用漫灌、喷灌、滴灌、膜下滴灌和其他方式的分别有43.08%、46.92%、5.38%、3.85%和0.77%。

4 调查农户西甜瓜病虫害绿色防控技术情况分析

由表6可知，西甜瓜农户更偏好于抗病品种、化学农药以及农业防治三种防治措施来抵御病虫入侵，三者占比共达76.66%。由此可以得出，该地区西甜瓜农户大多仍依赖于作物品种、化学农药以及轮作、嫁接、打杈以及焚烧落地瓜果等传统防治方式。由于交替轮换、精准用药以及布置防虫网、杀虫灯等防治方式实施难度大，对农户技术要求水平比较高，所以科学用药以及物理防治的防治措施偏好率较低，分别占比16.23%以及6.99%。而生物防治这类治本方法因为养殖成本较高，几乎没人考虑这种防治措施。

表6 农户的病虫害防治选择

防治措施	数量（个）	占比（%）
抗病品种	216	25.59

(续表)

防治措施	数量（个）	占比（%）
化学农药	211	25.00
农业防治	220	26.07
物理防治	59	6.99
科学用药	137	16.23
生物防治	1	0.12

由表7可知，该地区有60.3%的农户不喜欢冒险采用新的防治害虫措施，13.07%的农户不太喜欢冒险采用新的防治措施，说明该地西甜瓜种植抗风险能力较弱。比较喜欢以及喜欢冒险的农户占比极低，分别为1.51%以及2.51%。

表7 农户的风险偏好

偏好程度	数量（个）	占比（%）
不喜欢	120	60.30
不太喜欢	26	13.07
一般	45	22.61
比较喜欢	3	1.51
喜欢	5	2.51

报告三 山东省西瓜甜瓜产业经济发展调研报告（2020）

周衍平

1 山东省西甜瓜生产情况

西瓜甜瓜汁多味甜，在水果市场中占有极其重要地位。2020年中央一号文件强调，发展富农乡村产业，重点要支持各地立足资源优势打造各具特色的农业全产业链，加快建设国家、省、市、县现代农业产业园，不断发展壮大乡村产业。山东省属于温带季风气候，降水集中，四季分明，雨热同季，春秋短暂，冬夏较长，年平均气温11～14℃，全省年日照时数为2 200～2 900小时，年平均无霜期为173～250天，全省年平均降水量为550～950毫米。独特的区位优势、自然环境以及一系列惠农政策的实施，推动了山东省西瓜甜瓜产业发展，西甜瓜产业已经成为山东省高效园艺产业的重要组成部分。西甜瓜作为山东省重要的经济作物，已成为农业增效、农民增收的关键产业，为深入推进农业供给侧结构性改革、满足人民日益增长的美好生活需求和加快经济社会高质量发展发挥了重要作用。

1.1 山东省西甜瓜种植情况

山东省是西甜瓜生产大省，是我国重要的西甜瓜生产基地，西甜瓜种植面积、生产总量和单产水平在全国名列前茅。

1.1.1 山东省西瓜种植情况

如表1所示，2017年山东省西瓜播种面积为158.6×10³公顷，占全国播种面积的比重为10.44%；西瓜总产量为886.8万吨，占全国总产量的14.04%。2018年山东省西瓜播种面积为151.2×10³公顷，占全国播种面积的比重达到9.96%；山东省西瓜总产量为810.3万吨，占全国总产量的13.17%。从近十年种植情况看，山东省西瓜播种面积总体呈下降趋势，播种面积由2009年的208.9×10³公顷减少到2018年的151.2×10³公顷，下降幅度为26.72%。山东省西瓜产量占全国西瓜产量的比重呈逐年下降趋势，占比由2009年的16.13%下降到2018年的13.17%，减少2.96个百分点，主要原因是西瓜播种面积减少幅度较大，但产量下降比例低于种植减少比例，说明山东省西瓜平均亩产量每年处于增长状态。

表1 山东省与全国西瓜种植生产基本情况

年份	山东省西瓜			全国西瓜			山东省占全国西瓜比例	
	播种面积（10³公顷）	产量（万吨）	单产（吨/公顷）	播种面积（10³公顷）	产量（万吨）	单产（吨/公顷）	播种面积（%）	产量（%）
2009	208.9	1 045.3	50.04	1 764.8	6 478.5	36.71	11.84	16.13

(续表)

年份	山东省西瓜			全国西瓜			山东省占全国西瓜比例	
	播种面积（10³公顷）	产量（万吨）	单产（吨/公顷）	播种面积（10³公顷）	产量（万吨）	单产（吨/公顷）	播种面积（%）	产量（%）
2010	213.0	1 085.3	50.95	1 812.5	6 818.1	37.62	11.75	15.92
2011	203.5	1 079.8	53.06	1 803.2	6 889.4	38.21	11.29	15.67
2012	205.7	1 105.1	53.72	1 801.5	7 071.3	39.25	11.42	15.63
2013	207.4	1 109.8	53.48	1 828.2	7 294.4	39.90	11.34	15.21
2014	209.4	1 138.5	54.37	1 852.3	7 484.3	40.41	11.30	15.21
2015	210.9	1 173.1	55.62	1 860.7	7 714.0	41.46	11.33	15.21
2016	163.6	910.4	55.65	1 515.1	6 220.6	41.06	10.80	14.64
2017	158.6	886.8	55.91	1 519.7	6 314.7	41.55	10.44	14.04
2018	151.2	810.0	53.59	1 517.9	6 153.7	40.54	9.96	13.17

资料来源：历年《中国农业年鉴》《山东统计年鉴》。

1.1.2 山东省甜瓜种植情况

如表2所示，2017年山东省甜瓜播种面积为37.0×10³公顷，占全国播种面积的比重达到10.61%；山东省甜瓜总产量为179.1万吨，占全国总产量的14.53%。2018年山东省甜瓜播种面积为41.5×10³公顷，占全国播种面积的比重为11.03%；甜瓜总产量为202.6万吨，占全国总产量的15.40%。从近十年种植情况看，山东省甜瓜播种面积总体平稳，除2016年、2017年低于40×10³公顷，其余年份均在40×10³～50×10³公顷区间波动。山东省甜瓜产量占全国甜瓜产量的比重呈波动上升趋势，占比由2009年的14.65%上升到2018年的15.40%，增加了0.75个百分点，主要得益于甜瓜种植专业化程度、农户种植生产技术与栽培管理水平的提高。

表2 山东省与全国甜瓜种植基本情况

年份	山东省甜瓜			全国甜瓜			山东省占全国甜瓜比例	
	播种面积（10³公顷）	产量（万吨）	单产（吨/公顷）	播种面积（10³公顷）	产量（万吨）	单产（吨/公顷）	播种面积（%）	产量（%）
2009	43.5	178.1	40.94	389.9	1 215.4	31.17	11.15	14.65
2010	44.3	182.4	41.17	393.3	1 226.7	31.19	11.26	14.87
2011	46.9	198.0	42.22	397.4	1 278.5	32.17	11.80	15.49
2012	49.5	210.3	42.48	410.4	1 331.6	32.45	12.06	15.79

(续表)

年份	山东省甜瓜			全国甜瓜			山东省占全国甜瓜比例	
	播种面积（10³公顷）	产量（万吨）	单产（吨/公顷）	播种面积（10³公顷）	产量（万吨）	单产（吨/公顷）	播种面积（%）	产量（%）
2013	48.9	220.2	45.03	423.1	1 433.7	33.89	11.56	15.36
2014	49.1	224.5	45.72	438.9	1 475.8	33.62	11.19	15.21
2015	49.7	228.6	46.00	460.9	1 527.0	33.13	10.78	14.97
2016	36.9	179.1	48.54	345.9	1 187.6	34.33	10.67	15.08
2017	37.0	179.1	48.41	348.8	1 232.6	35.34	10.61	14.53
2018	41.5	202.6	48.82	376.1	1 315.9	34.99	11.03	15.40

资料来源：历年《中国农业年鉴》《山东统计年鉴》。

1.1.3 山东省西甜瓜单产水平

如图1所示，山东省历年西甜瓜单产水平远高于同期全国平均水平。2017年全国西瓜、甜瓜平均单产分别为2 770.13千克/亩、2 355.80千克/亩，同期山东省平均水平分别为3 727.01千克/亩、3 231.24千克/亩，分别比全国平均水平高出34.54%和37.16%。2018年全国西瓜、甜瓜平均单产分别为2 702.66千克/亩、2 332.44千克/亩，同期山东省平均水平为3 573.67千克/亩、3 250.70千克/亩，分别比全国平均水平高出32.23%和39.40%。表明随着西甜瓜产业发展，山东省瓜农具有较高的西甜瓜种植生产技术与栽培管理水平，西甜瓜种植生产已成为山东省的重要产业。

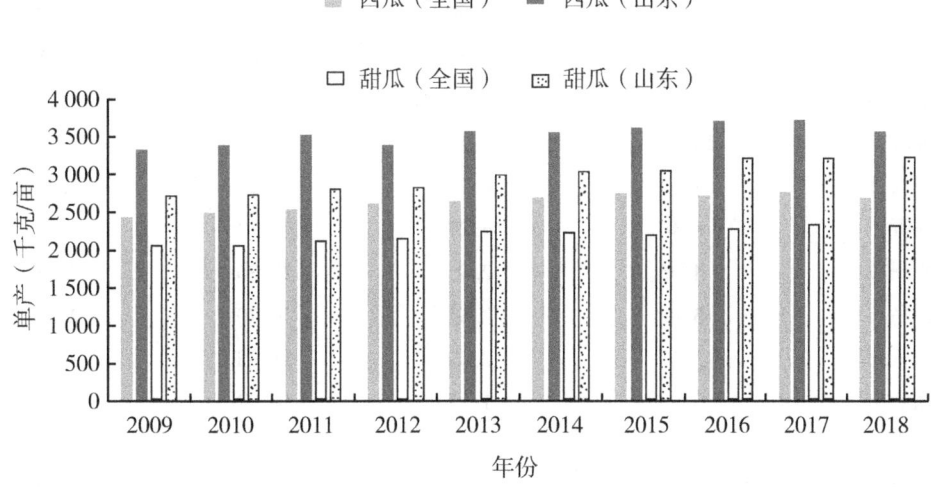

图1 山东省与全国西甜瓜单产水平对比情况

（资料来源：根据历年《中国农业年鉴》《山东统计年鉴》计算得出）

1.2 山东省西甜瓜区域种植情况

1.2.1 山东省西瓜区域种植情况

菏泽、潍坊、滨州及济宁是山东省西瓜的主要产区。由表3、图2可知,2018年山东省西瓜种植生产排名前四的地市为菏泽、潍坊、滨州及济宁。菏泽市西瓜种植面积居山东省第一位,为49.84×10³公顷,占全省西瓜播种总面积的32.97%,产量为247.30万吨,占全省总产量的30.52%,西瓜种植品种主要为黑金刚、京欣、甜王、新机遇及龙卷风等;潍坊市西瓜播种面积居山东第二位,为26.46×10³公顷,占全省播种面积的17.50%,产量为147.71万吨,占全省总产量的18.23%,西瓜种植品种主要为京欣、早春红玉、新红宝、黑美人、特小凤、新1号无籽西瓜等;滨州市西瓜种植面积居山东第三位,为15.61×10³公顷,占全省播种面积的10.33%,产量为77.62万吨,占全省总产量的9.58%,滨州西瓜品种主要为京欣、蜜童、墨童、红艳、丰收3号、京欣王等;济宁市西瓜种植面积居山东省第四位,为12.40×10³公顷,占全省播种面积的8.20%,产量为71.69万吨,占全省总产量的8.85%,济宁西瓜品种主要为京欣、欣喜、双星、黑皮圣达尔等。菏泽、潍坊、滨州与济宁四地市西瓜种植面积合计占全省的69%,产量达到544.32万吨,占全省的67.18%。

表3 2018年山东省各市西瓜生产情况

地区	播种面积		总产量	
	绝对数 (10³公顷)	占全省比重 (%)	绝对数 (万吨)	占全省比重 (%)
全省总计	151.17	100.00	810.34	100.00
菏泽市	49.84	32.97	247.30	30.52
潍坊市	26.46	17.50	147.71	18.23
滨州市	15.61	10.33	77.62	9.58
济宁市	12.40	8.20	71.69	8.85
聊城市	10.83	7.16	62.47	7.71
济南市	7.53	4.98	44.14	5.45
临沂市	6.46	4.27	40.32	4.98
德州市	4.46	2.95	27.36	3.38
青岛市	3.82	2.52	20.70	2.55
东营市	3.17	2.09	11.95	1.47
烟台市	2.98	1.97	16.97	2.09
枣庄市	2.74	1.82	14.65	1.81
威海市	1.30	0.86	7.48	0.92
日照市	1.22	0.81	7.15	0.88
淄博市	1.19	0.79	6.80	0.84

(续表)

地区	播种面积		总产量	
	绝对数 (10^3 公顷)	占全省比重 （%）	绝对数 （万吨）	占全省比重 （%）
泰安市	1.09	0.72	5.53	0.68
莱芜市	0.07	0.05	0.51	0.06

资料来源：2019年《山东统计年鉴》。

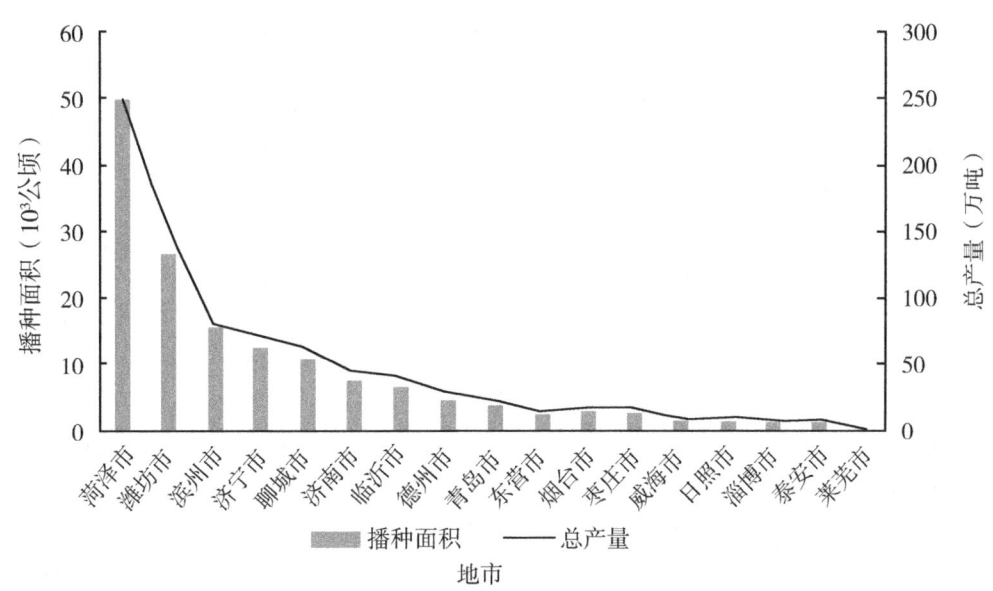

图2 山东省各市西瓜播种面积及总产量
（资料来源：2019年《山东统计年鉴》）

1.2.2 山东省甜瓜区域种植情况

菏泽、潍坊、济宁及聊城是山东省甜瓜的主要产区。由表4、图3可知，2018年山东省甜瓜种植生产排名前四位的地区为菏泽、潍坊、济宁及聊城。菏泽市甜瓜种植面积居山东省第一位，为9.04×10^3公顷，占全省甜瓜播种总面积的21.76%，产量为38.98万吨，占全省总产量的19.24%，菏泽甜瓜种植品种主要以白沙蜜为主；潍坊市甜瓜种植面积居山东第二位，为7.21×10^3公顷，占全省播种面积的17.35%，产量为38.14万吨，占全省总产量的18.83%，潍坊市甜瓜种植品种主要为冰糖子、伊丽莎白、天蜜脆梨、火银瓜等；济宁市甜瓜种植面积居山东第三位，为5.91×10^3公顷，占全省播种面积的14.22%，产量为22.91万吨，占全省总产量的11.31%，济宁甜瓜品种主要为金乡白梨瓜、西甜208、庆甜2002、盛开花、庆发白瓜、日出蜜雪；聊城市甜瓜播种面积居山东第四位，为5.77×10^3公顷，占全省播种面积的13.89%，产量为32.32万吨，占全省总产量的15.96%，聊城甜瓜种植品种主要为伊丽莎白、丰田系列、红妃、金露等。菏泽、潍坊、济宁与聊城四市甜瓜种植面积合计占全省的67.22%，产量达到132.35万吨，占全省的65.34%。

表 4 2018 年山东省各市甜瓜生产情况

地区	播种面积		总产量	
	绝对数（10³ 公顷）	占全省比重（%）	绝对数（万吨）	占全省比重（%）
全省总计	41.55	100.00	202.59	100.00
菏泽市	9.04	21.76	38.98	19.24
潍坊市	7.21	17.35	38.14	18.83
济宁市	5.91	14.22	22.91	11.31
聊城市	5.77	13.89	32.32	15.96
临沂市	5.48	13.18	31.20	15.40
青岛市	2.47	5.94	11.71	5.78
济南市	2.11	5.07	10.76	5.31
烟台市	0.87	2.08	3.57	1.76
德州市	0.47	1.14	2.88	1.42
枣庄市	0.45	1.08	2.01	0.99
东营市	0.40	0.97	2.17	1.07
滨州市	0.37	0.89	1.25	0.62
泰安市	0.31	0.74	1.45	0.72
威海市	0.31	0.73	1.34	0.66
淄博市	0.25	0.59	1.11	0.55
日照市	0.13	0.32	0.69	0.34
莱芜市	0.02	0.05	0.09	0.04

资料来源：2019 年《山东统计年鉴》。

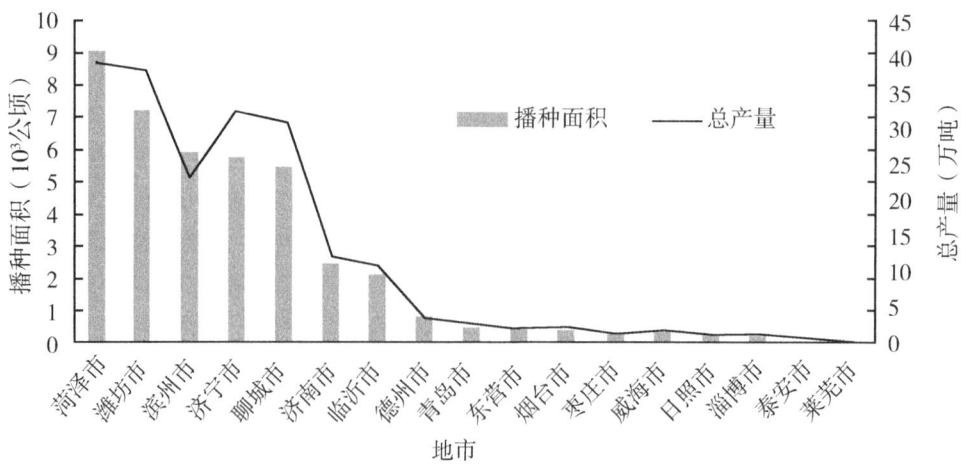

图 3 山东省各市甜瓜播种面积及产量

（资料来源：2019 年《山东统计年鉴》）

1.3 山东省西甜瓜比较优势及区域结构情况

1.3.1 综合比较优势指数

综合比较优势指数是在一国范围内不同区域之间某种产品或同一区域内不同产品之间比较优势的衡量和比较指标，可用于3个比较优势指标测定：规模优势指数（SAI）、效率优势指数（EAI）和综合优势指数（AAI）。运用该指标对山东省西甜瓜与中国西甜瓜之间的比较优势进行测定。

1.3.1.1 规模优势指数（SAI）

SAI是某地区某一农作物的生产规模占所有农作物生产规模的比率及其对比关系，用以反映一个地区某一农作物的生产规模和专业化程度。规模优势指数受市场需求、资源条件、生产制度等因素的综合影响。其计算公式如下：

$$SAI_{ij} = \frac{S_{ij}/S_i}{S_j/S} \tag{1}$$

SAI_{ij}为i地区（山东省）j种农作物（西瓜或甜瓜）的规模优势指数，S_{ij}为i地区（山东省）j种农作物（西瓜或甜瓜）的播种面积，S_i为i地区（山东省）全部农作物的播种面积，S_j为中国j种农作物（西瓜或甜瓜）的播种面积，S为中国所有农作物的播种面积。$SAJ_{ij} \geqslant 1$，说明j种农作物（西瓜或甜瓜）具有规模优势；$SAI_{ij} \leqslant 1$，说明j种农作物（西瓜或甜瓜）无规模优势。

1.3.1.2 效率优势指数（EAI）

EAI是一个地区一定时期内某种农作物的单位产量与该地区全部农作物单位产量的对比关系，体现该地区某种农作物生产能力，即生产效率相对优势。计算公式如下：

$$EAI_{ij} = \frac{E_{ij}/E_i}{E_j/E} \tag{2}$$

EAI_{ij}为i地区（山东省）j种农作物（西瓜或甜瓜）的效率优势指数，E_{ij}为i地区（山东省）j种农作物（西瓜或甜瓜）的单位面积产量，E_i为i地区所有农作物的单位面积产量，E_j为中国j种农作物（西瓜或甜瓜）的单位面积产量，E为中国所有农作物的单位面积产量。$EAI_{ij} \geqslant 1$，说明j种农作物（西瓜或甜瓜）具有效率优势；$EAI_{ij} \leqslant 1$，说明j种农作物（西瓜或甜瓜）无效率优势。

1.3.1.3 综合优势指数（AAI）

AAI是以效率优势指数和规模优势指数的平均值综合反映衡量某地区某一农作物的比较优势。计算公式如下：

$$AAI_{ij} = \sqrt{EAI_{ij} \times SAI_{ij}} \tag{3}$$

$AAI_{ij} > 1$，说明该种农作物（西瓜或甜瓜）整体具有比较优势；$AAI_{ij} \leqslant 1$，表明该种农作物（西瓜或甜瓜）整体没有优势。

1.3.2 山东省西甜瓜比较优势分析

基于前文对山东省西甜瓜的描述性统计，本部分从效率优势指数、规模优势指数以及综合优势指数3个测度指标出发，对山东省西甜瓜比较优势进行测算。

基于表 5 与表 6 的数据，运用公式（1）（2）（3）分别计算山东省的规模优势指数、效率优势指数以及综合优势指数（表 7）。

表 5　山东省及全国西甜瓜等瓜果类播种面积对比

（单位：10^3 公顷）

年份	山东省			全国		
	西瓜	甜瓜	瓜果类	西瓜	甜瓜	瓜果类
2009	208.90	43.50	274.80	1 764.80	389.90	2 334.30
2010	213.00	44.30	280.70	1 812.50	393.30	2 389.40
2011	203.50	46.90	273.40	1 803.20	397.40	2 389.30
2012	205.70	49.50	277.20	1 801.50	410.40	2 408.20
2013	207.40	48.90	279.10	1 828.20	423.10	2 455.40
2014	209.40	49.10	282.00	1 852.30	438.90	2 491.30
2015	210.90	49.70	286.80	1 860.70	460.90	2 549.50
2016	163.60	36.90	218.50	1 515.10	345.90	2 119.10
2017	158.60	37.00	215.00	1 519.70	348.80	2 112.90
2018	151.20	41.50	214.50	1 517.93	376.10	2 117.20

资料来源：历年《中国农业年鉴》《山东统计年鉴》。

表 6　山东省及全国西甜瓜等瓜果类单位面积产量对比

（单位：千克/亩）

年份	山东省			全国		
	西瓜	甜瓜	瓜果类	西瓜	甜瓜	瓜果类
2009	3 335.89	2 729.50	3 176.07	2 447.30	2 077.97	2 327.33
2010	3 396.87	2 744.92	3 217.67	2 507.81	2 079.33	2 381.73
2011	3 537.43	2 814.50	3 321.60	2 547.10	2 144.77	2 423.33
2012	3 396.87	2 832.32	3 369.27	2 616.82	2 163.09	2 478.33
2013	3 581.59	3 002.04	3 409.07	2 659.96	2 259.04	2 531.00
2014	3 565.41	3 048.20	3 471.73	2 693.70	2 241.66	2 556.67
2015	3 624.64	3 066.40	3 523.53	2 763.83	2 208.72	2 587.53
2016	3 709.86	3 235.77	3 550.27	2 737.16	2 288.91	2 580.47
2017	3 727.01	3 231.24	3 587.54	2 770.13	2 355.80	2 616.53
2018	3 573.67	3 250.70	3 465.27	2 702.66	2 332.44	2 557.81

资料来源：历年《中国农业年鉴》《山东统计年鉴》。

表7 山东省西甜瓜比较优势指数

年份	西瓜			甜瓜		
	SAI	EAI	AAI	SAI	EAI	AAI
2009	1.01	1.00	1.00	0.95	0.96	0.96
2010	1.00	1.00	1.00	0.96	0.98	0.97
2011	0.99	1.01	1.00	1.03	0.96	0.99
2012	0.99	0.95	0.97	1.05	0.96	1.00
2013	1.00	1.00	1.00	1.02	0.99	1.00
2014	1.00	0.97	0.99	0.99	1.00	0.99
2015	1.01	0.96	0.99	0.96	1.02	0.99
2016	1.05	0.99	1.02	1.03	1.03	1.03
2017	1.03	0.98	1.00	1.04	1.00	1.02
2018	0.98	0.98	0.98	1.09	1.03	1.06

资料来源：根据历年《中国农业年鉴》《山东统计年鉴》计算得出。

1.3.2.1 山东省西甜瓜生产规模优势特点

从表7可以看出，山东省西瓜的规模优势指数从2009年的1.01逐年回落到2011—2012年的0.99，之后开始回升，2016年逐步增长为1.05，2017年回落为1.03，2018年下降至0.98。总体说明山东省西瓜生产具有规模优势，优于全国平均规模水平，但2018年规模优势消失，低于全国平均水平；山东省甜瓜的规模优势指数显示，2009—2010年规模优势指数低于1.00，说明在规模上处于全国平均水平之下，不具有优势。但山东省甜瓜的规模优势指数是逐年上升的，到2011年上升至1.03，2012年、2013年的规模优势指数分别为1.05、1.02，具有规模优势；2014年后优势逐渐消失，2014—2015年规模优势指数均低于1.00，呈下降趋势；2016年上升至1.03，2017年继续攀升至1.04，2018年达到1.09，有较大幅度提升，山东省甜瓜的规模优势再现。

1.3.2.2 山东省西甜瓜生产效率优势特点

山东省西瓜效率优势指数从2009年到2011年均大于1，总体保持稳定状态；2013年与全国平均水平持平后略有下降，2018年为0.98，不具有效率优势。虽然山东省西瓜平均单产高于全国西瓜平均单产，但其他瓜果类作物的平均单产较高，影响了山东省西瓜效率优势指数；2009—2013年山东省甜瓜的产出效率均低于全国平均水平，2014年后逐年增长，2014—2018年分别为1.00、1.02、1.03、1.00和1.03，均高于全国平均水平。说明近些年山东省甜瓜的生产效率逐步提高，甜瓜平均单产的增长速率高于全国平均水平。

1.3.2.3 山东省西甜瓜综合优势特点

山东省西瓜的综合优势指数2009—2018年分别为1.00、1.00、1.00、0.97、1.00、0.99、0.99、1.02、1.00、0.98。山东省西瓜比较优势指数呈"U"形变化，规模优势指数整体大于效率优势指数，综合优势指数介于规模优势指数与效率优势指数之间，2016年有一定程度的提升，达到1.02，略高于全国平均水平，2017年为1.00，与全国基本持平，2018年有所回落；山东省甜瓜的综合优势指数自2009至2015年除2012年、2013年为1.00外，其余年份均小于1.00。但2016年由2015年的0.99上升至1.03，2017年为1.02，2018年上升至1.06，说明山东省甜瓜的综合优势在逐渐上升。但总体来看，山东省甜瓜的综合优势不明显，一直在全国平均水平上下徘徊。

2 调查区概况及样本分布

由于缺乏全国和山东省等地方区域性西甜瓜种植生产成本与收益的相关统计数据资料，为了深入了解2019年山东省西甜瓜生产销售情况，根据山东省西甜瓜产业生产布局与产业组织情况，项目组主要对山东省青州、莘县、莱西和东明等具有代表性的西甜瓜种植基地和种植户抽样进行实地调查研究。同时利用寒暑假期组织硕士博士研究生以及部分本科生对山东省全省范围内的西甜瓜种植户随机进行抽样调查与深度访谈。此次调查问卷共发出250份，收回有效问卷228份，回收率达到91.20%。样本农户分布情况如表8所示，青州、莘县、莱西和东明所占总样本的比例为66.23%、18.85%、10.53%和4.39%。在调查期间，为了保证调查的真实有效，对问卷采用一对一的发放与回收模式。针对一些年龄较大的老人，还进行了一对一的问答和辅助填表。问卷在内容设置上涵盖了西甜瓜种植户的基本信息情况、西甜瓜种植户的生产情况、西甜瓜种植户的销售情况。

表8 山东省西甜瓜样本农户地区分布情况

地区	占比（%）
青州	66.23
莘县	18.85
莱西	10.53
东明	4.39

资料来源：根据调查问卷数据整理得出。

2.1 样本农户家庭人口基本情况

将全部有效问卷进行统计分析，山东省被调查西甜瓜种植户的家庭人口基本信息情况如表9所示。

由表9和图4可知，样本农户家庭中2人常年在家务农的家庭占比最多，比例为61.84%；其次是1人常年在家务农的家庭，占比15.79%；3人及以上常年在家务农的家庭占比最小。这说明山东省西甜瓜生产以小规模家庭生产为主。样本农户家庭的农业收入（5万元，10万元]最多，比例为46.49%；其次是5万元及以下，比例为25.43%；(10万元，15万元]的占比为15.79%；15万元以上农业收入的家庭占比最少，为12.28%。样本农户家庭有非农收入的家庭占比为39.04%。其中，非农收入1万元以下的家庭占比最大，为64.04%；(1万元，2万元]其次，占比15.79%；(2万元，3万元]占比11.40%，3万元以上非农收入的家庭占比最少，为8.77%。这表明山东省从事西甜瓜生产的农户家庭主要收入来自农业收入，大多从事农业生产，外出打工人员较少，因而非农收入较少。

表9 山东省西甜瓜样本农户家庭人口基本情况描述

指标	指标说明	占比（%）
家庭人口	2人	7.46
	3人	14.47
	4人	37.28
	5人及以上	40.79
家庭劳动力	1人	3.51
	2人	59.21
	3人	17.54
	4人及以上	19.74
常年在家务农人数	1人	15.79
	2人	61.84
	3人	10.53
	4人及以上	11.84
农业收入	5万元及以下	25.43
	(5万元，10万元]	46.49
	(10万元，15万元]	15.79
	15万元以上	12.28
非农收入（39.04%）	1万元及以下	64.04
	(1万元，2万元]	15.79
	(2万元，3万元]	11.40
	3万元以上	8.77

资料来源：根据调查问卷数据整理得出。

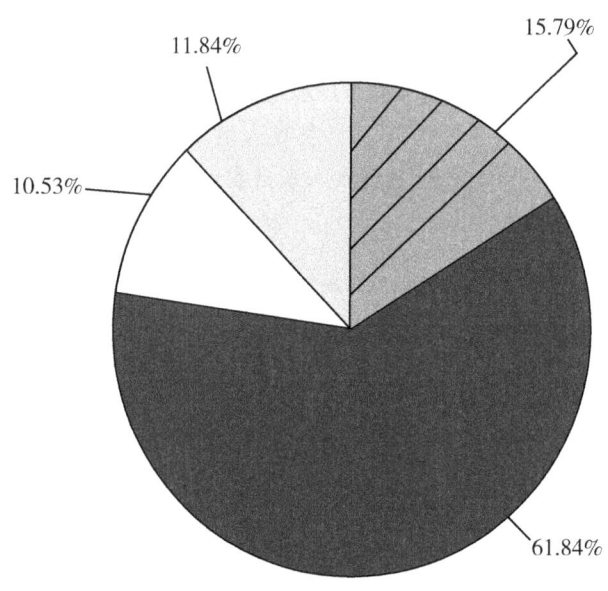

图 4 山东省西甜瓜样本农户常年在家务农人数比例
(资料来源：根据调查问卷数据整理得出)

根据问卷调查统计，山东省被调查西甜瓜主要种植人员基本信息情况如表10所示。被调查西甜瓜种植户主要种植人员多数为男性，占比为68.42%，女性为31.58%。8.77%的西甜瓜主要种植人员为现任村干部，4.39%的以前曾担任过村干部，多数（86.84%）种植人没当过村干部。主要种植人中年龄在46～55岁的最多，占比为32.46%；56～65岁的占比28.07%；36～45岁的占比24.12%；25～35岁的占比11.40%；66岁以上的占比3.95%；无25岁以下的受访者。46岁及以上主要种植人占比64.48%，这反映出了从事西甜瓜生产的劳动力老龄化问题严重。

被调查西甜瓜种植户受教育程度总体水平较低，学历占比最高的是初中，为53.95%；其次为小学，占比为24.12%；高中/职高占比20.61%；有1.32%的农户没有上过学。这与西甜瓜农户人口老龄化问题基本一致。通常情况下农业老龄劳动力文化程度普遍较低，在体力、健康、现代农业要素的学习和应用等方面显著弱于青壮年农业劳动力，在一定程度上阻碍了新技术的使用推广和新设备的更新换代，不利于山东省西甜瓜产业的可持续发展。

表10 山东省西甜瓜样本农户基本信息情况

指标	指标说明	占比（%）
性别	男	68.42
	女	31.58

（续表）

指标	指标说明	占比（%）
年龄	25~35 岁	11.40
	36~45 岁	24.12
	46~55 岁	32.46
	56~65 岁	28.07
	66 岁以上	3.95
教育程度	没上过学	1.32
	小学	24.12
	初中	53.95
	高中/职高	20.61
是否当过村干部	以前当过	4.39
	现在当过	8.77
	没当过	86.84
是否党员	是	15.35
	否	84.65
务农时间	10 年以下	3.51
	10~20 年	28.51
	21~30 年	35.09
	31~40 年	27.19
	40 年以上	5.70
种植西甜瓜时间	10 年以下	13.16
	10~20 年	60.53
	21~30 年	19.3
	31~40 年	3.95
	40 年以上	3.07
是否从事过非农行业	是	15.79
	否	84.21
工作地点	本村	84.65
	本乡非本村	2.63
	本县非本乡	9.21
	本省非本县	3.51
	外省	0.00

资料来源：根据调查问卷数据整理得出。

2.2 样本农户家庭经营土地情况

样本农户家庭经营土地情况如表11所示。①青州市样本农户家庭半数以上以自有土地种植西甜瓜，其中拥有（2亩，5亩］自有土地的家庭占比最多，比例为37.08%；其次为拥有2亩及以下自有土地的家庭，占比31.13%；拥有（5亩，10亩］自有土地的家庭占比29.14%；拥有10亩以上自有土地的家庭占比2.65%。有49.01%的家庭选择租赁土地种植西甜瓜，租赁（1亩，5亩］土地的家庭占比最多，为33.11%；其次为租赁（5亩，10亩］土地的家庭，占比为13.91%；租赁10亩以上土地的家庭较少，占比仅为1.99%。平均租金为每年1 536.67元/亩。②莘县样本农户家庭中60%以上依靠自有土地种植西甜瓜，其中拥有（2亩，5亩］自有土地的家庭占比最多，比例为79.07%；其次为拥有2亩及以下自有土地的家庭，占比18.60；拥有5亩以上自有土地的家庭占比2.33%。有39.53%的家庭选择租用土地种植西甜瓜，其中租赁（1亩，5亩］土地的家庭占比最多，为20.93%；其次为租赁（5亩，10亩］土地的家庭，占比为13.95%；租赁10亩以上土地的家庭较少，占比仅为4.65%。平均租金为每年1 082.35元/亩。③莱西市样本农户家庭中约16%依靠自有土地种植西甜瓜，其中拥有（5亩，10亩］自有土地的家庭占比最多，比例为50.00%；其次为拥有10亩以上自有土地的家庭，占比33.34%；拥有2亩及以下自有土地的家庭占比8.33%。有83.33%的家庭选择租用土地种植西甜瓜，租赁（5亩，10亩］土地的家庭占比最多，为41.67%；其次为租赁（1亩，5亩］土地的家庭，占比为25.00%；租赁10亩以上土地的家庭较少，占比为16.66%。平均租金为每年547.50元/亩。④东明县样本农户家庭中90%依靠自有土地种植西甜瓜，其中拥有（2亩，5亩］自有土地的家庭占比最多，比例为40.00%；其次为拥有2亩及以下和5亩以上自有土地的家庭，占比均为30.00%。有10%的家庭选择租用土地种植西甜瓜，租赁土地（5亩，10亩］。平均租金为每年1 200.00元/亩。

表11 山东省西甜瓜样本农户家庭经营土地基本情况

地区	指标	指标说明	占比（%）
青州	自有土地	2亩及以下	31.13
		（2亩，5亩］	37.08
		（5亩，10亩］	29.14
		10亩以上	2.65
	转入土地	0亩	50.99
		[1亩，5亩］	33.11
		（5亩，10亩］	13.91
		10亩以上	1.99
	转入土地平均地租（元/亩）		1 536.67

(续表)

地区	指标	指标说明	占比（%）
莘县	自有土地	2亩及以下	18.60
		(2亩, 5亩]	79.07
		5亩以上	2.33
	转入土地	0亩	60.47
		[1亩, 5亩]	20.93
		(5亩, 10亩]	13.95
		10亩以上	4.65
	转入土地平均地租（元/亩）	1 082.35	
莱西	自有土地	2亩及以下	8.33
		(2亩, 5亩]	8.33
		(5亩, 10亩]	50.00
		10亩以上	33.34
	转入土地	0亩	16.67
		[1亩, 5亩]	25.00
		(5亩, 10亩]	41.67
		10亩以上	16.66
	转入土地平均地租（元/亩）	547.50	
东明	自有土地	2亩及以下	30.00
		(2亩, 5亩]	40.00
		5亩以上	30.00
	转入土地	0亩	90.00
		(5亩, 10亩]	10.00
	转入土地平均地租（元/亩）	1 200.00	

资料来源：根据调查问卷数据整理得出。

总体来看，东明县西甜瓜种植农户租赁土地的家庭较少，表明东明县西甜瓜种植主要依靠小规模家庭经营。莱西市83.33%的西甜瓜种植农户都有租赁土地行为，且有58.33%的农户租赁5亩以上土地，表明近年来莱西市西甜瓜经营规模在逐渐扩大，专业化程度提高，逐渐向家庭农场方向发展。青州市和莘县大约一半的西甜瓜农户有租赁土地行为，表明这两地也在向大规模种植方向发展。

2.3 样本农户家庭作物种植情况

山东省样本农户家庭粮食作物种植基本情况如表12所示。被调查西甜瓜种植农户家庭中85.09%的农户不再种植粮食作物，说明山东省西甜瓜种植户专业化程度较高。种植粮食作物的农户中有54.29%的农户种植（1亩，5亩］的粮食作物，31.43%的农户种植（5亩，10亩］的粮食作物，14.28%的农户种植10亩以上的粮食作物。样本农户粮食作物净收入（0.50万元，1万元］的占比最多，为37.14%，其次是0.50万元以下和（1万元，2万元］的农户，占比25.71%，（2万元，3万元］的农户占比5.72%，（3万元，5万元］和（5万元，8万元］的农户占比最小，都是2.86%。

表12 山东省西甜瓜样本农户家庭粮食作物种植基本情况

指标	指标说明	占比（%）
类型	不种植	85.09
	种小麦	13.16
	种玉米	1.75
种植面积	（1亩，5亩］	54.29
	（5亩，10亩］	31.43
	10亩以上	14.28
净收入	0.5万元以下	25.71
	（0.5万元，1万元］	37.14
	（1万元，2万元］	25.71
	（2万元，3万元］	5.72
	（3万元，5万元］	2.86
	（5万元，8万元］	2.86

资料来源：根据调查问卷数据整理得出。

山东省样本农户家庭经济作物种植基本情况如表13所示。山东省样本农户家庭中39.47%的农户只种植水果，51.76%的农户种植蔬菜和水果，8.33%的农户种植花生和水果，0.44%的农户种植大豆和水果。说明山东省西甜瓜种植户在经济作物种植中采用多元化经营模式，"水果+蔬菜"模式最为普遍。种植经济作物的农户中有62.50%的农户种植（1亩，5亩］的经济作物，29.17%的农户种植（5亩，10亩］的经济作物，8.33%的农户种植10亩以上的经济作物。农户经济作物净收入10万元以上的占比最多，为25.00%，其次是（5万元，8万元］，占比22.81%，0.5万元以下的农户，占比11.41%，（0.5万元，1万元］和（1万元，2万元］的农户占比都是5.26%，（2万元，3万元］的农户占比7.02%，（3万元，5万元］的农户占比17.11%，（8万元，10万元］的农户占比6.13%。

表13 山东省西甜瓜样本农户家庭经济作物种植基本情况

指标	指标说明	占比（%）
类型	水果	39.47
	花生和水果	8.33
	大豆和水果	0.44
	蔬菜和水果	51.76

(续表)

指标	指标说明	占比（%）
种植面积	（1亩，5亩]	62.50
	（5亩，10亩]	29.17
	10亩以上	8.33
净收入	0.5万元以下	11.41
	（0.5万元，1万元]	5.26
	（1万元，2万元]	5.26
	（2万元，3万元]	7.02
	（3万元，5万元]	17.11
	（5万元，8万元]	22.81
	（8万元，10万元]	6.13
	10万元以上	25.00

资料来源：根据调查问卷数据整理得出。

2.4 样本农户家庭借贷基本情况

山东省样本农户家庭借贷基本情况如表14所示。有借贷行为的农户占所有样本农户的比重为12.72%。在有借贷行为的农户中，有89.47%的农户借款1万元及以下的金额，2.65%的农户借贷（1万元，3万元]，2.19%的农户借贷（3万元，5万元]，3.51%的农户借贷（5万元，10万元]，2.19%的农户借贷10万元以上。说明山东省西甜瓜种植农户主要以小规模家庭经营为主，借贷行为较少。借款农户中，56.67%的农户选择从农村信用社贷款，23.33%的农户选择向亲戚朋友借款，20%的农户选择从商业银行贷款。农村金融是农村经济的核心，在加快社会主义新农村建设、缩小城乡差距、统筹城乡发展、促进城乡一体化的过程中起着举足轻重的作用。而农户信贷作为农村金融发展中最重要的资本配置要素，将直接影响农民收入水平，也将影响农村地区社会、经济、文化的整体发展。山东省调查农户中有借贷行为的家庭占比较少，说明山东省农村金融发展任重道远。

表14 山东省样本农户家庭借贷基本情况

指标	指标说明	占比（%）
借款金额	1万元及以下	89.47
	（1万元，3万元]	2.65
	（3万元，5万元]	2.19
	（5万元，10万元]	3.51
	10万元以上	2.19

(续表)

指标	指标说明	占比（%）
借款途径	农村信用社	56.67
	商业银行	20.00
	亲戚朋友	23.33

资料来源：根据调查问卷数据整理得出。

3 调查农户西甜瓜投入产出分析

为了增强调查样本数据的代表性与可比性，避免与山东省西甜瓜整体生产实际情况产生偏离性与差异性，本项目尽可能选择山东省内具有一定生产规模与品牌信誉度的西甜瓜生产基地内的种植户，利用多层次、多区位、大样本调查，整理形成2020年山东省西甜瓜抽样调查数据，据此分析山东省2020年西甜瓜生产投入与产出情况。

3.1 西瓜投入产出分析

3.1.1 西瓜产出情况

调查农户西瓜产出情况如表15所示。调查农户西瓜平均单产为4 592千克/亩，其中最高产量来自青州市，为9 000千克/亩，最低值来自莱西市，为3 250千克/亩，青州市西瓜产量均值为4 713千克/亩，高于山东省平均水平，是调查地区的最高值；莱西市西瓜产量均值为3 322千克/亩，低于山东省平均水平，是调查地区的最低值；东明县西瓜产量均值为4 575千克/亩，与山东省平均水平基本持平。

表15 山东省西瓜产出情况

（单位：千克/亩）

地区	最低值	最高值	中位数	平均数
山东省	2 500	9 000	4 500	4 592
青州	3 750	9 000	4 500	4 713
莱西	3 250	3 750	3 300	3 322
东明	3 500	8 000	4 000	4 575

资料来源：根据调查问卷数据整理得出。

3.1.2 西瓜物质投入情况

通过问卷调查以及与农户的深度访谈，调查农户西瓜栽培方式主要是单种，种植方式为设施，主要为大棚种植，选用南瓜进行嫁接。调查发现自己育苗的农户较少，较多的农户选择购买瓜苗，每亩地需要600至750棵瓜苗，每棵瓜苗价格在1~1.5元。关于化肥的使用情况，调查农户主要使用复合肥，每亩地大约用量两袋，价格为150~250元/袋。使用有机肥的调查农户较少，所使用有机肥种类多为鸡粪和猪粪等，每亩使用量为 1 500~3 000 千克。调查农户多使用除虫剂和杀菌剂等农药，除虫剂费用大约为 20 元/亩，杀菌剂费用大约为 100 元/亩。灌溉方式主要采用地下水进行大水漫灌，一年的费用约为 200 元/亩。关于设备费用方面，地膜使用量约为 5 千克/亩，费用约为 20 元/千克；大棚膜用量为 800~1 000 米^2/亩，费用为 1 元/米^2。

关于西瓜化肥使用方面的调查情况如表 16 所示。可以看出：①化肥使用量确定依据方面，依据化肥销售人员确定化肥使用量的农户较多，占比为 85.61%；8.07% 的调查农户依据土地状况和自己经验确定化肥使用量；5.20% 的调查农户依据化肥包装上的标识确定化肥使用量；1.12% 的调查农户参照邻里确定化肥使用量；②化肥使用量方面，51.21% 的调查农户化肥使用量不多于包装袋说明用量；36.96% 的调查农户不知道自己使用量相比包装袋说明用量的差异；8.01% 的调查农户化肥使用量少于包装袋说明；3.82% 的农户化肥使用量多于包装袋说明；③减少化肥使用量意愿方面，调查农户中有 89.36% 的农户愿意减少化肥使用量；10.64% 的农户不愿意减少化肥使用量。

表 16　山东省西瓜种植户化肥使用行为

问题	选项	占比（%）
化肥使用量如何确定	化肥包装上的标识	5.20
	依据土地状况和自己经验	8.07
	参照邻里	1.12
	化肥销售人员	85.61
相比包装袋上说明，化肥使用量	过多	3.82
	不多	51.21
	少	8.01
	不知道	36.96
是否愿意减少化肥使用量	愿意	89.36
	不愿意	10.64

资料来源：根据调查问卷数据整理得出。

如图 5 所示，在西瓜种植生产过程中，农药使用调查结果显示如下。①农药使用量确定依据方面，62.31% 的调查农户依据农药推销人员确定农药使用量；11.27% 的调查农户按照说明书配比确定农药使用量；10.19% 的调查农户依据自己经验配比确定农药使用量；6.57% 的调查农户参照邻里确定农药使用量。②农药使用量方面，45.21% 的调查农户认为自己使用量不多于说明书用量；42.96% 的调查农户不知道自己使用量与说明书用量之间的差异；6.01% 的调查农户农药使用量少于说明书；5.82% 的调查农户农药使用量多于说明书。③减少农药使用量意愿方面，87.91% 的调查农户愿意减少农药使用量；12.09% 的调查农户不愿意减少。④相同功效下，能接受高效、低毒、低残留的农药最高价格方面，47.67% 的调查农户可以接受和常规农药价格等同；21.19% 的调查农户可以接受比常规农药贵 10%；19.22% 的调查农户接受比常规农药便宜 10%；

仅有 11.92%的调查农户接受比常规农药贵 30%。

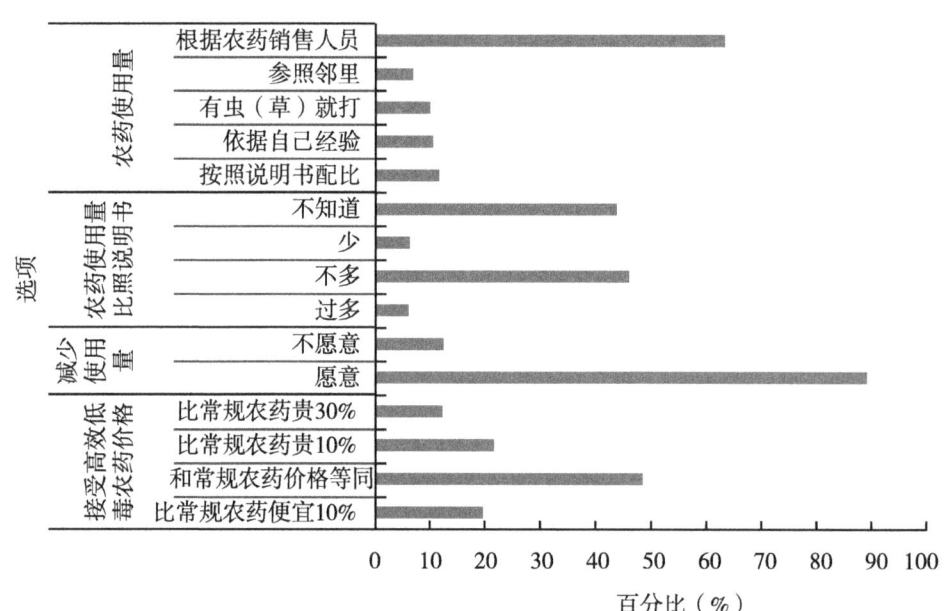

图 5　山东省西瓜种植户农药使用行为
（资料来源：根据调查问卷数据整理得出）

3.1.3　西瓜劳动力投入情况

根据调查，山东省西瓜劳动力主要投入到采摘过程中，调查农户总投入 2 979 人用 736 天完成 662 亩的西瓜采摘工作，即 1 亩西甜瓜采摘需要消耗 4 个人工日。平均两个家庭劳动力管理 1 亩地，在采摘过程中有 83.62%的调查农户选择雇用劳动力，平均 1 亩地雇用 3~5 人工作 1 天即可完成采摘工作。采摘西甜瓜雇用劳动力平均工价因地区而有所差异，如表 17 所示，青州市平均工价最高，为 257.13 元，其次是莘县，平均工价 247.50 元，东明县平均工价最低，为 211.11 元。

表 17　山东省各地区雇用劳动力费用

地区	平均工价（元）
青州	257.13
莘县	247.50
东明	211.11

资料来源：根据调查问卷数据整理得出。

3.1.4　西瓜种植收益分析

山东省西瓜主要采取简约化大棚设施栽培为主的方式进行生产栽培管理，以春夏栽培为主、秋季栽培为辅。调查区域西瓜品种主要是甜王、京欣，平均每亩产量约 4 592 千克、平均每亩产值约 1.5 万元。平均净利润约 5 640 元/亩，成本利润率为 62.4%。

2019年具体成本收益如表18所示,可以看出,2019年西瓜种植中的成本主要来自种子费、化肥费、有机肥费、农药费、地膜费、大棚膜费、水费和人工费。平均种子费为845元/亩、平均化肥费为400元/亩、平均有机肥费为650元/亩、平均农药费为450元/亩、平均地膜费为100元/亩、平均水费为200元/亩、人工成本为6 590元/亩(家庭劳动力投入费用约5 390元/亩,雇用劳动力费用约1 200元/亩)。

表18 2019年山东省西瓜成本收益基本情况

	项目	数值
1	平均亩产量(千克)	4 592
2	平均亩销售额(元)	15 000
3	平均亩总成本(元)	9 360
	3.1 平均种子费(元/亩)	845
	3.2 平均化肥费(元/亩)	400
	3.3 平均有机肥费(元/亩)	650
	3.4 平均农药费(元/亩)	450
	3.5 平均地膜费(元/亩)	100
	3.6 平均大棚膜费(每年)(元/亩)	125
	3.7 平均水费(元/亩)	200
	3.8 人工成本(元/亩)	6 590
	3.8.1 家庭劳动力投入费用(元/亩)	5 390
	3.8.2 雇用劳动力费用(元/亩)	1 200
4	平均亩净利润(元)	5 640
5	成本利润率(%)	62.40

资料来源:根据调查问卷数据整理得出。

3.2 甜瓜投入产出分析

3.2.1 甜瓜产出情况

调查农户甜瓜产出情况如表19所示。调查农户甜瓜平均单产为2 133.63千克/亩,其中最高产量来自莘县,为4 000千克/亩,最低产量来自青州市,为500千克/亩,这可能与地区因素相关,种植品种不同,其相关技术也不同,莘县调查农户主要种植蜜罐,青州调查农户主要种植火银瓜。青州市甜瓜产量均值为1 810.91千克/亩,低于山东省平均水平;莱西市甜瓜产量均值为1 766.67千克/亩,低于山东省平均水平,是调查地区的最低值;莘县甜瓜产量均值为2 914.71千克/亩,高于山东省平均水平,是调查地区的最高值。

表19 山东省甜瓜产出情况

(单位:千克/亩)

地区	最高值	最低值	中位数	平均数
山东省	4 000	500	2 000	2 133.63

(续表)

地区	最高值	最低值	中位数	平均数
青州	3 750	500	1 500	1 810.91
莱西	2 250	1 450	1 625	1 766.67
莘县	4 000	1 500	3 100	2 914.71

资料来源：根据调查问卷数据整理得出。

3.2.2 甜瓜物质投入情况

通过问卷调查以及与农户的深度访谈，调查农户甜瓜栽培方式主要是单种，种植方式为设施，主要为大棚种植，用北瓜和南瓜进行嫁接。调查发现选择自己育苗的农户较少，较多的农户选择购买瓜苗，每亩地需要1 500~2 000棵瓜苗，每棵瓜苗价格在1~2元，而青州甜瓜品种火银瓜苗在2~3元。关于化肥的使用情况，调查农户使用化肥的较少，所使用有机肥种类多为高钾肥和复合肥，每亩地大约用量两袋，价格为150~250元/袋。使用有机肥的调查农户较多，种类多为鸡粪、猪粪和豆饼等，鸡粪、猪粪每亩使用量为1 500~3 000千克，豆饼、豆粕等根据土地的肥沃程度而定，平均每亩使用量为2 500千克。调查农户多使用除虫剂和杀菌剂等农药，除虫剂费用大约为20千克/亩，杀菌剂费用大约为75千克/亩。灌溉主要使用地下水进行大水漫灌，1年的费用约为150千克/亩。关于设备费用方面，地膜使用量约为5千克/亩，费用约为20元/千克；大棚膜用量为800~1 000米^2/亩，费用为1元/米^{2}左右。

关于甜瓜化肥使用方面的调查情况如表20所示。①化肥使用量确定依据方面，依据土地状况和自己经验确定化肥使用量的调查农户较多，占比为59.29%；15.93%的调查农户依据化肥包装上的标识确定化肥使用量；12.39%的调查农户按照技术推广员建议确定化肥使用量；10.62%的调查农户参照邻里确定化肥使用量；8.85%的调查农户根据化肥销售人员确定化肥使用量；0.89%的调查农户按照公司、基地要求确定化肥使用量。②化肥使用量方面，83.19%的调查农户化肥使用量与包装袋说明差不多；8.85%的调查农户化肥使用量少于包装袋说明；7.96%的调查农户化肥使用量多于包装袋说明。③较少化肥使用量意愿方面，87.61%的调查农户愿意减少化肥使用量；12.39%的调查农户因为担心产量等问题而不愿意减少化肥使用量。

表20 山东省甜瓜种植户化肥使用行为

指标	指标说明	占比（%）
化肥使用量	按照化肥包装标识	15.93
	依据土地和经验	59.29
	参照邻里	10.62
	化肥销售人员	8.85
	按照公司、基地要求	0.89
	依据技术推广员建议	12.39

(续表)

指标	指标说明	占比（%）
化肥使用量比说明书	过多	7.96
	差不多	83.19
	少	8.85
是否愿意减少化肥使用量	愿意	87.61
	不愿意	12.39

资料来源：根据调查问卷数据整理得出。

如图6所示，在甜瓜种植生产过程中，有机肥使用情况调查结果如下。①调查农户使用有机肥最关注的问题，51.33%的调查农户最关注见到成效的时间；49.56%的调查农户最关注生根出苗是否良好；48.67%的调查农户最关注发生病虫害的几率；30.97%的调查农户最关注施用方面的技术问题；8.85%的调查农户关注是否有政策支持；6.19%的调查农户关注种植出的有机食品销售渠道问题；5.31%的调查农户关注购买有机肥后的售后问题。②相同功效下能接受的商用有机肥最高价格方面，28.32%的调查农户可以接受和复合肥价格等同；21.24%的调查农户接受比复合肥便宜50%；17.7%的调查农户接受比复合肥贵10%；13.27%的调查农户接受比复合肥便宜30%；12.39%的调查农户可以接受比复合肥便宜10%；7.08%的调查农户接受比复合肥贵30%。

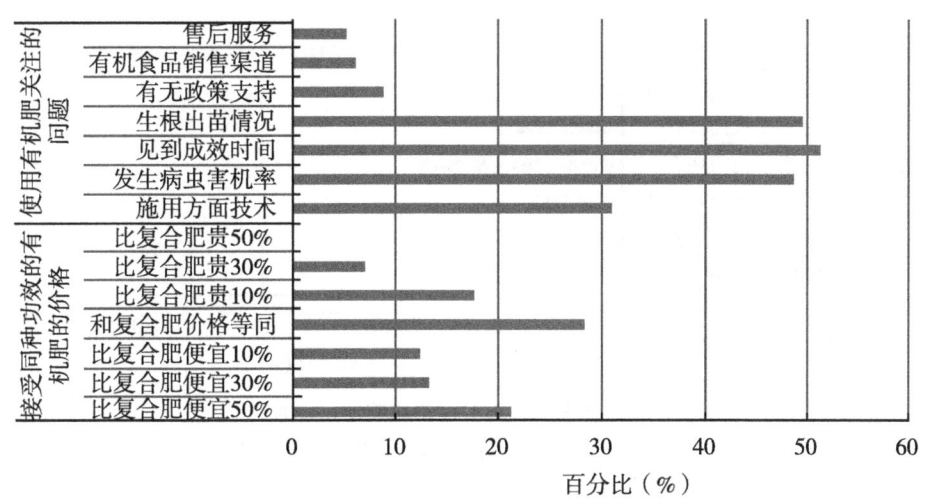

图6 山东省甜瓜种植户有机肥使用行为
(资料来源：根据调查问卷数据整理得出)

如图7所示，在甜瓜种植生产过程中，农药使用调查结果如下。①农药使用量确定依据方面，43.36%的调查农户按照说明书配比确定农药使用量；29.20%的调查农户依据自己经验配比确定农药使用量；13.27%的调查农户依据农药推销人员确定农药使用量;2.65%的调查农户参照邻里确定农药使用量;8.85%的调查农户有虫、草就打;2.65%的调查农户按照技术推广员建议确定农药使用量。②农药使用量相比于说明书,82.30%的调查农户认为自己使用量与说明书用量差不多;7.96%的调查农户农药使用量少于说明书;5.31%的调查农户农药使用量多于说明书;4.42%的调查农户不知道自己使用量与说明书用量之间的差异。③减少农药使用量意愿方面,89.38%的调查农户愿意减少农药使用量;10.62%的调查农户不愿意减少。④相同功效下,能接受的高效、低毒、低残留的农药最高价格方面,33.63%的调查农户接受和常规农药价格等同;21.24%的调查农户接受比常规农药便宜50%;17.70%的调查农户可以接受比常规农药贵10%;15.04%的调查农户接受比常规农药便宜10%;7.96%的调查农户接受比常规农药便宜30%;4.42%的调查农户接受比常规农药贵30%。

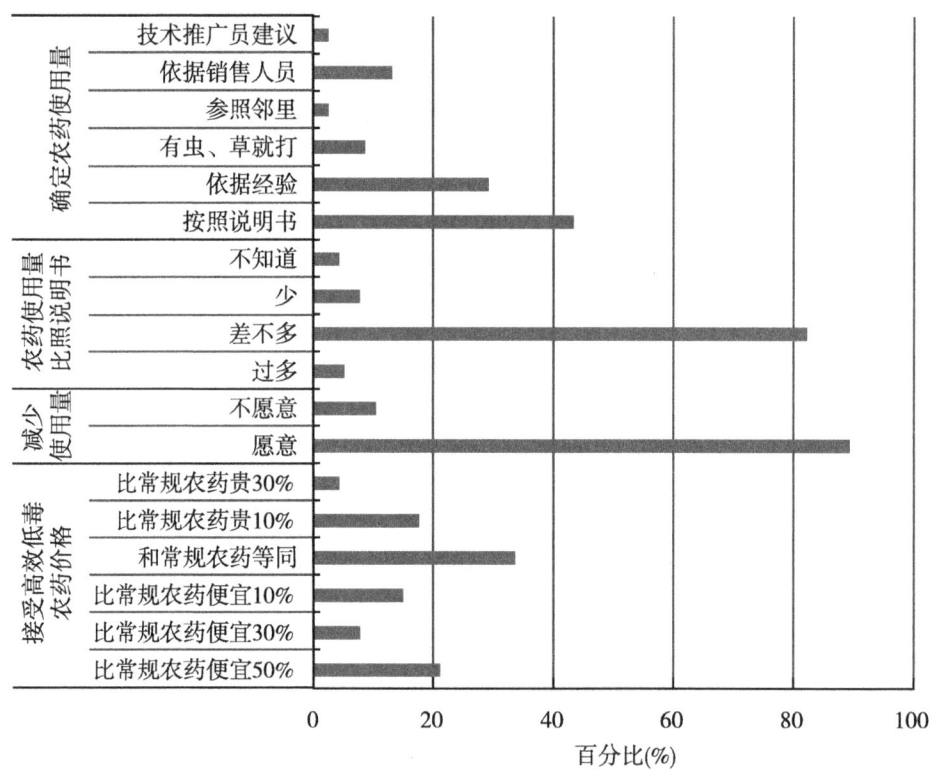

图7 山东省甜瓜种植户农药使用行为

(资料来源:根据调查问卷数据整理得出)

3.2.3 甜瓜劳动力投入情况

根据调查,山东省甜瓜劳动力主要投入到采摘过程中,调查农户大约投入265人用3 182天完成892亩的甜瓜采摘工作,平均人工日产量为3工日/亩,即1亩地采摘需要消耗3个工日的人工。平均两个家庭劳动力管理1亩地,因为甜瓜采摘周期为2~3个月,在采摘过程中有46.33%的调查农户选择自己采摘,53.67%的农户选择雇用劳动力,一般会在经销商采购时雇用,平均1亩地雇用2~3人工作1天即可完成采摘。雇用劳动力平均工价因地区而有所差异,如表21所示。青州市平均工价最高,为226.84元,其次是莱西,平均工价140.00元,莘县平均工价最低,为130.00元。

表21　山东省各地区雇用劳动力费用

地区	平均工价(元)
青州	226.84
莱西	140.00
莘县	130.00

资料来源:根据调查问卷数据整理得出。

3.2.4　甜瓜种植收益分析

山东省甜瓜主要采取简约化大棚设施栽培为主的方式进行生产栽培管理,以春夏栽培为主、秋季栽培为辅。调查区域的品种主要是博洋、火银瓜、绿宝、蜜罐、鄱阳9、甜宝等,平均每亩产量约为2 145.63千克、平均亩产值约为1.89万元。平均净利润约5 688.00元/亩,成本利润率为29.96%,2019年具体成本收益如表22所示。2019年甜瓜种植生产中的成本主要来自种子费、化肥费、有机肥费、农药费、地膜费、大棚膜费、水费和人工费。平均化肥费为200.00元/亩、平均有机肥费为450.00元/亩、平均农药费为250.00元/亩、平均地膜费为120.00元/亩、平均水费为200.00元/亩、人工成本为7 400.00元/亩(家庭劳动力投入费用约6 000.00元/亩,雇用劳动力费用约1 400.00元/亩)(表22)。

表22　2019年山东省甜瓜成本收益基本情况

	项目	数值
1	平均亩产量(千克)	2 145.63
2	平均亩销售额(元)	18 983.00
3	平均亩总成本(元)	13 295.00
	3.1　平均种子费(元/棵)	1.98
	3.2　平均化肥费(元/亩)	200.00
	3.3　平均有机肥费(元/亩)	450.00
	3.4　平均农药费(元/亩)	250.00
	3.5　平均地膜费(元/亩)	120.00
	3.6　平均大棚膜费(每年)(元/亩)	675.00
	3.7　平均水费(元/亩)	200.00
	3.8　人工成本(元/亩)	7 400.00
	3.8.1　家庭劳动力投入费用(元/亩)	6 000.00
	3.8.2　雇用劳动力费用(元/亩)	1 400.00

（续表）

项目	数值
4　平均亩净利润（元）	5 688.00
5　成本利润率（%）	29.96

资料来源：根据调查问卷数据整理得出。

4　调查农户西甜瓜病虫害绿色防控技术情况分析

西瓜甜瓜产业是我国现代农业发展的支柱产业之一，我国西瓜和甜瓜的产量都占世界总产量的一半以上。我国西甜瓜产业的蓬勃发展，离不开技术人员和种植农户的不断研究和辛勤劳作。山东省作为我国的农业大省，西甜瓜的种植面积一直居高不下，种植历史悠久。在西甜瓜种植过程中，随着连年接茬种植，病原逐渐积累，病虫害种类逐渐增多，严重制约我国西甜瓜生产的高效、安全和可持续发展。同时，在当前社会经济稳定发展的背景下，居民生活水平不断提高，对西甜瓜品质的要求也在不断提高，传统的依赖化学农药进行病虫害治理方式不仅会带来生态环境污染问题，农药残留还会影响西甜瓜的食品安全，病虫害的抗药性逐年累积，使得防治效果不甚理想。因此，西甜瓜病虫害绿色防控技术受到广泛关注，使用绿色防控技术对西甜瓜病虫害进行预防和防治，不仅保障了西甜瓜的生产安全，还有利于环境安全、可持续发展，有利于推动"科学植保、公共植保、绿色植保"的现代植保观念的树立。

4.1　西甜瓜病虫害绿色防控技术内涵及现状

2018年，山东省西瓜的种植面积为$1\,517.93\times10^3$公顷，甜瓜种植面积为376.12×10^3公顷，西甜瓜的种植面积大，病虫害种类繁多，而病虫害存在一定的传染性和蔓延性，导致有些病虫害难以及时控制。西瓜常见的病虫害有西瓜疫病、叶枯病、蔓枯病、炭疽病、细菌性果斑病、褐色腐败病等，常见的虫害有西瓜根结线虫病、蚜虫、瓜叶螨、蝼蛄等；甜瓜常见的病害有猝倒病、蔓枯病、叶枯病、花叶病、白粉病等，常见的虫害有瓜蚜、瓜叶螨、温室白粉虱、守瓜、潜叶蝇等。这些病虫害造成西甜瓜产量和质量下降，严重影响西甜瓜的生产和销售，给瓜农造成巨大经济损失。而瓜农使用传统高毒农药治理会导致环境污染，导致食品安全问题。因此，为了有效地降低病虫害带来的损害，需要重视病虫害绿色防控技术的应用，综合运用多种手段，坚持贯彻"预防为主，综合防治"的植保方针，保障瓜农的经济效益，确保农业生态环境的绿色、可持续发展。

病虫害绿色防控以促进农作物安全生产，减少化学农药使用量为目标，采取生态控制、生物防治、物理防治、科学用药等环境友好型措施来控制有害生物的有效行为，实施绿色防控是贯彻"公共植保、绿色植保"的重大举措，是发展现代农业，建设"资源节约，环境友好"两型农业，促进农业生产安全、农产品质量安全、农业生态安全和农业贸易安全的有效途径。西甜瓜病虫害绿色防控技术主要有以下几方面。

4.1.1 农业防治和生态调控

农业防治主要分为两部分。第一，选用抗病虫的品种，在大面积种植时可以综合采用多种品种，有效避免同种病虫害的传染及蔓延；在种植之前要选用健康的种子及种苗，可以对种子进行消毒处理，减少病虫害的发生几率，西甜瓜可以采用嫁接栽培技术，有效避免土壤中存在的病虫害对种子的为害；选用适当的温度和湿度等气候条件，进行西甜瓜的栽培，对种植土地进行深翻，提高土壤的通透性和微生物活性，改善土壤的水肥气热条件。第二，采用轮作、嫁接、覆盖地膜、套袋、摘心、打杈、深埋或焚烧落地瓜果等方式，采用适当的技术手段，科学合理耕作，通过合理的手段改善西甜瓜生长环境，抑制病虫害的发生，促进西甜瓜的健康生长。

4.1.2 物理防治

病虫害都有其特定的舒适环境条件，例如温度、湿度、光、信息素等。通过改善温度、湿度等气候条件，抑制病害的发生；也可借助杀虫灯、诱杀色板、性诱剂等工具，利用虫类的趋避性，综合利用多种手段，诱捕害虫，保证西甜瓜正常生长。

4.1.3 科学用药

在病虫害发生时，大部分瓜农的首选就是使用农药进行治理。在使用农药进行病虫害治理时，根据不同种类的病虫害进行不同的农药配比，交替、轮换、精准地使用农药，避免因病虫害的抗药性致使农药效果不理想而加大剂量的行为发生，精准把握用药时机，考虑西甜瓜食品安全和对环境的影响，优先选用高效、低毒、低残留农药，贯彻遵循"预防为主、综合防治"的原则，科学合理地进行绿色防控。

4.1.4 生物防治

在进行西甜瓜病虫害防控时，可以选用多种生物进行安全合理的防治。对西甜瓜病害的治理，主要是以菌治菌，利用生防菌对西甜瓜细菌性的病害进行防治；对虫害的治理，主要是以虫治虫、以菌治虫、以螨治螨，主要是通过天敌对害虫进行治理，严控天敌的释放数量，综合运用多种天敌对害虫进行防治，保证西甜瓜安全健康生长，确保西甜瓜的产量和质量。

4.2 调查农户西甜瓜病虫害绿色防控技术情况

本次调研针对病虫害绿色防控技术进行了问卷调查，具体内容包括倒茬、嫁接、农药的交替使用、低毒、低残留农药、防虫网、粘虫板、银灰色地膜、性信息素和人工释放瓢虫等天敌控害 9 种行为和技术，调查农户具体情况如表 23 所示。

表 23 调查农户认知、采纳意愿、采纳行为及技术培训情况

问题	选项	倒茬	嫁接	农药交替使用	低毒、低残留农药	防虫网	粘虫板	银灰色地膜	性信息素	人工释放瓢虫等天敌控害
对技术了解	不了解	6.61	1.76	5.29	3.52	14.54	11.01	30.40	67.84	69.16
	一般	6.61	2.20	8.66	8.37	29.07	25.99	32.60	22.91	24.23
	了解	86.78	96.04	89.87	88.11	56.39	63.00	37.00	9.25	6.61

(续表)

问题	选项	倒茬	嫁接	农药交替使用	低毒、低残留农药	防虫网	粘虫板	银灰色地膜	性信息素	人工释放瓢虫等天敌控害
是否愿意用	否	18.94	0.00	1.76	3.52	34.36	26.43	28.63	44.49	51.10
	是	81.06	100.00	98.24	96.48	65.64	73.57	71.37	55.51	48.90
不愿用原因	成本高	4.65	0.00	7.14	10.00	34.62	25.00	16.92	24.75	23.28
	产量低	76.74	0.00	82.14	80.00	19.23	33.33	15.38	0.99	0.86
	费时费力	16.28	0.00	10.71	10.00	46.15	41.67	67.69	73.27	75.86
	卖不上价	2.33	0.00	0.00	0.00	0.00	0.00	0.00	0.99	0.00
是否用过	否	23.35	0.00	5.73	6.61	55.51	42.29	72.25	87.67	92.07
	是	76.65	100.00	94.27	93.39	44.49	57.71	27.75	12.33	7.93
对生态环境作物长期产量重要程度	不重要	22.03	9.69	9.69	8.81	14.98	14.54	37.86	40.97	42.29
	一般	11.01	5.29	8.81	8.81	45.37	37.44	35.24	40.53	38.77
	重要	66.96	85.02	81.50	82.38	39.65	48.02	26.87	18.50	18.94
对预防和控制病虫害有用程度	没用	28.19	10.13	4.85	5.29	12.33	9.69	28.19	28.19	29.52
	有点用	14.98	11.01	12.33	18.06	45.82	39.21	45.37	53.30	55.07
	作用大	56.83	78.85	82.82	76.65	41.85	51.10	26.43	18.50	15.42
是否参与过技术培训	否	75.77	83.70	75.77	77.53	89.43	88.11	90.31	91.63	91.63
	是	24.23	16.30	24.23	22.47	10.57	11.89	9.69	8.37	8.37
	2~3次	16.36	16.22	14.55	11.76	12.50	14.81	13.64	15.79	10.53
	4次及以上	0.00	0.00	0.00	3.92	0.00	0.00	0.00	0.00	0.00
对培训满意	不满意	5.45	2.70	5.45	5.88	0.00	0.00	0.00	5.26	0.00
	一般	14.55	5.41	43.64	9.80	12.50	7.41	4.55	0.00	5.26
	满意	80.00	91.89	50.91	84.31	87.50	92.59	95.45	94.74	94.74
政府加大培训是否愿意参加	否	7.49	4.85	5.29	4.41	7.05	6.61	13.22	15.86	16.74
	是	92.51	95.15	94.71	95.59	92.95	93.39	86.78	84.14	83.26

资料来源：根据调查问卷数据整理得出。

4.3 西甜瓜病虫害绿色防控技术存在的问题及对策

绿色防控，是在2006年全国植保工作会议上提出"公共植保、绿色植保"理念的基础上，根据"预防为主、综合防治"的植保方针，结合现阶段植物保护的现实需要和可采用的技术措施，形成的一个技术性概念。其内涵就是按照"绿色植保"理念，采用农业防治、物理防治、生物防治、生态调控以及科学、合理、安全使用农药的技术，达到有效控制农作物病虫害，确保农作物生产安全、农产品质量安全和农业生态环境安全，促进农业增产、增收的目的。通过对瓜农采用绿色防控技术的情况进行分析，山东省西甜瓜病虫害绿色防控技术的推广取得了一定进展，但仍存在很多问题。

4.3.1 存在问题

（1）推广宣传不到位

目前，绿色防控技术的推广主要依赖于政策助力，以扶持项目为主，推动形式及范围较窄，建立的示范区与瓜农联系不紧密。西甜瓜种植户老龄化现象严重，受教育程度总体水平较低，对绿色防控技术理解不到位，没有进行过系统的专业化培训，参加的有关绿色防控技术培训次数较少，培训方式单一。

（2）病虫害绿色防治存在"重治轻防"

在西甜瓜种植生产中部分农户缺乏对农作物合理密植、科学配方施肥、合理灌溉、田间综合管理等技术的掌握，只是在看到病虫害发生时才进行化学药剂防治，这样对虫害防治效果还可以，对病害防治效果较差，浪费人力物力，增加生产成本，造成不必要的浪费，还有可能是病虫害产生抗药性，不利于西甜瓜产业可持续生产，同时也会给环境造成污染。

（3）瓜农绿色防控意识薄弱

经调查，在病虫害发生时瓜农首选仍然是传统的用药方式。面对病虫害的种类增多、危害区域扩大、发生频率加快、持续时间延长、危害程度加重等变化趋势，西甜瓜种植户采用的多以化学农药控制病虫害，忽略了过度依赖化学药剂防治而致使病虫害产生抗药性的情况。

（4）绿色防控技术见效慢

传统的化学农药治理西甜瓜病虫害见效快、成本低，瓜农广泛使用。绿色防控技术使用门槛高，特别是生物防控技术，采用天敌对病虫害进行治理，见效较慢，成本较高，瓜农受传统观念束缚，接受度不高。

4.3.2 对策

西甜瓜绿色防控技术不仅保证西甜瓜的产量和质量，更能保障农业生态环境的安全、可持续发展。因此，要遵循"政府支持、市场运作、农民自愿、循序渐进"的原则，加大力度推广绿色防控技术。

（1）优化扶持政策，加大技术应用补贴优惠政策

西甜瓜病虫害绿色防控技术的推广和实施，离不开政府政策的支持，政府可以进一步扶持绿色防控技术提供企业，对使用绿色防控技术的瓜农提供补贴优惠，引导瓜农自愿主动选择绿色防控技术。

（2）创新推广方式，加大培训力度

加大宣传力度，创新推广方式，使培训形式和培训内容更加迎合瓜农，借助新媒体等工具，综合运用多种培训方式，对培训内容进行改善，考虑到瓜农的学历和接受新知识的接受程度，使培训内容更加通俗易懂，使瓜农真正学到西甜瓜病虫害绿色防控技术的运用方法。

(3) 加强瓜农绿色防控意识

通过宣传和培训工作,逐渐改变瓜农思维观念,可以设置西甜瓜农药残留限制指标,引导瓜农认识到西甜瓜产品的安全问题,保障西甜瓜生产的绿色安全问题,降低瓜农对传统农药使用的依赖程度,加强瓜农的绿色防控意识,促进西甜瓜病虫害绿色防控技术的推广实施。

(4) 循序渐进推广绿色防控技术

对于引导瓜农使用绿色防控技术,可以采用循序渐进的方式,优先引进实用、操作难度不高的绿色防控手段,引导瓜农逐渐接受绿色防控技术,转变传统的用药的思维观念,引导瓜农从根本上接受绿色防控技术。

报告四 新疆维吾尔自治区西瓜甜瓜产业经济发展调研报告（2020）

刘国勇

1 新疆维吾尔自治区西甜瓜生产情况

新疆是我国著名的瓜果之乡，因为其地理位置优越，气候光热资源丰富，瓜果产品质量上乘，是我国重要的西甜瓜产区和品种研发基地。近年来，我国西甜瓜产业得到了长足的发展，成为世界上最大的西甜瓜生产国和消费国。新疆已将提高商品瓜质量作为调整农业产业结构的重要内容，在促进农民快速增收和满足人民日益增长的生活需求方面发挥了巨大作用。随着中国城乡经济的发展和居民生活水平的提高，西甜瓜在种植业中的地位越来越重要，并将继续为未来农业的可持续发展做出贡献。

1.1 新疆维吾尔自治区西甜瓜种植情况

1.1.1 种植规模

近年来，随着新疆农业种植结构的调整，2010—2018 年新疆西瓜种植规模呈现出先上升后下降倒"U"形态势。2010 年新疆西瓜种植面积为 56.49×10^3 公顷，占全国西瓜种植面积的 3.12%。到 2015 年达到历史最大规模，种植面积为 82.66×10^3 公顷，其占全国西瓜种植面积的 4.44%，较 2010 年增加了 46.33%，但 2016 年受到各种因素的影响，新疆种植面积由 2015 年的 82.66×10^3 公顷骤降至 58.88×10^3 公顷，缩减幅度高达 28.77%，随后一直呈下降态势，到 2018 年为止，新疆西瓜播种面积已减少至 51.74×10^3 公顷（表1）。全国西瓜种植规模与新疆西瓜种植规模变化趋势基本一致，同样是呈现先上升后下降倒"U"形态势，但不同的是，全国西瓜种植面积于 2016 年达到最高值 1 890.82×10^3 公顷，而后，2016 年至 2017 年西瓜播种面积急剧缩减，由 1 890.82×10^3 公顷减少至 1 519.72×10^3 公顷，下降幅度高达 19.63%。

2010—2018 年，新疆甜瓜种植面积呈先上升后下降再上升趋势，2010 年新疆甜瓜种植面积为 52.39×10^3 公顷，占全国甜瓜种植面积的 13.32%。2014 年达到最低点，种植面积仅为 38.73×10^3 公顷，占全国甜瓜播种面积的 8.82%。2014—2016 年，新疆甜瓜种植规模出现大幅度上涨，由 38.73×10^3 公顷扩大为 58.54×10^3 公顷，增长幅度达到了 51.15%，占全国甜瓜种植面积的比重由 8.82% 上涨为 12.15%。2017 年新疆甜瓜种植规模出现较小幅度的缩减，由 58.54×10^3 公顷减至 53.49×10^3 公顷，下降了 8.63%，但占全国甜瓜种植面积的比重未发生明显变化（表1）。全国甜瓜种植规模与新疆甜瓜种植规模变化趋势有较大的不同，2010—2016 年，全国甜瓜种植规模一直保持着较好的上升趋势，由 2010 年的 393.26×10^3 公顷扩大至 2016 年的 481.90×10^3 公顷，扩张幅度为 22.54%，平均每年上涨 3.76%。全国甜瓜种植规模于 2017 年出现快速缩减现象，由 2016 年的 481.90×10³ 公顷减少至 348.82×10³ 公顷，减少幅度为 27.62%。

2010—2016 年，新疆西瓜种植面积占全国比重同样为先增加后减少的倒"U"形态势，而新疆甜瓜种植面积占全国比重则相反，呈现先减少而增加的"U"形趋势，新疆西瓜、甜瓜种植面积占全国比重在此期间出现此消彼长现象，2016—2018 年，新疆西瓜、甜瓜种植面积占比变化趋势一致，均为先大幅度上升再趋于平缓。具体各年数据见表1，西甜瓜面积变化趋势具体见图1，新疆西甜瓜面积占全国比重变化走势具体见图1与图2。

表 1 新疆西瓜甜瓜播种面积及占全国比重

年份	西瓜			甜瓜		
	全国（10³ 公顷）	新疆（10³ 公顷）	占比（%）	全国（10³ 公顷）	新疆（10³ 公顷）	占比（%）
2010	1 812.52	56.49	3.12	393.26	52.39	13.32
2011	1 803.17	63.80	3.54	397.43	41.94	10.55
2012	1 801.53	70.06	3.89	410.37	42.88	10.45
2013	1 828.20	73.06	4.00	423.10	40.40	9.55
2014	1 852.30	77.01	4.16	438.90	38.73	8.82
2015	1 860.71	82.66	4.44	460.90	44.31	9.61
2016	1 890.82	58.88	3.11	481.90	58.54	12.15
2017	1 519.72	52.77	3.47	348.82	53.49	15.33
2018	1 517.93	51.74	3.41	376.12	57.98	15.42

数据来源：国家统计局网站和历年新疆维吾尔自治区统计年鉴、农业部。

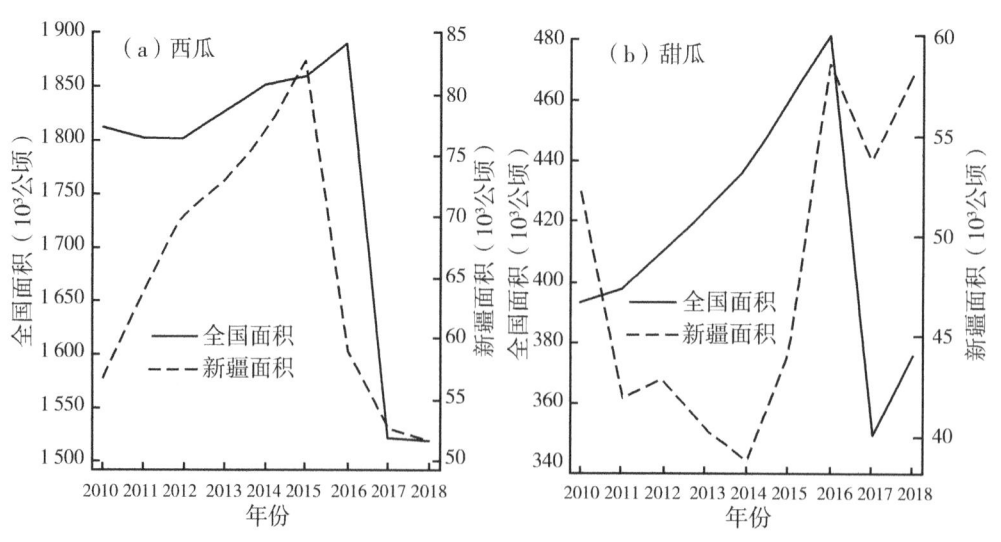

图 1 2010—2018 年西甜瓜面积变化趋势

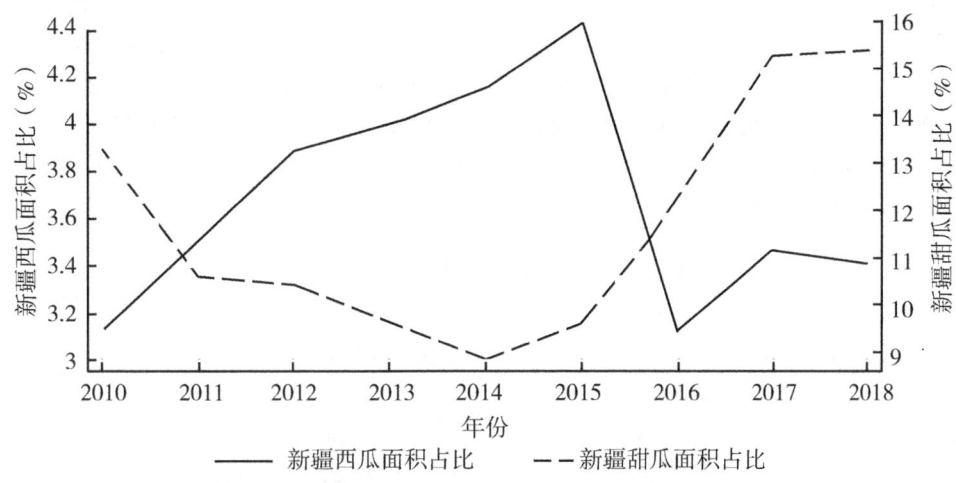

图 2 2010—2018 年新疆西甜瓜面积占全国比重走势

1.1.2 总产量分析

新疆西甜瓜总产量由 2010 年的 291.67 万吨增加到 2016 年的 497.15 万吨，在 2018 年降至 435.75 万吨，其占全国西甜瓜总产量的比重同样由 2010 年的 4.23%增长到 2016 年的 6.71%，在 2018 年降为 5.83%。新疆西瓜产量变化趋势同样也呈现先上升后下降的倒"U"形，2010—2015 年，由 215.05 万吨增加至 332.28 万吨，2015 年后开始呈现下降趋势，至 2018 年已缩减为 234.30 万吨，2015—2018 年新疆西瓜产量减少幅度为 29.49%。2010 年新疆西瓜产量占全国西瓜总产量的 3.43%，新疆西瓜产量占比于 2015 年达最高峰，比重为 5.03%，较 2010 年上升 1.6 个百分点，随后开始回落，至 2018 年，新疆西瓜产量占比已下降至 3.81%。全国西瓜总产量与新疆西瓜总产量变化趋势基本一致，同样是呈现先上升后下降倒"U"形态势，但与新疆西瓜产量变化有所不同的是，全国西瓜总产量于 2015 年达到最高峰，为 6 599.42 万吨，2016 年全国西瓜总产量出现较大幅度下滑，由 2015 年的 6 599.42 万吨降为 6 220.65 万吨，下降幅度为 5.74%。随后，2017 年全国西瓜总产量出现短暂的回升，达到 6 314.72 万吨，相较于 2016 年上升了 1.51%。到 2018 年全国西瓜总产量又再次下滑，减至 6 153.69 万吨，减少幅度为 2.55%。

新疆甜瓜产量在 2010—2018 年整体呈现上下波动趋势。2010—2014 年新疆甜瓜产量一直在下降，由 2010 年的 167.02 万吨减少为 2014 年的 132.25 万吨，2014 年为整个时期的最低点，此时新疆甜瓜产量仅占全国甜瓜产量比重的 11.96%。而后开始上升，于 2016 年达到最高峰，产量高达 212.41 万吨，占全国甜瓜产量的比重为 17.89%，相较于 2014 年，上涨了 60.61%。2017 年再次出现一定幅度的下降，由 2016 年的 212.41 万吨降为 197.57 万吨，减少幅度为 6.99%，占全国甜瓜产量的比重从 17.89%减至 16.03%，下降了 1.86 个百分点。2018 年新疆甜瓜产量出现小幅度上升，产量为 201.45 万吨，占全国甜瓜产量比比重的 15.31%。2010—2018 年全国甜瓜产量呈逐年上升趋势，由 2010 年的 1 086.01 万吨增加至 2018 年的 1 315.93 万吨，上涨幅度为 21.17%，平均每年上涨 2.65%。2010—2018 年，新疆西瓜产量占全国比重同样为先增加后减少的倒"U"形态势，而新疆甜瓜产量占全国比重在 2010—2018 年同样呈现上下波动趋势。新疆西瓜、甜瓜种植产量占全国比重在此期间同样出现此消彼长现象，2016—2018 年，新疆西瓜、甜瓜种植面积占比变化趋势一致，均表现为持续下降态势。具体各年数据见表 2，西甜瓜产量变化趋势具体见图 3，新疆西甜瓜产量占全国比重变化走势具体见图 3 与图 4。

表 2　新疆西瓜甜瓜总产量及占全国比重表

年份	西瓜			甜瓜		
	全国西瓜产量（万吨）	新疆西瓜产量（万吨）	新疆西瓜产量占比（%）	全国甜瓜产量（万吨）	新疆甜瓜产量（万吨）	新疆甜瓜产量占比（%）
2010	6 266.06	215.05	3.43	1 086.01	167.02	15.38
2011	6 241.79	241.39	3.87	1 088.98	142.09	13.05
2012	6 302.20	273.08	4.33	1 070.14	144.74	13.53
2013	6 401.00	299.93	4.69	1 122.36	146.07	13.01
2014	6 473.04	323.93	5.00	1 105.86	132.25	11.96
2015	6 599.42	332.28	5.03	1 117.96	149.94	13.41
2016	6 220.65	284.74	4.58	1 187.64	212.41	17.89
2017	6 314.72	263.49	4.17	1 232.65	197.57	16.03
2018	6 153.69	234.30	3.81	1 315.93	201.45	15.31

数据来源：国家统计局网站和历年新疆维吾尔自治区统计年鉴、农业农村部。

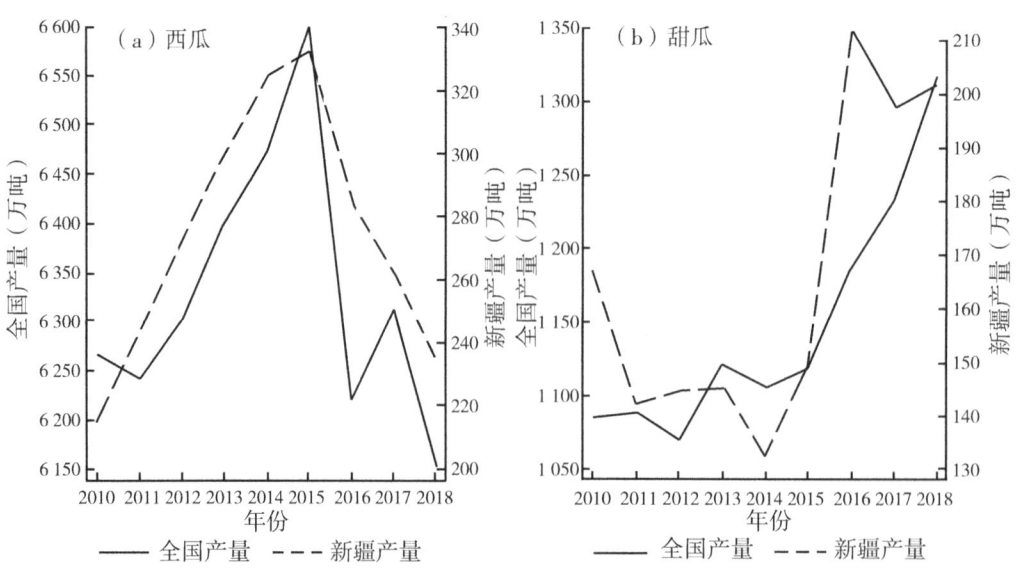

图 3　2010—2018 年西甜瓜产量变化趋势

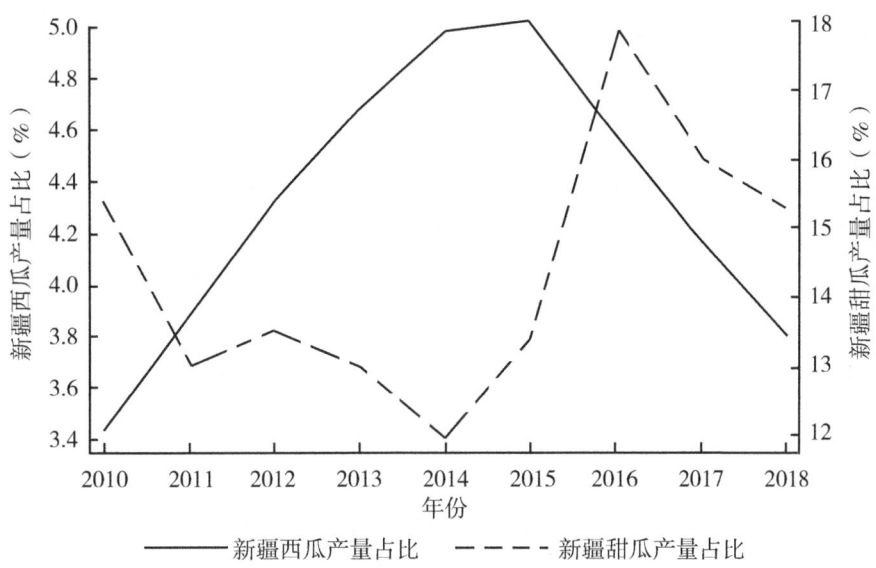

图 4 2010—2018 年新疆西甜瓜产量变化趋势

1.1.3 单产分析

从新疆西甜瓜单位面积产量情况看，2010—2017 年新疆西瓜单位面积产量整体呈现上升的趋势，2018 年略有下降。2010 年新疆西瓜单位面积产量为 38 071.19 千克/公顷，全国单位面积产量为 36 919.15 千克/公顷，新疆高出全国 1 152.04 千克/公顷；2017 年新疆西瓜单位面积产量为 49 930.92 千克/公顷，全国为 41 551.96 千克/公顷，新疆高出全国 8 378.96 千克/公顷；2018 年新疆西瓜单位面积产量虽稍有下降，但仍然高出全国 4 740.80 千克/公顷。

2010—2017 年新疆甜瓜单位面积产量整体同样呈现较好的上升趋势，但与全国甜瓜单位面积产量差距无太大变化，2010 年新疆甜瓜单位面积产量高出全国 1 247.72 千克/公顷，2017 年新疆甜瓜单位面积产量高出全国 1 600.92 千克/公顷；2018 年新疆甜瓜单位面积产量同样稍有下降，且首次低于全国甜瓜单位面积产量，但差距较小，仅为 243.27 千克/公顷。具体情况见表 3、图 5。

表 3 全国与新疆西瓜甜瓜单位面积产量

（单位：千克/公顷）

年份	西瓜		甜瓜	
	全国西瓜单位面积产量	新疆西瓜单位面积产量	全国甜瓜单位面积产量	新疆甜瓜单位面积产量
2010	36 919.15	38 071.19	30 631.49	31 879.21
2011	37 380.60	37 836.08	31 446.46	33 883.14
2012	38 632.10	38 976.42	32 048.47	33 754.93
2013	38 992.75	41 052.56	33 380.69	36 159.97

(续表)

年份	西瓜		甜瓜	
	全国西瓜单位面积产量	新疆西瓜单位面积产量	全国甜瓜单位面积产量	新疆甜瓜单位面积产量
2014	39 617.23	42 064.51	32 992.30	34 146.96
2015	40 465.08	40 197.04	32 351.95	33 839.40
2016	41 058.68	48 358.75	34 331.65	36 284.03
2017	41 551.96	49 930.92	35 337.44	36 938.36
2018	40 539.95	45 280.75	34 986.61	34 743.34

数据来源：国家统计局网站和历年新疆维吾尔自治区统计年鉴。

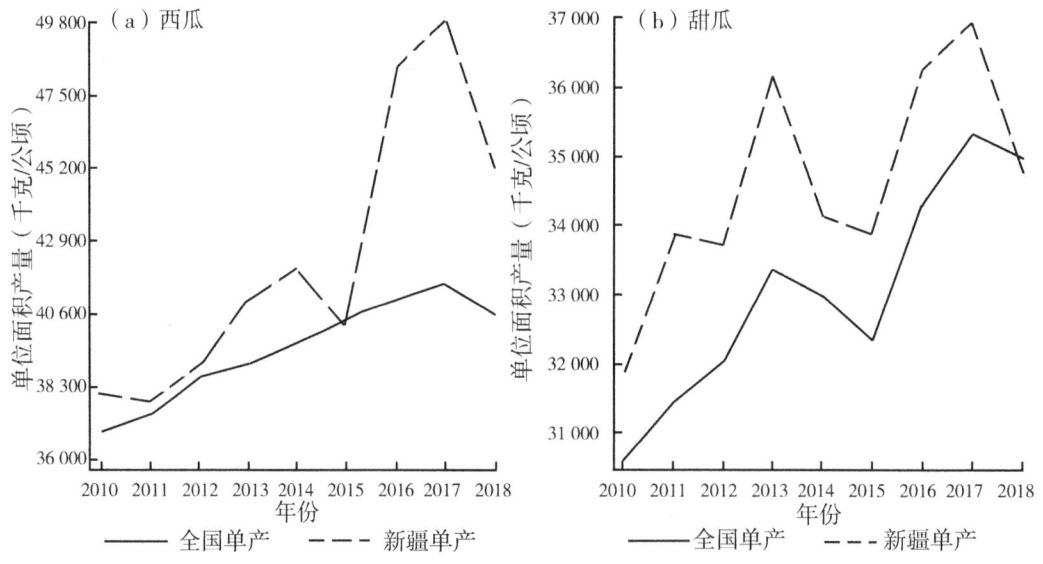

图5 新疆与全国西甜瓜单位面积产量对比

1.2 新疆维吾尔自治区西甜瓜区域种植情况

1.2.1 种植规模

据统计，2018年新疆果用瓜种植总面积为134.69×10³公顷，占新疆农作物总播种面积的2.22%；其中，甜瓜种植面积68.20×10³公顷，占果用瓜种植总面积的50.63%；西瓜种植面积66.49×10³公顷，占果用瓜种植总面积的49.37%。新疆甜瓜种植主要分布在南疆和东疆地区，其他地州甜瓜的种植面积相对较少。2018年新疆甜瓜播种面积排在前三位是喀什地区、吐鲁番市、生产建设兵团，其甜瓜播种面积分别为24.00×10³公顷、16.28×10³公顷、12.82×10³公顷；新疆西瓜种植主要分布在南疆和北疆地区，2018年新疆西瓜种植面积排在前三位的是喀什地区、生产建设兵团以及阿克苏地区，其西瓜播种面积分别为29.04×10³公顷、11.75×10³公顷、8.74×10³公顷。具体种植情况见表4。

表4 2018年新疆各地州西甜瓜种植面积情况统计

地区	农作物总播面积（10³公顷）	果用瓜（10³公顷）	占总播面积比（%）	西瓜（10³公顷）	比重（%）	甜瓜（10³公顷）	比重（%）
总计	6 062.07	134.69	2.22	66.49	49.37	68.20	50.63
乌鲁木齐市	37.87	0.2	0.53	0.18	90.00	0.02	10.00
克拉玛依市	18.74	0.24	1.28	0.21	87.50	0.03	12.50
吐鲁番市	54.62	20.94	38.34	4.66	22.25	16.28	77.75
哈密市	79.42	5.57	7.01	0.48	8.62	5.09	91.38
昌吉回族自治州	523.21	6.72	1.28	5.39	80.21	1.33	19.79
伊犁哈萨克自治州	1 369.92	2.74	0.20	1.88	68.61	0.86	31.39
伊犁州直属县（市）	511.09	1.65	0.32	1.6	96.97	0.05	3.03
塔城地区	603.03	0.25	0.04	0.19	76.00	0.06	24.00
阿勒泰地区	255.80	0.85	0.33	0.09	10.59	0.76	89.41
博尔塔拉蒙古自治州	186.94	0.10	0.05	0.07	70.00	0.03	30.00
巴音郭楞蒙古自治州	416.49	2.82	0.68	0.73	25.89	2.09	74.11
阿克苏地区	883.99	10.9	1.23	8.74	80.18	2.16	19.82
克孜勒苏柯尔克孜自治州	76.14	1.1	1.44	0.72	65.45	0.38	34.55
喀什地区	1 105.49	53.04	4.80	29.04	54.75	24.00	45.25
和田地区	256.4	5.75	2.24	2.63	45.74	3.12	54.26
生产建设兵团	1 362.86	24.57	1.80	11.75	47.82	12.82	52.18

数据来源：2019年新疆维吾尔自治区统计年鉴。

1.2.2 总产量分析

据统计，到2018年新疆果用瓜总产量已达到575.36万吨，相较于2016年减少了114.88万吨；其中甜瓜总产量达246.42万吨，占果用瓜总产量的42.83%，比2016年减少45.75万吨；西瓜总产量达328.95万吨，占果用瓜总产量的57.17%。由于新疆幅员辽阔各地州自然环境条件差异较大，西甜瓜种植规模和产量差异也较大。2018年新疆西瓜总产量排在前三位的是喀什地区、生产建设兵团、昌吉回族自治州，其西瓜产量分别为1 309 701吨、896 947吨、384 435吨；新疆甜瓜种植主要分布在南疆和北疆地区，2018年新疆甜瓜总产量排在前三位的是喀什地区、生产建设兵团以及吐鲁番地区，其甜瓜产量分别为931 824吨、625 715吨、457 822吨。新疆各地州西甜瓜产量情况见表5。

表5　2018年新疆各地州西甜瓜总产量情况统计

地区	果用瓜总产（吨）	西瓜产量（吨）	比重（%）	甜瓜产量（吨）	比重（%）
总计	5 753 629	3 289 467	57.17	2 464 162	42.83
乌鲁木齐市	5 049	4 143	82.06	906	17.94
克拉玛依市	11 584	10 774	93.01	810	6.99
吐鲁番市	616 791	158 969	25.77	457 822	74.23
哈密市	184 011	24 868	13.51	159 143	86.49
昌吉回族自治州	453 567	384 435	84.76	69 132	15.24
伊犁哈萨克自治州	95 389	67 372	70.63	28 017	29.37
伊犁州直属县（市）	61 642	58 466	94.85	3 176	5.15
塔城地区	9 011	6 061	67.26	2 950	32.74
阿勒泰地区	24 736	2791	11.28	21 945	88.72
博尔塔拉蒙古自治州	4 156	2 324	55.92	1 832	44.08
巴音郭楞蒙古自治州	69 079	33 697	48.78	35 382	51.22
阿克苏地区	348 136	281832	80.95	66 304	19.05
克孜勒苏柯尔克孜自治州	36 520	23 422	64.13	13 098	35.87
喀什地区	2 241 525	1 309 701	58.43	931 824	41.57
和田地区	165 160	91 037	55.12	74 123	44.88
生产建设兵团	1 522 662	896 947	58.91	625 715	41.09

数据来源：2019年新疆维吾尔自治区统计年鉴。

1.2.3　单产分析

据统计，2018年新疆果用瓜平均单产为42 717.57千克/公顷，相比2017年增加1 867.81千克/公顷，其中甜瓜单产为36 131.41千克/公顷，相比2017年增加591.60千克/公顷；西瓜单产49 473.11千克/公顷，相比2017年增加了3 591.87千克/公顷。各地州之间西甜瓜单产存在较大的差距，2018年新疆西瓜单产排在前三位是生产建设兵团、昌吉回族自治州、哈密市，其西瓜单产分别为76 335.91千克/公顷、71 323.75千克/公顷、51 808.33千克/公顷；2018年新疆甜瓜单产排在前三位的是伊犁州直属县（市）、博尔塔拉蒙古自治州、昌吉回族自治州，其甜瓜单产分别为63 520千克/公顷、61 066.67千克/公顷、51 978.95千克/公顷。其中甜瓜单产最低的是巴音郭楞蒙古自治州为16 929.19千克/公顷；西瓜单产最低的是乌鲁木齐市为23 016.67千克/公顷。各地州西甜瓜单产情况具体见表6。

表6　2018年新疆各地州西甜瓜单产情况统计

（单位：千克/公顷）

地区	果用瓜	西瓜	甜瓜
总计	42 717.57	49 473.11	36 131.41
乌鲁木齐市	25 245.00	23 016.67	45 300.00

(续表)

地区	果用瓜	西瓜	甜瓜
克拉玛依市	48 266.67	51 304.76	27 000.00
吐鲁番市	29 455.16	34 113.52	28 121.74
哈密市	33 036.09	51 808.33	31 265.82
昌吉回族自治州	67 495.09	71 323.75	51 978.95
伊犁哈萨克自治州	34 813.50	35 836.17	32 577.91
伊犁州直属县（市）	37 358.79	36 541.25	63 520.00
塔城地区	36 044.00	31 900.00	49 166.67
阿勒泰地区	29 101.18	31 011.11	28 875.00
博尔塔拉蒙古自治州	41 560.00	33 200.00	61 066.67
巴音郭楞蒙古自治州	24 496.10	46 160.27	16 929.19
阿克苏地区	31 939.08	32 246.22	30 696.30
克孜勒苏柯尔克孜自治州	33 200.00	32 530.56	34 468.42
喀什地区	42 261.03	45 099.90	38 826.00
和田地区	28 723.48	34 614.83	23 757.37
生产建设兵团	61 972.41	76 335.91	48 807.72

数据来源：2019年新疆维吾尔自治区统计年鉴。

1.3 新疆维吾尔自治区西甜瓜市场价格波动分析

据全国农产品商务信息公共服务平台监测数据显示，2020年新疆西瓜批发价格在2月、3月及4月均显著高于2019年，2020年新疆甜瓜批发价格只在2月显著高于2019年。其背后的原因可能是1月24日后全国范围内开始暴发新冠肺炎疫情，农产品物流运输受到极大阻碍，直至2月，疫情开始有所好转，但影响仍然在延续，因此新疆西甜瓜价格在此期间均显著高于往年同期价格。3月新疆现有确诊病例清零，说明疫情防控已取得一定成效，企业逐渐复产复工，农产品市场基本恢复正常、新疆西甜瓜价格开始呈现下降趋势，可以明显看出，3月的新疆甜瓜批发价格已与2019年同期价格持平，由于新疆冬季西瓜大多来源于外地，而甜瓜多为上一年储存的本地瓜，因此物流运输受阻对甜瓜影响较小。5月开始，新疆本地的西甜瓜逐渐上市，因此新疆西甜瓜价格均出现较大幅度的下降。随着新疆第二次疫情的暴发，新疆西甜瓜批发价格与2019年7月和8月价格相比，均出现显著的下滑现象，其原因，一方面是7—8月正是新疆西甜瓜大量上市的时期，另一方面是受第二次疫情影响，流通不畅，农产品市场交易量下降，消费者需求有所减少，导致新疆西甜瓜价格偏低。9月新疆宣布恢复正常生产生活秩序，全面复产复工提高了农产品需求量、新疆西甜瓜价格开始逐渐回升，上涨趋势一直延续至10月，且9月、10月期间新疆西甜瓜价格均高于去年同期价格，其中的原因可能是7月、8月为新疆西甜瓜大量成熟时期，但受疫情影响，许多种植户无法雇佣到足够的工人收获，导致部分西甜瓜未能及时采摘，有些甚至烂在地里，减少了新疆西甜瓜供应量，从而在农产品市场恢复正常后，价格出现偏高现象。具体价格变化趋势见图6及图7。

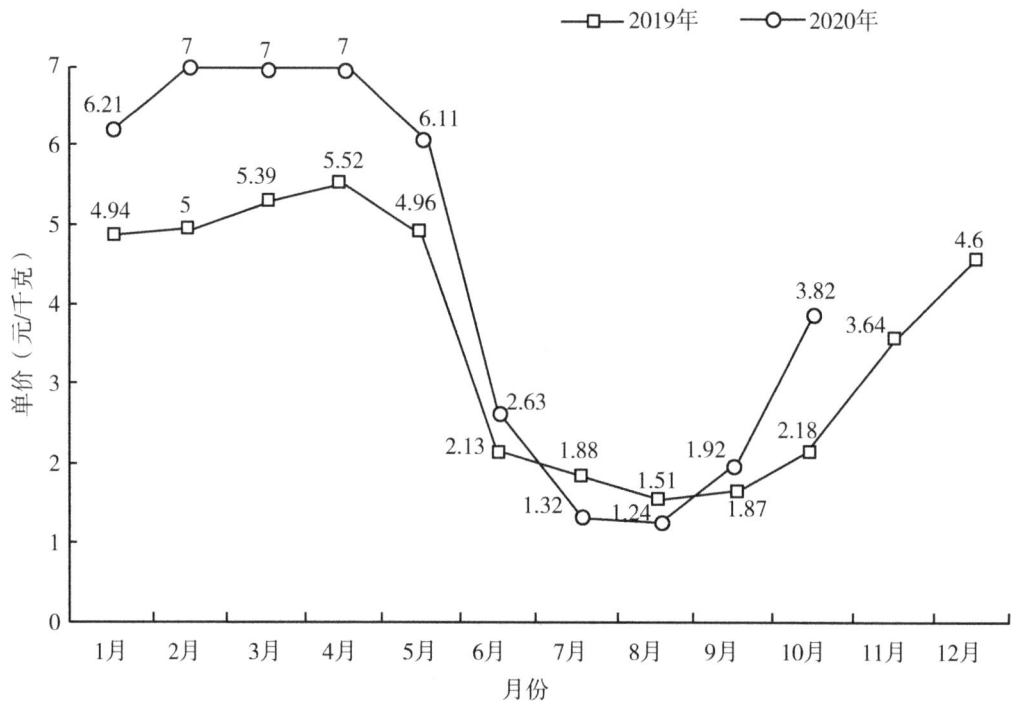

图6 2019年与2020年新疆西瓜批发价格对比

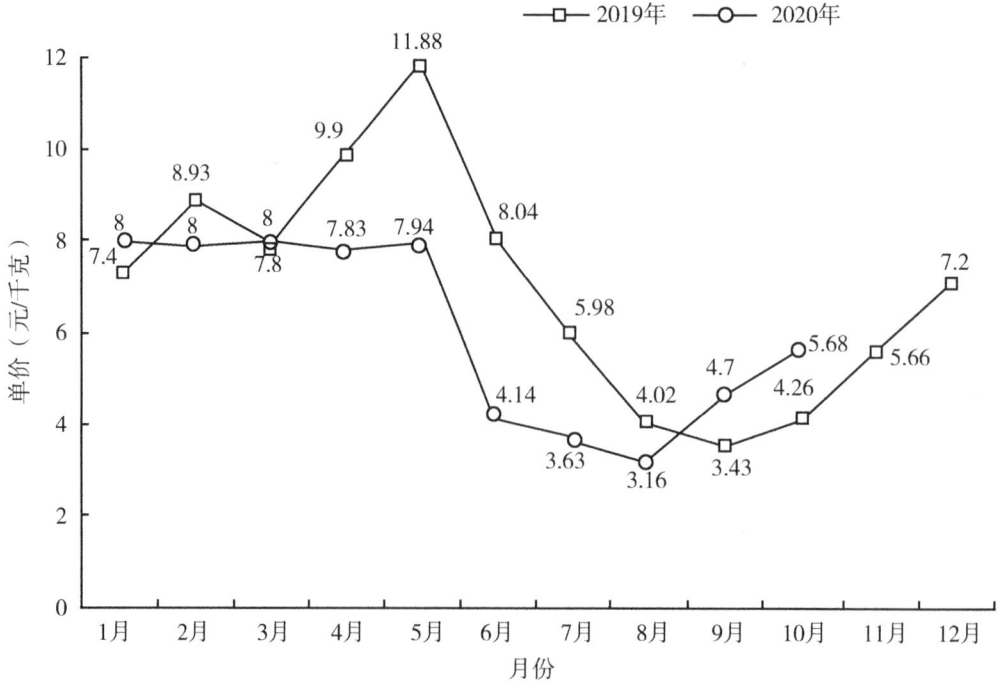

图7 2019年与2020年新疆甜瓜批发价格对比

2 调查区概况及样本分布

2.1 调查区自然社会经济概况

2.1.1 五家渠市103团蔡家湖镇甜瓜生产情况

五家渠市103团蔡家湖镇地处天山东段北麓准噶尔盆地南缘，向北紧靠古尔班通古特沙漠，呈长扇形，属温带半荒漠气候。由于103团地处古尔班通古特沙漠的南缘，其丰富的光照资源和干旱的自然条件，使这里生产出的甜瓜色泽金黄、网纹细密、皮薄肉厚、香甜酥脆、多汁爽口，成为新疆甜瓜中的精品。103团每年种植哈密瓜5万亩，年产15万吨，是新疆重要的绿色无公害甜瓜生产基地，是"中国甜瓜之乡"。

2.1.2 石河子市134团下野地镇西瓜生产情况

134团下野地镇位于天山北麓、准噶尔盆地南缘的沙湾县境内。土地总面积57 853.30公顷，地势基本平坦。团场热量资源丰富，年积温高，昼夜温差大，适宜小麦、棉花、甜菜、瓜果等喜温作物生长。除去昼夜温差大，日照时间长，光热资源丰富等新疆瓜果甘甜的共因外，下野地西瓜从小在沙壤土地中成长，也是当地西瓜品质高的主因。近年来，134团的西瓜有着"新疆第一瓜"的美称，并逐渐发展成具有品牌化、标准化的特色产品。

2.1.3 吐鲁番市高昌区西甜瓜生产情况

吐鲁番市高昌区，位于新疆天山支脉博格达峰南麓，吐鲁番盆地的中心，是吐鲁番市行政中心。高昌区属于典型的大陆性暖温带荒漠气候，日照充足，热量丰富但又极端干燥，降雨稀少且大风频繁，故有"火洲""风库"之称。这里全年日照时数3 000~3 200小时，仅次于青藏高原。夏季极端高气温为49.6℃，冬季极端最低气温-28.7℃；日温差和年温差均大，优越的光热资源和独特的气候，使这里盛产无核白、马奶子、喀什哈尔、梭梭等上百种葡萄，以及金凤凰、新红心脆、9818、西州蜜等几十种优质哈密瓜，素有"瓜果之乡""葡萄城"之称。

2.2 样本农户地区分布情况

2019年新疆西甜瓜调查分别在五家渠市103团蔡家湖镇、石河子市134团下野地镇、吐鲁番市高昌区二堡乡、三堡乡以及恰特卡勒乡进行。此次共调查样本农户152户，其中，五家渠市103团蔡家湖镇调查80户全部是甜瓜种植户，占总样本的52.63%；石河子市134团下野地镇调查17户全部是西瓜种植户，占总样本的11.18%；吐鲁番市高昌区调查55户，占总样本量的36.18%。其中，吐鲁番市高昌区甜瓜种植户19户，西瓜种植户29户，西瓜甜瓜种植户5户，甜瓜春秋两季种植户2户。

从西瓜种植户调查情况看，2019年共调查西瓜种植户51户，其中石河子市134团下野地镇调查17户，占西瓜调查户的33.33%；吐鲁番市高昌区调查34户，占西瓜调查户的66.67%。从甜瓜种植户调查情况看，2019年共调查甜瓜种植户106户，其中五家渠市103团蔡家湖镇调查80户，占甜瓜调查户的75.47%；吐鲁番市高昌区调查26户，占甜瓜调查户的24.53%。

样本农户地区分布情况见表7。

表7 样本农户地区分布情况

项目		五家渠市 103团 蔡家湖镇	石河子市 134团 下野地镇	吐鲁番市高昌区			合计
				二堡乡	三堡乡	恰特卡勒乡	
西瓜	户数（户）	—	17	5	7	22	51
	占比（%）	—	33.33	9.80	13.73	43.14	100
甜瓜	户数（户）	80	—	7	6	13	106
	占比（%）	75.47	—	6.60	5.66	12.26	100

2.3 样本农户家庭人口基本情况

2.3.1 样本农户家庭总人口情况

从样本农户家庭总人口情况看，调查户家庭平均人口为3.95人，其中，人口在3人以下的有65户，占总样本的42.76%；人口在（3，5]人的有72户，占总样本的47.37%；人口在5人以上的有15户，占总样本的9.87%（表8）。

表8 农户家庭情况

分组	家庭情况
人数≤3人（户）	65
占比（%）	42.76
3人＜人数≤5人（户）	72
占比（%）	47.37
人数＞5人（户）	15
占比（%）	9.87

2.3.2 样本农户家庭劳动力情况

从样本农户家庭劳动力看，调查户平均家庭劳动力2.38个，其中，家庭劳动力在3人及以下的有129户，占总样本的84.87%；家庭劳动力在（3，5]人的有21户，占总样本的13.82%；家庭劳动力在5人以上的有2户，占总样本的1.32%。

从农户家庭非农劳动力情况看，家庭非农劳动力在3人及以下的有40户，占总样本的26.32%；家庭非农劳动力在（3，5]人的有1户，占总样本的0.66%。

从农户家庭季节性劳动力情况看，家庭季节性劳动力在3人以下的有28户，占总样本的 18.42%。从农户家庭常年在家务工情况看，家庭常年在家务工在 3 人及以下的有 138 户，占总样本的 90.79%；家庭常年在家务工人口在（3，5］人的有 7 户，占总样本的 4.61%；农户家庭常年在家务工在 5 人以上的有 6 户，占总样本的 3.95%（表9）。

表 9 农户家庭劳动力情况

分组	家庭劳动力	非农劳动力	季节性劳动力	常年在家务工
人数≤3 人（户）	129	40	28	138
占比（%）	84.87	26.32	18.42	90.79
3 人<人数≤5 人（户）	21	1	0	7
占比（%）	13.82	0.66	0	4.61
人数>5 人（户）	2	0	0	6
占比（%）	1.32	0	0	3.95

2.3.3 样本农户家庭非农收入情况

从样本农户家庭非农收入情况看，有 67 户家庭有非农收入，占调查农户的 44.08%，其中，非农收入在 5 000 元及以下的有 12 户，占总样本的 7.89%；非农收入在（5 000 元，1 万元］的有 9 户，占总样本的 5.92%；非农收入在（1 万元，2 万元］的有 13 户，占总样本的 8.55%；非农收入在（2 万元，5 万元］的有 16 户，占总样本的 10.53%；非农收入在（5 万元，10 万元］的有 14 户，占总样本的 9.21%；非农收入在 10 万元以上的有 3 户，占总样本的 1.97%（表 10）。

表 10 农户家庭非农收入情况

分组	5 000 元及以下	（5 000 元，1 万元］	（1 万元，2 万元］	（2 万元，5 万元］	（5 万元，10 万元］	10 万元以上
数量（户）	12	9	13	16	14	3
占（比）	7.89	5.92	8.55	10.53	9.21	1.97

2.3.4 西甜瓜主要种植人基本情况

从农户民族特征看，汉族农户有 115 人，占总样本的 75.66%；少数民族农户有 37 人，占总样本的 24.34%。从农户性别特征看，男性农户有 143 人，占总样本的 94.08%；女性农户有 9 人，占总样本的 5.92%。从农户是否为党员情况看，是党员的农户有 27 人，占总样本的 17.76%；不是党员的农户有 125 人，占总样本的 82.24%。从农户是否为村干部情况看，农户以前当过村干部的人数有 6 人，占总样本的 3.95%；农户现在当村干部的人数有 11 人，占总样本的 7.24%；没当过村干部的农户有 135 人，占总样本的 88.82%。

从农户 2019 年是否从事过非农行业情况看，从事过的农户有 32 人，占总样本的 21.05%；没有从事过的农户有 120 人，占总样本的 78.95%。从农户外出打工地点情况看，打工地点选择在本村的农户有 24 人，占总样本的 15.79%，选择在本乡非本村的农户有 1 人，占总样本的 0.66%；选择在本县非本乡的农户有 4 人，占总样本的 2.63%；选择在本省非本县的农户有 2 人，占总样本的 1.32%；选择在外省的农户有 1 人，占总样本的 0.66%。

从农户年龄情况看，年龄在 20 岁及以下的有 1 人，占总样本的 0.66%；年龄在 21~40 岁的有 24 人，占总样本的 15.79%；年龄在 41~60 岁的有 120 人，占总样本的 78.95%；年龄在 61 岁及以上的有 7 人，占样本总量的 4.61%。

从农户文化程度情况看，没有上过学的有 4 人，占总样本的 2.63%，文化程度为小学的有 37 人，占总样本的 24.34%；文化程度为初中的有 82 人，占总样本的 53.95%；文化程度为高中或职高的有 26 人，占总样本的 17.11%；文化程度为大专及以上的有 3 人，占总样本的 1.97%。

从农户务农年限情况看，务农年限在 10 年及以下的人数有 17 人，占总样本的 11.18%；务农年限在 11~20 年的有 37 人，占总样本的 24.34%；务农年限在 21~30 年的有 72 人，占总样本的 47.37%；务农年限在 31 年及以上的有 26 人，占总样本的 17.11%。从农户种植西甜瓜年限特征看，种植西甜瓜年限在 5 年及以下的有 38 人，占总样本的 25.00%；种植西甜瓜年限在 6~10 年的有 43 人，占总样本的 28.29%；种植西甜瓜年限在 11~15 年的有 16 人，占总样本的 10.53%；种植西甜瓜年限在 15 年及以上的有 55 人，占总样本的 36.18%（表 11）。

表 11 农户基本情况

特征	分组	数量（人）	占比（%）	特征	分组	数量（人）	占比（%）
民族	汉族	115	75.66	年龄	20 岁及以下	1	0.66
	少数民族	37	24.34		21~40 岁	24	15.79
性别	男	143	94.08		41~60 岁	120	78.95
	女	9	5.92		61 岁及以上	7	4.61
是否当过村干部	以前当过	6	3.95	文化程度	没上过学	4	2.63
	现在是	11	7.24		小学	37	24.34
	没当过	135	88.82		初中	82	53.95
是否党员	是	27	17.76		高中/职高	26	17.11
	否	125	82.24		大专及以上	3	1.97

(续表)

特征	分组	数量(人)	占比(%)	特征	分组	数量(人)	占比(%)
2019年是否从事过非农行业	是	32	21.05	务农年限	10年及以下	17	11.18
	否	120	78.95		11~20年	37	24.34
打工地点	无	120	78.95		21~30年	72	47.37
	本村	24	15.79		31年及以上	26	17.11
	本乡非本村	1	0.66	种植西甜瓜多少年	5年及以下	38	25.00
	本县非本乡	4	2.63		6~10年	43	28.29
	本省非本县	2	1.32		11~15年	16	10.53
	外省（区、市）	1	0.66		15年及以上	55	36.18

2.4 样本农户家庭经营土地情况

从农户家庭自有土地情况看，家庭自有土地在50亩以下的有85户，占总样本的55.92%；家庭自有土地在51~100亩的有31户，占总样本的20.39%；家庭自有土地在101~150亩的有7户，在总样本的4.61%；家庭自有土地在151亩以上的有6户，占总样本的3.95%。

从农户家庭转入土地情况看，转入土地在50亩以下的有41户，占总样本的26.97%；转入土地在51~100亩的有21户，占总样本的13.82%；转入土地在101~150亩的有16户，占总样本的10.53%；转入土地在151亩以上的有24户，占总样本的15.79%。从农户家庭转入土地地租情况看，转入土地地租在500元以下的有64户，占总样本的42.11%；转入土地地租在501~1 000元的有23户，占总样本的15.13%；转入土地地租在1 001元以上的有15户，占总样本的9.87%。

从农户家庭转出土地情况看，转出土地在50亩以下的有3户，占总样本的1.97%；转出土地在51~100亩的有2户，占总样本的1.32%。从家庭转出土地地租情况看，转出土地地租在500元以下的有2户，占总样本的1.32%；转出土地地租在501~1 000元的有2户，占总样本的1.32%；转出土地地租在1 001元以上的有1户，占总样本的0.66%。

从家庭地块数量情况看，土地地块在2块以下的有109户，占总样本的71.71%；土地地块在3~4块的有34户，占总样本的22.37%；土地地块在5~6块的有8户，占总样本的5.26%；土地地块在6块以上的有1户，占总样本的0.66%（表12）。

表 12 农户家庭土地经营情况

特征	分组	数量（户）	占比（%）	特征	分组	数量（户）	占比（%）
自有土地	50 亩以下	85	55.92	地块数	2 块以下	109	71.71
	51～100 亩	31	20.39		3～4 块	34	22.37
	101～150 亩	7	4.61		5～6 块	8	5.26
	151 亩以上	6	3.95		6 块以上	1	0.66
转入亩数	50 亩以下	41	26.97	转出亩数	50 亩以下	3	1.97
	51～100 亩	21	13.82		51～100 亩	2	1.32
	101～150 亩	16	10.53		101～150 亩	0	0.00
	151 亩以上	24	15.79		151 亩以上	0	0.00
转入地租	500 元以下	64	42.11	转出地租	500 元以下	2	1.32
	501～1 000 元	23	15.13		501～1 000 元	2	1.32
	1 001 元以上	15	9.87		1 001 元以上	1	0.66

2.5 样本农户家庭作物种植情况

2.5.1 样本农户家庭粮食作物种植情况

在样本农户中，种植小麦的有 5 户，占总样本的 3.29%；种植玉米的有 6 户，占总样本的 3.95%。从农户家庭粮食作物种植面积情况看，种植面积在 50 亩以下的有 5 户，占总样本的 3.29%；种植面积在 101～150 亩的有 2 户，占总样本的 1.32%；种植面积在 151 亩以上的有 4 户，占总样本的 2.63%。

从农户家庭种植粮食作物的总纯收入情况看，总纯收入在 5 000 元以下有 4 户，占总样本的 2.63%；总纯收入在（5 000 元，1 万元］的有 1 户，占总样本的 0.66%；总纯收入在（1 万元，2 万元］的有 1 户，占总样本的 0.66%；总纯收入在（3 万元，5 万元］的有 1 户，占总样本的 0.66%；总纯收入在（5 万元，8 万元］的有 1 户，占总样本的 0.66%；总纯收入在 10 万元以上的有 3 户，占总样本的 1.97%（表 13）。

表 13 农户家庭粮食作物经营情况

类型	名称	小麦	玉米	水稻	其他
粮食作物	数量（户）	5	6	0	0
	占比（%）	3.29	3.95	0.00	0.00
种植面积	面积	1～50 亩	51～100 亩	101～150 亩	151 亩以上
	数量（户）	5	0	2	4
	占比（%）	3.29	0.00	1.32	2.63

(续表)

类型	名称	小麦	玉米	水稻	其他
总纯收入	金额	5 000元及以下	(5 000,10 000]	(10 000,20 000]	(20 000,30 000]
	数量(户)	4	1	1	0
	占比(%)	2.63	0.66	0.66	0.00
	金额	(3 000,5 000]	(5 000,8 000]	(80 000,100 000]	10万元以上
	数量(户)	1	0	3	
	占比(%)	0.66	0.00	1.97	

2.5.2 样本农户家庭经济作物经营情况

在样本农户中，种植棉花的有67户，占总样本的44.08%；种植油葵的有4户，占总样本的2.63%；种植水果的有18户，占总样本的11.84%；种植饲草料的有1户，占总样本的0.66%；种植蔬菜的有1户，占总样本的0.66%；种植西甜瓜的有152户，占总样本的100%。从农户家庭经济作物的种植面积情况看，种植面积在50亩以下的有58户，占总样本的38.16%；种植面积在51~100亩的有36户，占总样本的23.68%；种植面积在101~150亩的有22户，占总样本的14.47%；种植面积在151亩以上的有36户，占总样本的23.68%。

从家庭种植经济作物的总纯收入情况看，总纯收入在5 000元（含）以下有5户，占总样本的3.29%；总纯收入在(5 000元，1万元]的有5户，占总样本的3.29%；总纯收入在（1万元，2万元]的有8户，占总样本的5.26%；总纯收入在（2万元，3万元]的有11户，占总样本的7.24%；总纯收入在（3万元，5万元]的有14户，占总样本的9.21%；总纯收入在（5万元，8万元]的有23户，占总样本的15.13%；总纯收入在（8万元，10万元]的有13户，占总样本的8.55%；总纯收入在10万元以上的有72户，占总样本的47.37%（表14）。

表14 农户家庭经济作物经营情况

项目	经济作物					
	棉花	大豆	胡麻	油葵	油菜	甜菜
数量（户）	67	0	0	4	0	0
占比（%）	44.08	0.00	0.00	2.63	0.00	0.00

项目	经济作物					
	水果	饲草料	蔬菜	西甜瓜	其他	—
数量（户）	18	1	1	152	8	—
占比（%）	11.84	0.66	0.66	100.00	5.26	—

项目	种植总面积					
	1~50亩	51~100亩	101~150亩	151亩以上	—	—
数量（户）	58	36	22	36	—	—
占比（%）	38.16	23.68	14.47	23.68	—	—

(续表)

项目	总纯收入					
	5 000元以下	(5 000元, 1万元]	(1万元, 2万元]	(2万元, 3万元]	—	—
数量（户）	5	5	8	11	—	—
占比（%）	3.29	3.29	5.26	7.24	—	—
项目	总纯收入					
	(3万元, 5万元]	(5万元, 8万元]	(8万元, 10万元]	10万元以上	—	—
数量（户）	14	23	13	72	—	—
占比（%）	9.21	15.13	8.55	47.37	—	—

2.6 样本农户家庭借贷基本情况

从农业经营借款金额情况看，借款金额在(5 000元, 1万元]的有4户，占样本总量的2.63%；借款金额在（1万元, 2万元]的有6户，占样本总量的3.95%；借款金额在（2万元, 3万元]的有5户，占样本总量的3.29%；借款金额在（3万元, 5万元]的有8户，占样本总量的5.26%；借款金额在（5万元, 8万元]的有18户，占样本总量的11.84%；借款金额在（8万元, 10万元]的有7户，占样本总量的4.61%；借款金额在10万元以上的有46户，占总样本量的30.26%。

从农户借贷途径情况看，选择农村信用社的有46户，占总样本的30.26%；选择商业银行的有45户，占总样本的29.61%；选择向亲戚朋友借贷的有6户，占总样本的3.95%；选择其他途径进行借贷的有8户，占总样本的5.26%（表15）。

表15 农户家庭农业经营借贷情况

项目	借款途径					
	农村信用社	商业银行	民间借贷	亲戚朋友	互联网贷款	其他
数量（户）	46	45	0	6	0	8
占比（%）	30.26	29.61	0.00	3.95	0.00	5.26
项目	用于种植借款金额					
	5 000元以下	(5 000元, 1万元]	(1万元, 2万元]	(2万元, 3万元]	(3万元, 5万元]	(5万元, 8万元]
数量（户）	0	4	6	5	8	18
占比（%）	0.00	2.63	3.95	3.29	5.26	11.84
项目	(8万元, 10万元]	10万元以上	—	—	—	—
数量（户）	7	46	—	—	—	—
占比（%）	4.61	30.26	—	—	—	—

3 调查农户西甜瓜投入产出分析

3.1 调查农户西瓜投入产出分析

3.1.1 西瓜产出情况分析

从西瓜单位面积产出情况来看，2019年被调查农户平均每亩西瓜产量为5 111.30千克/亩；西瓜平均销售价格为0.79元/千克；西瓜亩均产值为4 036.88元/亩（表16）。西瓜每亩产量最大值为8 000千克，而最小值仅为2 400千克，由于少部分西瓜种植户遭受病害，导致西瓜减产，且受西瓜市场价格的影响导致西瓜销售价格差距较大。

表16 西瓜种植产出分析

项目	户均种植面积（亩）	亩产量（千克/亩）	亩产值（元/亩）	价格（元/千克）
调研户数	51	51	51	51
平均值	63.69	5 111.30	4 036.88	0.79
最大值	500	8 000	11 666.67	3.89
最小值	5	2 400	1 052.63	0.33

从不同区域西瓜种植亩均产出来看，下野地镇亩均产量为4 456千克，最大产量为7 500千克/亩，最小产量为2 400千克/亩；高昌区亩均产量为5 318.27千克，最大产量为8 000千克/亩，最小产量为3 000千克/亩。下野地镇亩均销售价格为0.81元/千克，销售价格最大值达1.53元/千克，最小值为0.42元/千克，高昌区亩均销售价格为0.78元/千克，销售价格最大值达3.89元/千克，最小值为0.35元/千克；下野地镇亩均产值为3 615.38元/亩，最大产值为7 000元/亩，最小产值为1 500元/亩；高昌区亩均产值为4 170.10元/亩，最大产值为11 666.67元/亩，最小产值为1 052.63元/亩（表17）。

表17 不同区域西瓜种植亩均产出分析表

产出	户均种植面积（亩）		单产（千克/亩）		价格（元/千克）		亩产值（元/亩）	
	下野地	高昌区	下野地	高昌区	下野地	高昌区	下野地	高昌区
户数（户）	17	34	17	34	17	34	17	34
平均值	45.88	72.59	4 456.00	5 318.27	0.81	0.78	3 615.38	4 170.10
最大值	80.00	500.00	7 500.00	8 000.00	1.53	3.89	7 000.00	11 666.67
最小值	20.00	5.00	2 400.00	3 000.00	0.42	0.35	1 500.00	1 052.63

根据调查结果可知，针对不同种植规模调查农户的产出情况来看，种植面积在50亩以下时，亩均产量为4 658.62千克/亩，平均销售价格为0.94元/千克，亩均产值为4 364.20元/亩；种植面积在51~100亩时，亩均产量为4 210.53千克/亩，

平均销售价格为 0.92 元/千克，亩均产值为 3 873.68 元/亩；种植面积在 101～150亩时，亩均产量为 5 548.78 千克/亩，平均销售价格为 0.84 元/千克，亩均产值为5 548.78 元/亩；种植面积在 151 亩以上时，亩均产量为 5 580.42 千克/亩，平均销售价格为 0.66 元/千克，亩均产值为 3 706.29 元/亩。由此可知，随着西瓜种植规模的扩大，亩产量呈现波动变化趋势，当种植面积达到 151 亩以上时，亩产量达到最大值；随着规模的扩大，价格呈下降趋势，当种植规模在 50 亩以下时，价格出现最大值，当规模达到 151 亩以上后，价格到达最小值。在亩产值方面，随着种植规模持续扩大，亩产值呈波动变化，当规模为 101～150 亩时亩产值达到最大值，而继续扩大种植规模时，亩产值出现下降趋势，说明西瓜的适度规模经营有利于增加亩产值（表 18）。

表 18 不同种植规模产出分析表

种植面积	项目	亩产量（千克/亩）	价格（元/千克）	产值（元/亩）
50 亩以下	平均值	4 658.62	0.94	4 364.20
	最大值	8 000.00	3.89	11 666.67
	最小值	2 400.00	0.33	1 052.63
51～100 亩	平均值	4 210.53	0.92	3 873.68
	最大值	5 000.00	1.19	4 333.33
	最小值	2 600.00	0.80	3 000.00
101～150 亩	平均值	5 548.78	0.84	5 548.78
	最大值	7 500.00	0.98	7 333.33
	最小值	4 000.00	0.67	2 666.67
151 亩以上	平均值	5 580.42	0.66	3 706.29
	最大值	8 000.00	1.00	4 800.00
	最小值	3 000.00	0.47	2 500.00

3.1.2 西瓜物质投入情况

西瓜的生产总投入主要包括物质与服务投入、劳动投入以及土地投入三大类。物质与服务投入按照实际投入的物质价值计算；劳动投入主要为家庭用工折价和雇工费用；土地投入主要为土地流转地租金。2019 年新疆家庭用工统一工价为 93.1 元/天。

从西瓜每亩生产投入与结构情况来看，2019 年调查农户种植西瓜平均每亩总成本为 2 367.23 元/亩，其中，平均物质投入成本为 1 397.37 元/亩，占总成本的 59.03%；平均劳动投入成本为 100.34 元/亩，占总成本的 4.24%，在平均劳动投入成本中，平均家庭用工折价为 20.67 元/亩，占总成本的 0.87%，平均雇工费用为 79.67 元/亩，占总成本的 3.37%；流转地租金平均为 869.52 元/亩，占总成本的 36.73%。西瓜总投入及构成情况详见表 19。

表19 西瓜每亩生产投入及结构

投入		单位	2019年
平均物质服务投入成本		元/亩	1 397.37
占平均总成本比重		%	59.03
平均劳动成本	平均家庭用工折价	元/亩	20.67
	比重	%	0.87
	平均雇工费用	元/亩	79.67
	比重	%	3.37
	平均劳动成本合计	元/亩	100.34
	占平均总成本比重	%	4.24
平均土地成本		元/亩	869.52
占平均总成本比重		%	36.73
总成本		元/亩	2 367.23

从2019年调查农户种植西瓜平均每亩的物质服务投入情况看，平均每亩物质服务投入为1 397.37元/亩，其中，种苗费572.19元/亩，占物质服务投入的40.95%，在种苗费中，瓜苗费557.91元/亩，占物质投入的39.93%，种子费14.28元/亩，占物质投入的1.02%；化肥费用251.32元/亩，占物质服务投入的17.99%；有机肥费用135.01元/亩，占物质服务投入的9.65%，在有机肥费用中，农家肥费用134.79元/亩，占物质服务投入的9.64%，有机肥菌类费用0.22元/亩，占物质服务投入的0.01%；农药费59.77元/亩，占物质服务投入的4.28%；灌溉费用156.73元/亩，占物质服务投入的11.22%；机械作业费93.75元/亩，占物质服务投入的6.71%；设备费用共计128.59元/亩，占物质服务投入的9.20%，在设备费用中，农膜费38.47元/亩，占物质服务投入的2.75%，套袋费7.12元/亩，占物质服务投入的0.51%，滴灌管子83.00元/亩，占物质服务投入的5.94%。调查农户西瓜每亩物质服务投入结构见表20。

表20 西瓜每亩物质服务成本投入结构

投入项目	费用	金额（元/亩）	比重（%）
种苗	瓜苗费	557.91	39.93
	种子费	14.28	1.02
化肥	化肥费	251.32	17.99
有机肥	农家肥	134.79	9.64
	有机肥菌类	0.22	0.01

(续表)

投入项目	费用	金额（元/亩）	比重（%）
其他	农药费	59.77	4.28
	灌溉费	156.73	11.22
	机械作业费	93.75	6.71
设备费用	农膜费	38.47	2.75
	套袋费	7.12	0.51
	滴灌管子	83.00	5.94
	合计	1 397.36	100.00

从不同区域调查农户种植西瓜平均每亩的物质服务投入情况看，石河子市下野地镇平均每亩物质服务投入为851.09元/亩，其中，种苗费77.64元/亩，占物质服务投入的9.12%，在种苗费中，瓜苗费18.46元/亩，占物质服务投入的2.17%，种子费59.18元/亩，占物质服务投入的6.95%；化肥费用253.20元/亩，占物质服务投入的29.75%；有机肥费用0.21元/亩，占物质服务投入的0.02%，均为有机肥；农药费70.00元/亩，占物质服务投入的8.23%；灌溉费用177.53元/亩，占物质服务投入的20.85%；机械作业费95.06元/亩，占物质服务投入的11.17%；设备费用共计177.45元/亩，占物质服务投入的20.85%，在设备费用中，农膜费38.38元/亩，占物质服务投入的4.51%，套袋费20.00元/亩，占物质服务投入的2.35%，滴灌管子119.07元/亩，占物质服务投入的13.99%。

吐鲁番市高昌区平均每亩物质服务投入为1 570.01元/亩，其中，种苗费728.49元/亩，占物质服务投入的46.40%，在种苗费中，瓜苗费728.40元/亩，占物质服务投入的46.39%，种子费0.09元/亩，占物质服务投入的0.01%；化肥费用250.72元/亩，占物质服务投入的15.97%；有机肥费用177.61元/亩，占物质服务投入的11.31%，在有机肥费用中，农家肥费用177.39元/亩，占物质服务投入的11.30%，有机肥菌类费用0.22元/亩，占物质服务投入的0.01%；农药费56.54元/亩，占物质服务投入的3.61%；灌溉费用150.15元/亩，占物质服务投入的9.56%；机械作业费93.34元/亩，占物质服务投入的5.95%；设备费用共计113.16元/亩，占物质服务投入的7.20%，在设备费用中，农膜费38.50元/亩，占物质服务投入的2.45%，套袋费3.04元/亩，占物质服务投入的0.19%，滴灌管子71.62元/亩，占物质服务投入的4.56%。2019年不同地区西瓜每亩物质服务成本投入结构见表21。

表21 2019年不同地区西瓜每亩物质服务成本投入结构

投入项目	费用	金额（元/亩）		比重（%）	
		下野地镇	高昌区	下野地镇	高昌区
种苗	瓜苗费	18.46	728.40	2.17	46.39
	种子费	59.18	0.09	6.95	0.01

(续表)

投入项目	费用	金额（元/亩）		比重（%）	
		下野地镇	高昌区	下野地镇	高昌区
化肥	化肥费	253.20	250.72	29.75	15.97
有机肥	农家肥	0.00	177.39	0.00	11.30
	有机肥菌类	0.21	0.22	0.02	0.01
其他	农药费	70.00	56.54	8.23	3.61
	灌溉费	177.53	150.15	20.86	9.56
	机械作业费	95.06	93.34	11.17	5.95
设备费用	农膜费	38.38	38.50	4.51	2.45
	套袋费	20.00	3.04	2.35	0.19
	滴灌管子	119.07	71.62	13.99	4.56
	合计	851.09	1 570.01	100.00	100.00

3.1.3 西瓜劳动力投入情况

从2019年调查农户种植西瓜劳动投入情况表可以看出，调查农户种植西瓜每亩平均总用工天数为0.82天/亩；其中家庭用工工时每亩平均为0.22天/亩；而雇工工时为0.60天/亩。2019年调查农户种植西瓜的雇工工价平均为222.41元/天）（表22）。

表22 西瓜每亩劳动用工投入情况

用工	家庭用工天数（天）	雇工天数（天）	总用工天数（天）	雇工工价（元/天）
平均值	0.22	0.60	0.82	222.41
最大值	5.60	10.00	15.60	300.00
最小值	0.01	0.04	0.05	100.00

3.1.4 西瓜土地费用情况分析

2019年调查农户种植西瓜平均每亩土地流转租金为869.52元，占总成本的比例为36.73%。从调查区域来看，石河子市下野地镇调查农户种植西瓜平均每亩土地流转租金为1 032.69元，2019年流转土地种植西瓜的调查农户有15户，占调查农户总数的88.24%，其中6户在自有土地的基础上转入更多土地进行西瓜种植，占调查农户总数的35.29%，仅有2户调查农户在自有承包耕地种植西瓜，占调查农户总数的11.76%。吐鲁番市高昌区调查农户种植西瓜平均每亩土地流转租金为817.80元，2019年流转土地种植西瓜的调查农户有20户，占调查农户总数的58.82%，其中13户在自有土地的基础上转入更多土地进行西瓜种植，占调查农户总数的38.24%；有14户调查农户在自有承包耕地种植西瓜，占调查农户总数的41.18%；在调查农户中有4户将自有承包耕地进行了流转，占调查农户总数的 11.76%。

3.1.5 西瓜种植效益分析

从 2019 年调查农户西瓜成本效益情况分析表中可以看出，调查农户种植西瓜亩均成本为 2 367.23 元/亩，亩均利润为 1 669.65 元/亩，投入产出比为 1.71（表 23）。

表 23　2019 年调查农户西瓜成本效益总体情况分析

成本效益	亩产值（元/亩）	亩成本（元/亩）	亩利润（元/亩）	投入产出比
平均值	4 036.88	2 367.23	1 669.65	1.71
最大值	11 666.67	3 913.36	9 647.69	5.94
最小值	1 052.63	790.92	−990.71	0.52

从不同区域调查农户种植西瓜投入产出可以看出，石河子市下野地镇 2019 年调查农户种植西瓜每亩的平均总成本为 2 171.71 元/亩，每亩平均产值为 3 615.39 元/亩，每亩平均利润为 1 443.68 元/亩，投入产出比为 1.66。吐鲁番市高昌区 2019 年调查农户种植西瓜每亩的平均总成本为 2 445.57 元/亩，每亩平均产值为 4 170.10 元/亩，每亩平均利润为 1 724.53 元/亩，投入产出比为 1.71（表 24）。

表 24　2019 年西瓜投入产出分析

投入产出	成本（元/亩）		产值（元/亩）		利润（元/亩）		投入产出比	
	下野地	高昌区	下野地	高昌区	下野地	高昌区	下野地	高昌区
户数	17	34	17	34	17	34	17	34
平均值	2 171.71	2 445.57	3 615.39	4 170.10	1 443.68	1 724.53	1.66	1.71
最大值	3 018.50	3 913.36	7 000.00	11 666.67	4 605.21	9 647.69	1.36	5.94
最小值	1 143.00	790.92	1 500.00	1 052.63	−764.31	−990.71	0.48	0.52

从 2019 年调查农户西瓜不同种植规模投入产出情况来看，西瓜种植规模在 50 亩以下时，每亩平均种植成本为 2 219.80 元/亩，每亩平均产值为 4 364.20 元/亩，投入产出比为 1.97；西瓜种植规模在 51～100 亩时，每亩平均成本为 2 564.63 元/亩，每亩平均产值为 3 873.68 元/亩，投入产出比为 1.51；西瓜种植规模在 101～150 亩时，每亩平均成本为 2 535.38 元/亩，每亩平均产值为 4 634.15 元/亩，投入产出比为 1.83；西瓜种植规模在 151 亩以上时，每亩平均成本为 2 471.31 元/亩，每亩平均产值为 3 706.29 元/亩，投入产出比为 1.50。由此可以看出，随着种植规模的增大，投入产出比呈波动性，当种植规模到 51～100 亩时，投入产出呈现下降趋势，随后又逐渐增加，当种植规模在 50 亩以下时投入产出比达到最高，说明调查农户种植规模能够影响到种植效益，当种植规模达到 151 亩以上后，投入产出比出现最小值（表 25）。

表25 不同规模西瓜投入产出分析

种植规模	项目	成本（元/亩）	产值（元/亩）	投入产出比
50亩以下	调研户数（户）	36	36	36
	平均值	2 219.80	4 364.20	1.97
	最大值	3 913.36	11 666.67	5.94
	最小值	790.92	1 052.63	0.52
51~100亩	调研户数（户）	7	7	7
	平均值	2 564.63	3 873.68	1.51
	最大值	3 706.47	4 333.33	2.22
	最小值	1 805.41	3 000.00	1.17
101~150亩	调研户数（户）	3	3	3
	平均值	2 535.38	4 634.15	1.83
	最大值	2 532.93	7 333.33	3.57
	最小值	1 588.64	2 666.67	1.05
151亩以上	调研户数（户）	5	5	5
	平均值	2 471.31	3 706.29	1.50
	最大值	2 798.66	4 800.00	1.79
	最小值	2 055.16	2 500.00	1.20

从调查农户种植西瓜年限的投入产出情况来看，西瓜种植在10年以下的调查农户，每亩平均种植成本为2 463.07元/亩，每亩平均产值为3 843.81元/亩，投入产出比为1.56；西瓜种植在11~20年的调查农户，每亩平均成本为2 414.37元/亩，每亩平均产值为4 038.89元/亩，投入产出比为1.67；西瓜种植在21年以上的调查农户，每亩平均成本为2 201.98元/亩，每亩平均产值为5 138.61元/亩，投入产出比为2.33（表26）。

表26 不同种植年限投入产出分析

种植年限	项目	成本（元/亩）	产值（元/亩）	投入产出比
0~10年	调研户数（户）	31	31	31
	平均值	2 463.07	3 843.81	1.56
	最大值	3 913.36	11 666.67	4.53
	最小值	1 131.98	1 052.63	0.52
11~20年	调研户数（户）	13	13	13
	平均值	2 414.37	4 038.89	1.67
	最大值	3 706.47	5 000.00	4.65
	最小值	1 074.14	2 447.06	1.17

种植年限	项目	成本（元/亩）	产值（元/亩）	投入产出比
	调研户数（户）	7	7	7
21年以上	平均值	2 201.98	5 138.61	2.33
	最大值	2 925.25	11 600.00	5.94
	最小值	790.92	3 000.00	1.43

从2019年调查农户西瓜不同地区成本效益情况来看，石河子市下野地镇西瓜平均种植面积为45.88亩，每亩平均种植成本为2 171.71元/亩，每亩平均利润为1 443.68元/亩，成本收益率为0.66；吐鲁番市高昌区西瓜平均种植面积为72.59亩，每亩平均种植成本为2 445.57元/亩，每亩平均利润为1 724.53元/亩，成本效益率为0.71（表27）。

表27 2019年不同地区成本效益分析

成本效益	成本（元/亩）		利润（元/亩）		成本效益率	
	下野地	高昌区	下野地	高昌区	下野地	高昌区
调研户数（户）	17	34	17	34	17	34
平均值	2 171.71	2 445.57	1 443.68	1 724.53	0.66	0.71
最大值	3 018.50	3 913.36	4 605.21	9 647.69	3.65	4.94
最小值	1 143.00	790.92	-764.31	990.71	-0.34	-0.48

3.2 调查农户甜瓜生产投入产出情况分析

3.2.1 甜瓜产出情况分析

从甜瓜单位面积产出情况来看，2019年被调查农户平均每亩甜瓜产量为2 231.63千克/亩，与2018年相比增加了145.81千克/亩，增幅为7.15%；甜瓜平均销售价格为1.56元/千克，与2018年相比减少了1.15元/千克；甜瓜亩均产值为2 791.97元/亩，与2018年每亩产值相比减少了2 507.63元，减少了37.60%。2019年甜瓜亩均单产较2018年有所增加，但由于价格大幅减少，亩产值也大幅减少。甜瓜单位面积产量的最大值和最小值相差较大，主要原因是不同农户在种植规模、生产方式、种植技术以及物质投入和人工投入不同。种植规模大的农户，无论是采用设施栽培还是露地栽培，由于其管理技术及种植技术较高，亩产量相对较高。由于设施栽培的物质投入和人工投入高于露地栽培，甜瓜品质相对于露地栽培的甜瓜品质要好，甜瓜上市季节提前，所以在价格上，设施栽培种植的甜瓜价格要高于露地栽培种植的甜瓜，导致亩产值产生很大差异（表28）。

表28 户均甜瓜种植产出分析

项目	产量（千克/亩）		价格（元/千克）		产值（元/亩）	
	2018年	2019年	2018年	2019年	2018年	2019年
调研户数	155	108	155	108	155	108
平均值	2 039.14	2 231.63	2.71	1.56	5 519.35	2 791.97
最大值	4 000.00	3 600.00	13.00	6.00	19 800.00	6 500.00
最小值	0.00	500.00	0.00	0.40	0.00	1 000.00

从甜瓜不同种植规模农户的产出情况来看，种植规模在50亩以下时，亩均产量为2 384.90千克/亩，平均销售价格为1.68元/千克，亩均产值为3 123.56元/亩；种植规模在51～100亩时，亩均产量为2 290.93千克/亩，平均销售价格为1.37元/千克，亩均产值为2 893.14元/亩；种植规模在101～150亩时，亩均产量为2 207.62千克/亩，平均销售价格为1.37元/千克，亩均产值为2 989.52元/亩；种植规模在151亩以上时，亩均产量为2 084.39千克/亩，平均销售价格为1.41元/千克，亩均产值为2 407.64元/亩；由此可以看出，随着种植规模的不断增加，亩产量呈现波动性变化，当种植规模达到50亩以下时，亩产量达到最大值。随着种植规模的增加，价格出现逐渐下降的趋势，种植规模在51～150亩出现价格的最小值，种植规模在150亩以上时，价格又出现回升，在种植规模是50亩以下时，价格最高，亩产值也达到最高，由于小规模种植户大多是以设施方式栽培，在甜瓜品质上都要优于大规模种植，而且上市季节早；随着种植规模的不断增加，亩产值逐渐下降，当种植规模达到101～150亩时，亩产值又上升到2 983.14元/亩，当种植规模再不断增加时，亩产值又出现大幅下降，说明适度规模种植也能有效提高甜瓜销售收入（表29）。

表29 不同种植规模产出分析

种植面积	项目	单产（千克/亩）	价格（元/千克）	产值（元/亩）
50亩以下	平均值	2 384.90	1.68	3 123.56
	最大值	3 600.00	6.00	6 500.00
	最小值	500.00	0.40	1 000.00
51～100亩	平均值	2 290.93	1.37	2 893.14
	最大值	3 500.00	2.67	4 166.67
	最小值	1 000.00	0.57	2 000.00
101～150亩	平均值	2 207.62	1.37	2 989.52
	最大值	2 800.00	1.55	3 300.00
	最小值	2 000.00	1.07	2 500.00

(续表)

种植面积	项目	单产 （千克/亩）	价格 （元/千克）	产值 （元/亩）
151亩以上	平均值	2 084.39	1.41	2 407.64
	最大值	3 000.00	2.50	5 000.00
	最小值	1 500.00	0.47	1 400.00

从不同地区农户甜瓜种植的产出情况来看，五家渠市亩均产量为2 394.96千克/亩，平均销售价格为1.87元/千克，亩均产值为2 981.12元/亩；吐鲁番市高昌区亩均产量为1 900.44千克/亩，平均销售价格为2.02元/千克，亩均产值为2 408.43元/亩。由此可以看出，五家渠市的亩均产量、亩均产值均高于吐鲁番高昌区，亩产量最大值、亩产值最大值的甜瓜种植农户均在五家渠市，但是销售价格却比吐鲁番市高昌区低。这是由于高昌区被调查的农户数量占全部调查农户数量的21.30%，户均甜瓜种植规模为27.67亩，而五家渠市甜瓜户均种植规模为73.69亩，小规模种植农户的栽培方式与大规模种植的栽培方式不同，价格和亩产值要低于大规模种植的价格和亩产值，所以会出现亩产量的差异（表30）。

表30　2019年不同地区农户产出分析

地区	指标	单产 （千克/亩）	价格 （元/千克）	产值 （元/亩）
五家渠市	调研户数（户）	80	80	80
	平均值	2 394.96	1.87	2 981.12
	最大值	3 600.00	2.83	6 500.00
	最小值	1 250.00	0.40	1 000.00
吐鲁番市高昌区	调研户数（户）	28	28	28
	平均值	1 900.44	2.02	2 408.43
	最大值	2 500.00	6.00	6 000.00
	最小值	500.00	0.60	1 111.00

3.2.2　甜瓜物质投入情况分析

甜瓜的生产总投入主要包括物质与服务投入、劳动投入以及土地投入三大类。物质与服务投入按照实际投入的物质价值计算；劳动投入主要为家庭用工折价和雇工费用；土地投入主要为流转地租金。其中，2019年新疆家庭用工统一工价为93.10元/天，较2018年的81.90元/天增加了11.20元/天。

从甜瓜每亩生产投入与结构情况来看，2019年调查农户种植甜瓜平均每亩总成本为1 856.89元/亩。平均物质投入成本为1 024.42元/亩，占总成本的55.17%。平均劳动投入成本为147.85元/亩，占总成本的7.96%，其中，平均家庭用工折价为10.80

元/亩，占平均劳动成本的7.30%，平均雇工费用为137.05元/亩，占平均劳动成本的92.70%。平均土地成本为684.62元/亩，占总成本的36.87%（表31）。

表31 甜瓜每亩生产投入及结构

投入		单位	2018年	2019年
平均物质服务投入成本		元/亩	1 666.69	1 024.42
占平均总成本比重		%	60.65	55.17
平均劳动成本	平均家庭用工折价	元/亩	63.05	10.80
	比重	%	14.85	7.30
	平均雇工费用	元/亩	361.54	137.05
	比重	%	85.15	92.70
	平均劳动成本合计	元/亩	424.59	147.85
	占平均总成本比重	%	15.45	7.96
平均土地成本		元/亩	656.68	684.62
占平均总成本比重		%	23.90	36.87
总成本		元/亩	2 747.95	1 856.89

从2019年与2018年调查农户成本对比分析来看，2018年调查农户甜瓜种植总成本为2 747.95元/亩，2019年与2018年相比减少了891.06元/亩，主要原因在于2019年物质服务成本较2018年减少了642.27元/亩，其占劳动成本的72.80个百分点，其中家庭用工折价较2018年减少了52.25元/亩，其占劳动力的5.88个百分点，雇工费用较2018年减少了224.49元/亩，其占劳动成本的25.31个百分点，劳动投入成本较2018年减少了元276.74/亩，其占总成本减少比重的31.27个百分点。2019年平均土地成本较2018年增加了27.94元/亩。总的来看，2019年调查农户甜瓜种植成本比上年有所减小，减小的主要原因，一方面是由于劳动投入成本的大幅下降，而另一方面主要是因为被调查农户多以规模种植为主，使得人工费用中的雇工成本有所上升，种植规模较大的农户因为擅于种植技术及管理，自身家庭劳动投入并不多也导致了家庭劳动成本大幅下降，进而减少了亩均甜瓜种植总成本，提高了效益。

从2019年调查农户种植甜瓜平均每亩的物质服务投入情况看，平均每亩物质服务投入为1 024.42元/亩，其中种苗费195.77元/亩（瓜苗费69.68元/亩、种子费126.09元/亩），占物质服务投入的19.11%；化肥费用141.53元/亩，占物质服务投入的13.82%；有机肥费用75.68元/亩，占物质服务投入的7.39%；农家肥费用24.88元/亩，占物质服务投入的2.43%；农药费48.10元/亩，占物质服务投入的4.70%；农膜59.36元/亩，占物质服务投入的5.79%；套袋费82.80元/亩，占物质服务投入的8.08%；滴灌管子费97.97元/亩，占物质服务投入的9.56%；机械作业费120.87元/亩，占物质服务投入的11.80%，灌溉费用177.46元/亩，占物质服务投入的17.32%。

农户甜瓜每亩物质服务投入及构成见表32。

与2018年的物质服务投入及结构比较可以看出，2019年物质服务投入为1 024.42元/亩，比2018年每亩投入减少了642.27元/亩，减幅为38.54%，其主要原因为种子费、化肥费、机械作业费、农药费、农膜费用、灌溉费用都出现了不同程度的减少；农家肥费和机械作业费用套袋费用较2018年均有所增加分别增加了。这也说明农户对甜瓜的种植技术逐渐成熟，机械化程度提高，对绿色生产提高甜瓜的质量和产量都比较重视，减少了农药化肥的投入力度（表32）。

表32　甜瓜每亩物质服务成本投入结构

物质服务投入	费用	2018年		2019年	
		金额（元/亩）	比重（%）	金额（元/亩）	比重（%）
投入项目	种苗费	243.37	14.60	195.77	19.11
	化肥费	504.26	30.26	141.53	13.82
有机肥	农家肥	185.79	11.15	24.88	2.43
	有机肥菌类	0.00	0.00	75.68	7.39
其他	农药费	197.65	11.86	48.10	4.70
	灌溉费	338.74	20.32	177.46	17.32
	机械作业费	83.02	4.98	120.87	11.80
设备费用	农膜费	68.04	4.08	59.36	5.79
	套袋费	45.82	2.75	82.80	8.08
	滴灌管子费	0.00	0.00	97.97	9.56
直接成本合计		1 666.69	100.00	1 024.42	100.00

3.2.3　甜瓜劳动用工投入情况

从2019年调查农户种植甜瓜劳动投入情况表可以看出，调查农户种植甜瓜每亩平均总用工天数为0.65天/亩，相对于2018年的2.66天/亩，减少了2.01天/亩，减幅为75.56%；其中家庭用工工时每亩平均为0.12天/亩，相对于2018年减少了0.65天/亩，减幅为84.42%；而雇工工时为0.53天/亩，相对于2018年的1.89天/亩，减少了1.36天/亩，减幅为71.96%。之所以出现农户家庭用工工时和雇工工时都减少的情况，其主要原因2019年调查农户的在甜瓜种植过程中多为机械化，且在销售时农户多为订单式销售，免去了大量的采摘人工费用，导致家庭用工工时和雇工工时都有所减少。2019年调查农户种植甜瓜的雇工工价平均为205.70元/天，较2018年增加了32.45元/天，增幅18.73%（表33）。

表33　甜瓜每亩劳动用工投入情况

项目	家庭用工工时（天/亩）		雇工工时（天/亩）	
	2018年	2019年	2018年	2019年
平均值	0.77	0.12	1.89	0.53

(续表)

项目	家庭用工工时（天/亩）		雇工工时（天/亩）	
	2018年	2019年	2018年	2019年
最大值	20.00	13.67	8.00	5.92
最小值	0.20	0.00	0.10	0.00

项目	总用工天数（天/亩）		雇工工价（元/天）	
	2018年	2019年	2018年	2019年
平均值	2.66	0.65	173.25	205.70
最大值	20.00	18.67	360.00	400.00
最小值	0.10	0.00	100.00	100.00

3.2.4 甜瓜土地费用情况分析

2019年调查农户种植甜瓜平均每亩土地流转租金为684.62元，占总成本的比例为36.87%，较2018年的平均每亩土地流转租金656.68元有所提高。其主要原因是2019年流转土地种植甜瓜的农户有100户，占调查农户的92.59%，剩下7.41%的农户是在自家承包耕地种植甜瓜。

3.2.5 甜瓜种植效益分析

从2019年农户甜瓜成本效益情况分析表中可以看出，农户种植甜瓜亩均成本为1 856.89元/亩，亩均利润为935.08元/亩，成本效益率为0.84。2019年调查农户种植甜瓜的农户多为中小规模种植户，也有大规模种植农户，较2018年种植规模有所增加，每亩产量和产值有所增加，2019年甜瓜种植成本较2018年有所下降，但是2019甜瓜销售均价为1.95元/千克，较2018年的2.71元/千克减少了0.76元/千克，使得一部分甜瓜种植农户处于亏损（表34）。

表34 2019年农户甜瓜成本效益总体情况分析

成本效益	亩成本（元/亩）	亩利润（元/亩）	成本效益率
调研户数	108	108	108
平均值	1 856.89	935.08	0.84
最大值	8 380.37	5 851.93	9.02
最小值	397.51	-5 047.03	-0.65

从2019年农户甜瓜不同种植规模成本效益情况来看，甜瓜种植面积在50亩以下时，其每亩平均种植成本为1 784.21元/亩，每亩平均利润为1 339.35元/亩，成本效益率为1.31；甜瓜种植规模在51~100亩时，每亩平均种植成本为2 354.98元/亩，每亩平均利润为538.15元/亩，成本效益率为0.59；甜瓜种植规模在101~150亩时，每亩平均成本为1 391.62元/亩，每亩平均利润为1 597.91元/亩，成本效益率为1.32；甜瓜

种植规模在 151 亩以上时，每亩平均成本为 1 744.23 元/亩，每亩平均利润为 663.41 元/亩，成本效益率为 0.48（表 35）。

表 35 2019 年不同种植规模成本效益分析

分组	统计值	亩成本（元/亩）	亩利润（元/亩）	成本效益率
50 亩以下	调研户数（户）	65	65	65
	平均值	1 784.21	1 339.35	1.31
	最大值	8 380.37	5 851.92	9.02
	最小值	397.51	-5 047.03	-0.65
51～100 亩	调研户数（户）	25	25	25
	平均值	2 354.98	538.15	0.59
	最大值	4 857.16	2 821.44	3.92
	最小值	778.56	-2 851.76	-0.59
101～150 亩	调研户数（户）	8	8	8
	平均值	1 391.62	1 597.91	1.32
	最大值	1 957.62	2 353.23	3.64
	最小值	646.76	1 105.07	0.57
151 亩以上	调研户数（户）	10	10	10
	平均值	1 744.23	663.41	0.48
	最大值	2 682.45	2 713.55	3.32
	最小值	772.50	-395.56	-0.21

从 2019 年农户甜瓜不同地区成本效益情况来看，五家渠市蔡家湖镇甜瓜平均种植面积为 72.18 亩，每亩平均种植成本为 1 725.02 元/亩，每亩平均利润为 1 256.10 元/亩，成本效益率为 1.12；吐鲁番市高昌区甜瓜平均种植面积为 101.69 亩，每亩平均种植成本为 2 124.29 元/亩，每亩平均利润为 284.14 元/亩，成本效益率为 0.28。由此可以看出，五家渠市农户甜瓜种植在亩均利润和成本效益率均高于吐鲁番高昌区，虽然五家渠市和吐鲁番市高昌区的亩均成本相差不多，但五家渠市亩均产值远高于吐鲁番市高昌区，导致亩均利润相差甚大（表 36）。

表 36 2019 年不同地区成本效益分析

地区	统计值	亩成本（元/亩）	亩利润（元/亩）	成本效益率
五家渠市	调研户数（户）	80	80	80
	平均值	1 725.02	1 256.10	1.12
	最大值	6 361.81	5 851.93	9.03
	最小值	397.51	-3 117.81	-0.63

(续表)

地区	统计值	亩成本（元/亩）	亩利润（元/亩）	成本效益率
吐鲁番市高昌区善县	调研户数（户）	28	28	28
	平均值	2 124.29	284.14	0.28
	最大值	8 380.37	8 083.04	10.91
	最小值	772.50	-5 047.03	-0.65

4 调查农户西甜瓜病虫害绿色防控技术情况分析

4.1 调查农户农药使用及认知情况分析

通过对调查农户的数据整理，在此次调查的152户农户中，使用农药的农户数为127户，占83.55%，不使用农药的农户数为25户，占16.45%。其中，使用除虫剂的户数为94户，占61.84%，使用除草剂的户数为19户，占12.50%，使用生长调节剂的户数为9户，占5.92%，使用增甜剂的户数为3户，占1.97%，使用着色剂的户数为1户，占0.66%，使用其他包括使用除菌剂、防病虫害剂以及不使用农药的人数为65户，占42.76%（表37）。

表37 农户种植西甜瓜过程中农药使用情况

种类	人数（人）	比重（%）
除草剂	19	12.50
除虫剂	94	61.84
增甜剂	3	1.97
着色剂	1	0.66
生长调节剂	9	5.92
其他	65	42.76

在127户使用农药的调查农户中，"按照说明书配比"确定农药使用量的有72户，占56.69%，超过了一半以上；"根据农药销售人员"确定农药使用量的有31户，占24.41%；"依据自己经验"确定农药使用量的有16户，占12.60%；通过"技术推广员建议"和"有虫（草）就打"确定农药使用量的各有3户，分别占2.36%；通过"其他"方式确定农药使用量的有2户，占1.57%（表38）。

表38 农户种植西甜瓜过程中农药使用量确定方式情况

方式	人数（人）	比重（%）
按照说明书配比	72	56.69

(续表)

方式	人数（人）	比重（%）
依据自己经验	16	12.60
有虫（草）就打	3	2.36
参照邻里	0	0.00
根据农药销售人员	31	24.41
按照公司/基地要求	0	0.00
技术推广员建议	3	2.36
其他	2	1.57
合计	127	100.00

在127户使用农药的调查农户中，农药用量多于说明书用量的有26人，占20.47%，与说明书用量差不多的有76人，占59.84%，少于说明书用量的有22人，占17.33%，不阅读说明书的有3人，占2.36%（表39）。

表39 农户种植西甜瓜过程中农药使用量较于说明书用量情况

情况	人数（人）	比重（%）
农药用量多于说明书用量	26	20.47
农药用量与说明用量差不多	76	59.84
农药用量少于说明书用量	22	17.33
不知道，不阅读说明书	3	2.36
合计	127	100.00

在26户农药用量多于说明书用量的调查农户中，愿意减少农药使用的有13人，占50%，觉得没必要不愿意减少农药使用的有13人，占50%，说明有一半的农户有意愿减少农药的使用来进一步实现绿色生产。

在愿意减少农药使用的13户调查农户中，若农药用量减少10%的情况下，有11人认为西甜瓜的产量应该不受影响，占84.62%，分别只有1人表示不知道和认为产量肯定减少，各占7.69%（表40）。

表40 若农药用量减少10%农户对产量预估情况

情况	人数（人）	比重（%）
产量肯定减少	1	7.69
产量应该不影响	11	84.62
不知道	1	7.69
合计	13	100.00

在不愿意减少农药使用的13户调查农户中,有4户认为减量可能会引起减产,占30.77%;有6户认为减量会导致虫(草)灾害增加,占46.15%;有2户认为减量后需要更多的劳动力投入除虫(草),占15.38%;其他原因的1人,占7.69%(表41)。

表41 农户种植西甜瓜过程中不愿意减少农药用量的原因

原因	人数(人)	比重(%)
减量可能会引起减产	4	30.77
减量会导致虫/草灾害增加	6	46.15
减量后需投入更多劳动力除虫/草	2	15.38
其他	1	7.69
合计	13	100.00

在127户使用农药的调查农户样本中,农药用量多于说明书用量的有26人,其余101人在关于农药副作用的认知情况中,有13人认为农药会导致急性中毒,占12.87%;有93人认为农药残留会引起农产品品质下降,占92.08%;有26人认为农药会污染环境(土壤、水和大气等),占25.74%;有64人认为农药会对人体产生慢性毒害作用进而影响健康,占63.37%;有27人认为农药会降低土壤肥力,占26.73%;有13人认为有其他方面副作用,占12.87%(表42)。

表42 农药副作用认知情况

方式	人数(人)	比重(%)
可能导致急性中毒	13	12.87
残留农药引起农产品品质下降	93	92.08
污染环境(土壤、水和大气等)	26	25.74
对人体产生慢性毒害作用,影响健康	64	63.37
降低土壤肥力	27	26.73
其他	13	12.87

如图8所示,在152个调查农户样本中,有42户了解听说过生物防治,占27.63%;有17户了解听说过物理防治,占11.18%;有2户了解听说过其他方式,占1.32%;而有91户没有了解听说过绿色病虫害防治方法,占59.87%。将近六成的调查农户没有听说和了解过,说明绿色防治方法的宣传普及力度还需要加强。

4.2 农户化肥使用及认知情况分析

通过对调查农户的数据整理,农户种植西/甜瓜过程中,有125人依据土地状况和自己经验确定化肥使用量,占82.24%;有31人通过化肥包装上的标识确定使用量,占20.39%;有12人通过化肥销售人员确定使用量,占7.89%;有9人按照技术推广员建

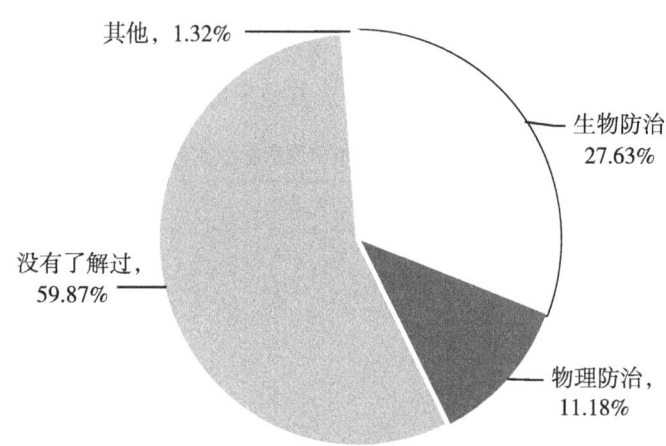

图 8　调查农户对绿色病虫害防治方法认知情况

议确定使用量，占 5.92%；有 5 人参照邻里确定使用量，占 3.29%；有 4 人按照公司/基地要求确定使用量，占 2.63%，有 1 人按其他方式确定，占 2.94%（表 43）。

表 43　农户种植西甜瓜过程中化肥使用量确定方式情况

方式	人数（人）	比重（%）
化肥包装上的标识	31	20.39
依据土地状况和自己经验	125	82.24
参照邻里	5	3.29
化肥销售人员	12	7.89
按照公司/基地要求	4	2.63
按照技术推广员建议	9	5.92
根据化肥价格	0	0.00
其他	1	0.66

通过对调查农户的数据整理，相较于说明书用量，有 34 户化肥用量过多，占 22.37%；有 73 户化肥用量不多，占 48.03%；有 32 户化肥用量少，占 21.05%；13 户不知道化肥用量，占 8.55%（表 44）。

表 44　农户种植西甜瓜过程中化肥使用量较于说明书用量情况

使用情况	人数（人）	比重（%）
化肥用量过多	34	22.37
化肥用量不多	73	48.03
化肥用量少	32	21.05

(续表)

使用情况	人数（人）	比重（%）
不知道	13	8.55
合计	152	100.00

在化肥用量过多的 34 户中，18 人愿意减少使用化肥，占 52.94%，16 人不愿意（觉得没必要）减少使用化肥，占 47.06%。

如果化肥用量减少 10%，有 27 人认为西甜瓜的产量肯定减少，占 79.41%，6 人认为产量应该不受影响，占 17.65%，1 人不知道产量是否有影响，占 0.66%（表 45）。

表 45　若化肥用量减少 10%农户对产量预估情况

选择项目	人数（人）	比重（%）
产量肯定减少	27	79.41
产量应该不影响	6	17.65
不知道	1	2.94
合计	34	100.00

在施用过量化肥危害认识方面，104 人认为会导致农产品质量下降，占 88.14%，66 人认为会降低土壤肥力，占 55.93%，有 25 人认为会造成化肥的流失、破坏环境，占 21.19%，17 人认为浪费资源，占 14.41%，7 人则认为有其他危害，占 5.93%（表 46）。

表 46　农户施用过量化肥危害认识情况

选择项目	人数（人）	比重（%）
降低土壤肥力	66	55.93
导致农产品质量下降	104	88.14
化肥流失，污染环境	25	21.19
浪费资源	17	14.41
其他	7	5.93

4.3　农户有机肥使用及认知情况分析

数据整理发现，105 人认为有机肥的优势在于提高西甜瓜品质，占 69.08%，89 人认为优势在于改良土壤，占 58.55%，32 人认为优势在于提高作物的抗病虫害能力，占 21.05%，23 人认为优势在于有机肥营养元素齐全，占 15.13%，14 人认为优势在于可以提高肥料利用率，占 9.21%，1 人认为有其他优势，占 0.66%（表 47）。

表47　调查农户对有机肥优势认知情况

选择项目	人数（人）	比重（%）
营养元素齐全	23	15.13
改良土壤	89	58.55
提高西甜瓜品质	105	69.08
提高作物的抗病虫能力	32	21.05
提高肥料利用率	14	9.21
其他	1	0.66

通过对调查农户的数据整理，有61人没有考虑过商品有机肥但觉得可以尝试，占40.13%，有50人考虑过商品有机肥但放弃了，占32.90%，只有28人正在使用商品有机肥，占18.42%，还有13人表示根本不想使用商品有机肥，占8.55%（表48）。

表48　调查农户是否考虑使用商品有机肥情况

使用方式	人数（人）	比重（%）
正在使用	28	18.42
考虑过放弃了	50	32.90
没考虑过但可以尝试	61	40.13
根本不想用	13	8.55
合计	152	100.00

在28户正在使用商品有机肥的调查农户中，有11人能够接受的商品有机肥比复合肥便宜50%，占39.29%，有4人能接受比复合肥便宜30%，占14.29%，有2人能够接受比复合肥便宜10%，占7.14%，有6人能够接受和复合肥等同价位，占21.43%，有3人能接受比复合肥贵10%，占10.71%，有2人能够接受比复合肥贵50%，占7.14%（表49）。

表49　农户种植西甜瓜过程中所能接受的商品有机肥的价格情况

选择项目	人数（人）	比重（%）
比复合肥便宜50%	11	39.29
比复合肥便宜30%	4	14.29
比复合肥便宜10%	2	7.14
和复合肥价格等同	6	21.43
比复合肥贵10%	3	10.71
比复合肥贵30%	0	0.00

(续表)

选择项目	人数（人）	比重（%）
比复合肥贵50%	2	7.14
合计	28	100.00

通过对调查农户的数据整理，152个调查农户中，有28个正在使用商品有机肥，未使用的有124户。其中，74个人未使用商品有机肥的原因是担心价格高，占59.68%；23个人未使用的原因是购买不到，占18.55%；因为见效慢和不了解商品有机肥的均有17人，均占13.71%；15人未使用的原因是认为有机肥技术要求高，占12.10%；9人未使用的原因是认为收益差，占7.26%；7人未使用的原因是认为劳动力不够，占5.65%；5人未使用的原因是认为西甜瓜不适用，占4.03%；8人原因为其他，占6.45%（表50）。

表50　调查农户未使用商品有机肥原因

选择项目	人数（人）	比重（%）
西甜瓜不适用	5	4.03
有机肥技术要求高	15	12.10
担心价格高	74	59.68
收益差	9	7.26
见效慢	17	13.71
劳动力不够	7	5.65
买不到	23	18.55
不了解商品有机肥	17	13.71
其他	8	6.45
合计	124	100.00

通过对调查农户的数据整理，95人最关注价格高低问题，占62.50%；56人最关注见到成效的时间问题，占36.84%；29人最关注商品有机肥施用方面的技术问题，占19.08%；21人最关注生根出苗是否良好的问题，占13.82%；18人最关注发生病虫害的几率问题，占11.84%；9人最关注种植出的有机食品销售渠道问题，占5.92%，8人最关注是否有政策支持的问题，占5.26%；6人最关注售后服务问题，占3.95%；5人最关注的问题为其他，占3.29%（表51）。

表51　调查农户对商品有机肥的关注情况

选择项目	人数（人）	比重（%）
施用方面的技术问题	29	19.08
价格高低问题	95	62.50

(续表)

选择项目	人数（人）	比重（%）
发生病虫害的概率	18	11.84
见到成效的时间	56	36.84
生根出苗是否良好	21	13.82
是否有政策支持	8	5.26
种植出的有机食品销售渠道	9	5.92
售后服务	6	3.95
其他	5	3.29

4.4 农户轮作倒茬及认知情况分析

通过对调查农户的数据整理，有81人认为连年种植西甜瓜会导致抗病虫害能力降低的问题，占53.29%；有63人认为会导致果实品质降低的问题，占41.45%；有55人认为会导致土壤肥力降低的问题，占36.18%；有6人认为会导致其他问题，占3.95%（表52）。

表52 农户对西甜瓜连作的认知情况

方式	人数（人）	比重（%）
土壤肥力降低	55	36.18
抗病虫害能力降低	81	53.29
果实品质降低	63	41.45
其他	6	3.95

通过对调查农户的数据整理，在152户调查户中，有126户没有选择嫁接，占82.89%；有26户选择嫁接，占17.11%，嫁接砧木一般为南瓜。

在126个没有选择嫁接方式的样本中，有115人愿意在种植西甜瓜的土地上倒茬种植，占91.27%，只有11人不愿意进行倒茬种植，占8.73%。

在126个没有选择嫁接方式的样本中，有77人认为2年倒茬1次比较合适，占61.11%，有30人认为3年倒茬1次合适，占23.81%，有15人认为5年以上比较合适，占12.00%，认为4年和5年倒茬1次比较合适的均有2人，比重各占1.59%（表53）。

表53 农户对倒茬年限的认知情况

方式	人数（人）	比重（%）
2年	77	61.11
3年	30	23.81

(续表)

方式	人数（人）	比重（%）
4年	2	1.59
5年	2	1.59
5年以上	15	12.00
合计	126	100.00